中國學術思想 研究輯刊

十七編
林慶彰 主編

第 27 冊

阮元學術思想研究（上）

孫廣海 著

花木蘭文化出版社

國家圖書館出版品預行編目資料

阮元學術思想研究（上）／孫廣海 著 — 初版 — 新北市：花
木蘭文化出版社，2013〔民102〕

目 2+268 面；19×26 公分

（中國學術思想研究輯刊 十七編；第 27 冊）

ISBN：978-986-322-417-4（精裝）

1.（清）阮元　2.學術思想

030.8　　　　　　　　　　　　　　　102014781

ISBN-978-986-322-417-4

中國學術思想研究輯刊

十七編　第二七冊　　　　　　ISBN：978-986-322-417-4

阮元學術思想研究（上）

作　　者　孫廣海

主　　編　林慶彰

總 編 輯　杜潔祥

出　　版　花木蘭文化出版社

發 行 所　花木蘭文化出版社

發 行 人　高小娟

聯絡地址　235 新北市中和區中安街七二號十三樓

　　　　　電話：02-2923-1455 ／傳眞：02-2923-1452

網　　址　http://www.huamulan.tw 信箱 sut81518@gmail.com

印　　刷　普羅文化出版廣告事業

封面設計　劉開工作室

初　　版　2013 年 9 月

定　　價　十七編 34 冊（精裝）新台幣 60,000 元

阮元學術思想研究

吳銳著

阮元學術思想研究（上）

孫廣海　著

作者簡介

　　孫廣海，祖籍廣東潮安，1952 年出生於香港。半工半讀完成中學教育和研究院課程。先後在香港中文大學中國語言文學系（74 ～ 78）、香港中文大學教育學院（83 ～ 85）、香港大學中文系研究院接受教育。研究院明清史學文學碩士論文〈柯維騏宋史觀發微〉師承趙令揚教授（81 ～ 83）；哲學碩士論文〈陳確《葬書》之研究〉，師承何佑森教授（1931 ～ 2008；88 ～ 94）；哲學博士論文〈阮元學術思想研究〉，師承梁紹傑教授（95 ～ 02）。

　　歷任中學中文科老師、中文科主任講席 32 年；現為香港公開大學教育及語文學院兼職導師、客席講師、課程編撰。論文有〈阮元研究回顧〉、〈阮元揅經室遺文再續輯補〉、〈由羅香林《香港與中西文化交流》說起的一件學術界公案：日治淪陷期（1941 ～ 42）誰人繼任香港大學中文系主任？〉、〈四十五年來（1962 ～ 2007）中國大陸的胡適研究〉、〈胡適傳記文學的理論和實踐〉等篇。

　　研究興趣包括：漢字學、詞匯學、文體學、中國語文教學、古代歷史文化、

　　古典文獻研究、清代學術思想、文學研究等。未來亦會關注百年以來香港的儒學史和學者之研究。

提　要

　　本文以阮元這個學術人物為中心點，從師友、弟子、幕僚等人和他的交往，藉此建構一個多維視野之個人形象。

　　首章前言，交待全文是一篇對阮元作出『全方位』考察的學術論文。二章阮元研究概述，分從阮元生平的研究、著述的研究、學術總論的研究、詁經精舍及學海堂的研究等四個向度，將清代、民國以來的阮元研究，作一回顧及綜述。

　　三章阮元的生平和著述、四章阮元學術思想綜論、五章阮元對清代學術的貢獻，各章皆博採群籍，鉤稽詳贍。於阮元之學術思想，闡析尤詳。

　　六章結語，簡明扼要。七章附錄和參考書目，可作為讀者研治清代學術思想史之入門參考。

序

　　孫廣海先生的博士論文經整理，交付出版，請我作序。我初覺我們的學術興趣不同，我長於語言文字，他搞的是學術史，怕隔行隔山，寫得不好，有點猶豫。但想到我們亦師亦友的關係，四十年的情誼，便又欣然令筆。

　　廣海 1974 年考入中文大學聯合書院，是我第四批學生，因爲我由系方指派協助系主任李輝英老師做行政事務，每年的收生是大事，所以那幾年入學的學生的成績、背景，我知道得很多，對他們很熟悉，也建立了很深厚的感情。這種師生關係，是其後大學改制、學校規模日大後所沒有的。簡言之，就是今日很多大學想追求的傳統的書院精神，博雅教育，和融洽親切的人際關係。當時中大實行聯邦制，容許書院相對獨立，還保留這種具體而微的優良校風。那時書院的學生人數大概不會超過一千人，除理科生在科學館上課較少來往外，文科、商科、社會科學的學生就在山頭的那幾座建築物活動，所以到處都可以碰到熟人。教師間、同學間、師生間的交往極多，就以當時的社會系來說，在讀的、留校工作而和我很熟的，就有羅汝飛、羅樂鴻、孫素蓮等好幾位，其中孫素蓮就是廣海的令姐，所以廣海入學後，我們很快就相熟了。廣海他們這一屆有一個特點，就是直升入大學的不多，有好幾個同學都是工作過幾年的，平均年齡可能會稍大，但正因爲如此，我們之間的年紀差距縮小了，更容易混在一塊。當然，能夠建立情感的主要還是有共同的興趣，除了學術上的中國語文，我們都喜愛體育。那幾年我做書院湯若望宿舍的樓導師，和他們住在一起，每有閒暇，就往體育館跑，體育館不能用時，就到轉彎處的露天球場。我們除了玩我和廣海最愛的籃球，有時也遷就愛打足球的同學打小型足球，球門就是兩個籃球架下的橫木板。他們或者不知道，這兩個籃球架是老遠由港島般含道搬來的，對著這些舊物，包括早年放在鄭棟材樓天井的銅鐘，可都是老聯合師生的集體記憶啊。打球外，我們也會一起做飯，由不愛打球的同學負責，後期我已搬到聯合苑的單身宿舍住，我們打完球回來就有飯吃，然後飲酒聊天，天南地北的清談一番，那是令人懷念的日子。記得有一次開車去買菜，往沙田路上正塡海建馬場，道路很亂，結

果撞車了。更有一次在露天球場打籃球，因為我的攔截使廣海摔下上臂脫了骹，慌得我開車把他送到九龍的伊利莎白醫院，要打上好幾個月的石膏。上面說我們有四十年的交情，這交情並非只是吃喝玩樂，還是「有血有肉」，共過「患難」的。而且，我們的友情並無隨他的畢業而中斷，我們保持著密切的聯繫，廣海人生中的每一個階段，每一項成就：就業、進修、深造、成家、置業，以至添了千金，我都知悉並和他分享成功的喜悅。這一次，就是他的心血傑作、博士論文的出版。

如上所說，我們的學術興趣不同，但看過他的這篇文，我還想說幾句話。這篇論文，體大思精，內容豐富。可觀處不勝枚舉，綜合言之，列舉數端如次：

其一，如論文開頭所說，「本文是一篇對阮元作出『全方位』考察和研究的一篇學術論文」。（頁1）廣海以阮元這個學術人物為中心點，從師友、弟子、幕僚等和他的交往中，鈎勒出清代中、晚期（1764～1849）的學術趨向和風貌。

其二，對阮元為人的評價，廣海先抑後揚，讀後令人留下頗為深刻的印象。正如廣海說：「如果我們用一般世俗的眼光來論人，從道德、文章、人品、學問四個方面來評論阮元，筆者仍然會給阮元打一個偏高的分數。」（頁319），這個評價有說服力。

其三，關於阮元的生平，和一般同類著作不同，廣海不限於運用正史一類之史料，還蒐錄其他如野史、筆記的資料，使讀者對阮元的性格、學風、行事和待人等，加深了認識。文中有關阮元的家居生活、從清人筆記史料看阮元的個人形象、及從四首生日詩看阮元的內心世界三個章節，以小窺大，應是廣海著力所寄之處。我因為教學的需要也做點古典小說的研究，了解文言筆記小說的特點和價值，我十分贊同他的這個觀點。

其四，對阮元學術思想的弘揚，廣海尤其用心。讀者看一看第四章的目錄，諸如阮元的學術淵源、阮元對清代前期學術的評論、阮元對漢宋之爭的態度、阮元的義理之學、阮元的經世思想和實學觀、阮元吸取西學的經世動機、阮元對時務的意見、阮元研究禮學的經世意義、阮元論清儒學術各節，洋洋灑灑，讀者自可從中按圖索驥，從中得到有益的啟示。

其五，對阮元在清代學術史上的貢獻，廣海也沒有忽略，論文特闢專章（第五章）闡述。此章綱目清晰明細，於阮元各方面的學術成就，

有非常具體而精采的交代。我在此也不便饒舌了。

其六，論文結語云：「筆者撰寫這篇論文的態度是『實事求是』的，即有一分的證據，才說一分的話，不作無謂的推測。清代乾（隆）、嘉（慶）學人的重視證據與及刻苦讀書的傳統，筆者更是心嚮往之，而希望這種優良的傳統和學風，可以繼續發揚光大。」（頁 319）

寥寥數語，實在深得我心。廣海博士平素擊經繹史、雅好辭章、治學有成，於此可作明證。

最後，論文的附錄和參考書目，也令人眼界大開。一百五十一頁的資料（頁 327～478），讀者閱覽之後，由此入門而研治清代的歷史、文化和學術思想，雖不中，亦不遠矣！

廣海他們這一屆學生潛龍臥虎，人才輩出，各有成就。其中有政治家、政論家、教授、導演、唱片娛樂公司總裁、中學校長等等。廣海則以沈潛向學、孜孜不倦，在學術研究的路上不辭寂寞，挑燈苦讀而深深感動了我。回看他走過的求學之路，十分崎嶇，中學已是非正規的夜中學。四年的大學本科稍好，我聽不到他要做兼職替人補習，但之後的幾個高級學位和文憑，都是以兼讀方式完成的。香港中學語文老師的工作量有多重，壓力有多大，外地人未必了解，我們圈內人則深有體會，近年大批的中文教師未到六十歲即退休，可見問題的一斑。而廣海在沈重的教學工作外，在學術上克服了一道道難關，取得一個個的成果，這實在令人欽佩。這其中，家人的理解、支持、照顧，使廣海無後顧之憂，不無關係。廣海有今天的成績，也有家人的一份功勞，這一點是要特別指出的。近年多了大批的文學碩士課程，學生也大多是在職的教師，但不少人的求學的態度，令人嘆息：遲到早退，捨難取易，敷衍塞責，都是公開的秘密，如果看一看廣海這二十多年來的求學過程，能不愧死。

廣海的治學方向，上承梁啓超、錢穆、胡適等前輩學人，於儒家心性之學，多有創獲，這篇論文，可說是他努力讀書之成果。從本書各篇序跋中，各位可以看到廣海的學術成就，和他誠懇踏實的做人態度是分不開的。文如其人，讀者們可以從這本著作中體會到作者的爲人。是爲序。

張雙慶
2013 年夏於美國加州

目次

上 冊

序 張雙慶

第一章 前 言 …………………………………………………… 1
第二章 阮元研究概述 …………………………………………… 5
　第一節 研究阮元的意義 ……………………………………… 5
　第二節 阮元研究的回顧 ……………………………………… 10
第三章 阮元的生平和著述 …………………………………… 35
　第一節 阮元的家世 …………………………………………… 35
　第二節 阮元的籍貫 …………………………………………… 46
　第三節 從出生到揚州求學時期 ……………………………… 47
　第四節 阮元的仕宦經歷 ……………………………………… 52
　第五節 怡志林泉的晚年 ……………………………………… 56
　第六節 阮元的家居生活 ……………………………………… 59
　第七節 阮元的個人形象 ……………………………………… 64
　第八節 阮元著述知見錄 ……………………………………… 76
　第九節 阮元著述考釋 ………………………………………… 92
　第十節 阮元著述年表 ………………………………………… 109
第四章 阮元學術思想綜論 …………………………………… 117
　第一節 阮元的學術淵源 ……………………………………… 117
　第二節 阮元對清代前期學術的評論 ………………………… 138
　第三節 阮元對漢、宋之爭的態度 …………………………… 148
　第四節 阮元的義理之學 ……………………………………… 164
　第五節 阮元的經世思想和實學觀 …………………………… 169
　第六節 阮元汲取西學的經世動機 …………………………… 180
　第七節 阮元對時務的意見 …………………………………… 182
　第八節 阮元研究禮學的經世意義 …………………………… 192
　第九節 阮元論清儒學術 ……………………………………… 234
　附錄一 清代以還主要目錄所收三禮學書籍
　　　　 一覽表 ………………………………………………… 240
　附錄二 儀徵後學禮學研究 …………………………………… 243
　附錄三 阮元對清儒的評論簡表 ……………………………… 247

下　冊

第五章　阮元對清代學術的貢獻 ···················· 271

　第一節　阮元對學術研究的貢獻總論 ··········· 272

　第二節　阮元對經史之學的研究 ·············· 276

　第三節　阮元對金石曆算學的研究 ············· 294

　第四節　阮元的方志學 ····················· 302

　第五節　阮元對文學及藝術的研究 ············· 306

　第六節　阮元整理典籍的貢獻 ··············· 320

　第七節　阮元推動書院教育的作用 ············· 329

　第八節　阮元對後學的影響 ················· 336

　第九節　阮元對朝鮮學者的影響 ·············· 342

第六章　結　語 ···························· 345

第七章　附　錄 ···························· 355

　一、阮元生平大事年表 ···················· 355

　二、阮元年譜補訂 ······················· 361

　三、阮元佚著輯錄 ······················· 393

　四、阮元人際網絡 ······················· 423

　五、阮元文物遺蹟簡表 ···················· 450

參考書目 ······························· 459

　甲、阮元著述 ·························· 459

　乙、清人論著 ·························· 461

　丙、清人筆記、年譜、方志 ················· 467

　丁、工具書、目錄學、文獻學 ··············· 471

　戊、民國以還論著 ······················ 481

　己、中文論文 ·························· 497

　庚、日文論著 ·························· 515

　辛、英文論著 ·························· 517

《阮元學術思想研究》出版後記——我的博士夢· 521

第一章　前　言

　　這一篇論文，不妨說是中國近三百年學術思想史的一篇研究補篇。從題目的字眼來看，筆者研究的焦點，包括了阮元（1764～1849）的學術以及阮元的思想。不過，環繞本文所論的，除了阮元的學術思想及學術貢獻之外，和他有交往的業師、座師、幕僚、友朋、弟子等，都會有所涉及，因此，亦可以這樣說：本文是一篇對阮元作出『全方位』考察和研究的一篇學術論文。

　　為甚麼要對阮元作出全方位的考察和研究呢？因為阮元是中國近三百年學術史或清代思想史不能不提及的歷史人物〔註1〕。研究阮元的學術思想，對清代中葉以至晚期的學術趨向和風貌，才會有較深一層的認識，此其一。

　　研究清代中葉的學術思想史，有開創之功者是余英時（1930～　　）先生，他在 1975 年 9 月為《論戴震與章學誠——清代中期學術史研究》所寫的自序中云：「現代儒學的新機運只有向它的『道問學』的舊傳統中去尋求，才有著落」〔註2〕換言之，如果我們說：清代的宋學家只言『尊德性』，而漢學家只顧『道問學』；未免對清代漢學家只言考據，而不談義理的現象有一錯誤的看法。只要我們讀一讀阮元的言論：「《史》、《漢》始記儒林，《宋史》別出道學，其實講經者豈可不立品行，講學者豈可不治經史，強為分別，殊

〔註1〕阮元的學術及思想備受重視，分見以下清學史的撰述，梁啓超：《清代學術概論》、《中國近三百年學術史》，載朱維錚校注《梁啓超論清學史二種》（上海：復旦大學出版社，1985 年 9 月）；錢穆：《中國近三百年學術史》（北京：中華書局，1989 年 9 月）；陸寶千：《清代思想史》（臺北：廣文書局，1978 年 3 月）。

〔註2〕余英時：《論戴震與章學誠——清代中期學術思想史研究》（香港：龍門書店，1976 年 9 月），自序，頁 9。

為偏狹。」〔註3〕清代漢學家或乾、嘉考證學人疏忽義理的立論，便可不攻自破。筆者景仰阮元的為人，因為他的確是一位既能「道問學」，又能「尊德性」的清代學人。此其二。

另一本研治清代中葉學術史的撰述，為張壽安（1951～　）女士在 1994年 6 月發表的《以禮代理──凌廷堪與清中葉儒學思想之轉變》，根據張壽安的自序所云：「事實上，清代的禮學思想此一研究主題，還有極遼闊的可開發空間。首先，禮理爭議是個大問題。不僅意指清代漢宋學之爭的思想核心，也涉及儒學中道德的判定準則問題，是探討近世儒學從其哲學型態（理學）轉

向社會學型態（禮學）的重要課題。」〔註4〕不過，筆者認為：清代中葉研治禮學之風氣，阮元和凌廷堪（1755～1813）都是重要的繼承者，而非始作俑者。我們在探討清代中葉禮學的經世意義時，不宜侃侃其辭，誇大了焦循（1763～1820）、阮元和凌廷堪三人的作用。此其三。

其次，談談這一篇論文的研究方法。本文的研究方法，以閱讀文獻資料為主，同時結合了目錄學、文獻學、圖書館學的資訊；適切地引錄了大量的原始史料（Primary sources）與及轉手史料（Secondary sources）。近年來，由於互聯網絡（internet）的興起，通過世界各地以及本港各間大學圖書館的互聯網，使筆者可以安坐家中，足不出戶，便能檢索、知悉和阮元研究相關的文獻資料，這不能不說是時代進步，人文學科的研究，亦要結合科技應用的一個顯明例證。清人治學，重視嚴謹的方法論，下結論前，必先羅列證據，歸納與演繹，相資為用。漢學家言本證、旁證，實為成就考據論著之關鍵。本篇論文的寫作方法，無疑是參考了漢學家的方法論，通過了史料的蒐集、整理、排比和解釋，最後才加以下筆撰述。

自清末民初以來，研治清學史的大師，包括：梁啓超（1873～1929）、章太炎（1869～1936）、胡適（1891～1962）、錢穆（1895～1990）、侯外廬（1903～1987）、楊向奎、張舜徽（1911～1992）等學人，每當筆者捧讀他們的大作時，崇敬之情，實在難以言喻。一種承先繼往的文化情懷，由是慢慢培養出來。能否開花結果、啓後開來，筆者自覺只有加倍努力了。阮元為官而不廢

〔註 3〕 阮元〈擬儒林傳稿凡例〉，《揅經室集》（北京：中華書局，1993 年 5 月），頁
　　　　 1023。
〔註 4〕 張壽安：《以禮代理──凌廷堪與清中葉儒學思想之轉變》（臺北：中央研究
　　　　 院近代史研究所 1994 年 5 月），自序。

問學，一生嗜好讀書，雅好藏書而又能將讀書的心得結集成書；又喜歡編書、輯書。筆者教學之暇，亦喜歡遊逛書肆，蒐購古籍善本，有著愛書人一股購書、藏書、讀書的傻勁，從這一點相同的嗜好上看，筆者之所以研究阮元的學術思想，讀者便不會感到奇怪了。

阮元說：「凡事莫不有因緣，而久之亦成鴻雪，雖然不可以概論也。造緣者致其巧舉以與人，人受之漫不經意，皆以鴻雪視之，不著語言文字而空之，直自空耳！不知人世之緣，先在父母，繼則君恩，此後則官民、姻親、交友、山川、晴雨、動植，皆有語言文字在也。」〔註5〕這是阮元能夠感動筆者的其中一篇文字，細細玩味，筆者之所以研究阮元，也可以說是和阮元結緣的例證。

作爲清代揚州學派之巨擘，阮元學問之博，筆者也是深感佩服的。阮元在道光二十八年（1848年）二月，爲醫師蔣寶素的《醫略　十三篇》撰序云：「使正氣充足，則百病無由而入。如正氣不足，則難言之矣！豈止於一感冒風寒飲食停蓄不能霍然而愈已耶。以是推之，則人之正氣不能不固也明矣！──予素不習醫，於凡醫家之言，無不細爲留意。顧方書雖多，而其議論百出不窮，悉未能細考其實，難免無誤。」〔註6〕由此可證，阮元平生確是博覽群籍，連坊間之醫書也偶有涉獵。

阮元的詩作，佳句頗多，不能盡錄，筆者較鍾愛的，如：「心依清夜永，夢繞楚川長。」〔註7〕；「農桑本是人間事，兒女猶關天上情。」〔註8〕；「夜雨瀟瀟聽斑竹，曉雲夢夢望蒼梧。」〔註9〕；「雲水萬重山萬里，一輪明月總追來。」〔註10〕等；極富神韻而有宋詩的風致。

這篇博士論文，由草創以至於成，共花了接近七年的時間，就正如阮元所謂：「回憶芳叢，眞如夢矣。」〔註11〕在學問大海前進的道路上，除了本論

〔註5〕阮元：〈鴻雪因緣圖記序〉，見麟慶著文，汪春泉等繪圖《鴻雪因緣圖記》第一集，（北京古籍出版社，1984年10月）書序。

〔註6〕見裘吉生主編：《珍本醫書集成》，載《增補珍本醫書集成》（臺北：世界書局，1961），第八冊，頁1～2。

〔註7〕阮元〈夜泊〉，同註3，頁1121。

〔註8〕阮元〈七夕〉，見《揅經室詩錄》，《叢書集成簡編》本（臺北：臺灣商務印書館，1966年6月），卷4，頁54。

〔註9〕阮元〈自湖南零陵入廣西全州避雨宿湘山寺次日曉發〉，同註8，頁65。

〔註10〕阮元〈漾鼻合江上看月〉，同註8，頁78。

〔註11〕阮元〈蝶夢園記〉，同註3，頁629。

文的指導老師外，筆者尤要特別感謝以下兩人：趙令揚教授，他是我在港大攻讀中國史學碩士班時，撰寫結業論文的導師；何佑森先生，他是我在港大撰寫哲學碩士論文時的指導教授。

第二章　阮元研究概述

第一節　研究阮元的意義

在清代學術思想史眾多的人物之中，阮元（1764～1849）無容置疑是其中最值得注意的一位。爲甚麼？

其一，阮元歷仕乾隆、嘉慶、道光三朝，自稱「三朝閣老，九省疆臣」，名尊而位顯，最難得的是，他爲官不忘讀書，「元博學淹通，早被知遇。」、「元淹貫群書，長於考證。」〔註1〕學問堪稱淵博。

其二，阮元出仕，懂得利用自己的財力和在官場的影響力，編刻書籍和叢書，例如《皇清經解》、《文選樓叢書》等；阮元又先後刊刻海內學問之士著述〔註2〕，清代中葉一大批典籍文獻，因此得以流傳後世。

其三，阮元重視教育，他以興學育才爲己任。1801 年，在浙江杭州創辦詁經精舍；1803 年，在浙江海寧建立安瀾書院；1820 年，在廣東廣州開辦學海堂；1824 年，捐銀飭建三水行臺書院；培訓了一批博通經史，實學的人材。

〔註 1〕趙爾巽：《清史稿》（北京：中華書局點校本，1977 年 7 月），卷 364〈阮元列傳〉，頁 11424。王鍾翰點校：《清史列傳》（北京：中華書局，1987 年），卷 36，〈大臣傳續編一　阮元〉，頁 2831。

〔註 2〕張鑑《阮元年譜》1803 年條：「如錢辛楣宮詹《三統術衍》《地球圖說》，謝東墅侍郎《食物百詠》，張皋文編修《虞氏易》《儀禮圖》，汪容甫明經《述學》，錢溉亭廣文《述古錄》，劉端臨先生《遺書》，凌仲子先生《禮經釋例》，焦里堂先生《雕菰樓集》，鍾戩崖明經《考古錄》，孔廣森翰林《儀鄭堂集》，胡西琴先生《詩集》，張解元貢吏部《詩集》，僧誦苕《蔗查集》，李四香《籌書》等。」（頁 51）

其四，清代學術史的著名學人，很多直接或間接地都曾受到阮元的影響，例如孔廣森（1752～1786）、劉台拱（1751～1805）、許宗彥（1768～1819）三人都是阮元的姻親，焦循（1763～1820）是阮元的族姊夫；錢大昕（1728～1804）、凌廷堪（1755～1809）、臧庸（1767～1811）、任大椿（1739～1789）、王昶（1724～1805）、孫星衍（1753～1818）、江藩（1761～1831）、汪中（1744～1794）等，皆為阮元的交游或問學的好友〔註3〕；梁啓超（1873～1929）十三歲肄業於廣州學海堂，〔註4〕章太炎（1869～1936）廿三歲始居杭州，在詁經精舍接受教育〔註5〕；晚清經學大師俞樾（1821～1906）〔註6〕，也曾主講詁經精舍逾三十載；而學海堂的學長如林伯桐（1735～1844）、曾釗（1821～1854）、張維屏（1780～1859）、侯康（1798～1837）、譚瑩（1800～1871）、陳澧（1810～1882）、朱次琦（1807～1882）等學人，〔註7〕對嶺南學術思想的發煌，貢獻尤大。

　　其五，阮元學而優則仕，為官清廉，喜歡獎掖後進，儀徵弟子如：嚴杰（1763～1843）、王引之（1766～1834）、朱為弼（1771～1840）、陳壽祺（1771～1834）、汪家禧（1775～1816）、何紹基（1800～1874）、姚文田（1758～1827）、張惠言（1761～1802）、嚴元照（1763～1797）、李富孫（1764～1843）、李遇

〔註3〕徐世昌：《清儒學案》（中國書店，1990年9月），卷123，頁344。

〔註4〕梁啓超〈清代學術概論〉言：「鳴呼，自吾之生，而乾嘉學者已零落略盡，然十三歲肄業於廣州之學海堂，堂則前總督阮元所創，以樸學教於吾鄉者也。」又云：「啓超年十三，與其友陳千秋同學於學海堂，治戴、段、王之學。」引自朱維錚校注本：《梁啓超論清學史兩種》（上海：復旦大學出版社，1985年9月），頁50、68。

〔註5〕參考王汎森《章太炎的思想——兼論其對儒學傳統的衝擊》（臺北：時報文化，1992年3月）第二章第一節：「章太炎的父親章濬，曾在杭州詁經精舍擔任「監院」，其父卒時，太炎年二十三，一方面是父親的「遺訓」，一方面是他自忖『路徑近曲園先生，乃入詁經精舍，前後肄學八年。』（頁23～24）

〔註6〕俞樾《右台仙館筆記》前言：「俞樾，字蔭甫，號曲園。舊居德清，四歲後遷居杭州。他生於道光元年，道光三十年進士，改翰林院庶吉士。覆試的詩題為〈澹煙疏雨落花天〉，他所作的詩首句為「花落春仍在」，著稱於時，後來俞樾就以「春在堂」作為他全集的書名。咸豐二年，為翰林院編修；五年，簡放為河南學政；七年，被劾所擬試題割裂，罷職，僑居蘇州。這年俞樾三十七歲，從此，他就專意著述，並主講於蘇州紫陽，上海求志各書院，而任杭州詁經精舍院長達三十餘年之久。」徐明霞點校本（上海：古籍出版社，1986年6月），頁1。

〔註7〕參考林伯桐、陳澧、周康燮《學海堂志 初編 續編 補編》：（香港龍門書店，1964年6月）。

孫（1765〜1843）、洪頤煊（1765〜1833）、洪震煊（1770〜1815）、周中孚（1768〜1831）、孫鳳起、端木國瑚（1773〜1837）、梁章鉅（1775〜1849）等，每人都學有專長。更難得的是，他認爲儒生讀書，除了要切於人倫物用，還主張『經世』、『實學』，無論在教學、救荒、靖寇、漕運、鹽課、大典、海防、水利、海塘等各項事功實務，阮元相繼提出了一些精闢的見解，足供後人參考。〔註8〕

　　評價阮元對清代學術思想史的貢獻，從出生於十八世紀的張鑑（1764〜1849）、龔自珍（1792〜1841）；出生於十九世紀的伍崇曜（1819〜1863）、李元度（1821〜1887）、徐世昌（1855〜1939）、梁啓超（1873〜1929）、王國維（1877〜1927）、錢穆（1895〜1990）、胡適（1891〜1962）；以至出生於二十世紀的曹聚仁（1900〜1972）、候外廬（1903〜1987）、楊向奎（1910〜　）、張舜徽（1911〜1992）、何佑森（1930〜）、朱維錚（1936〜）、王俊義（1937〜　）、陳祖武（1943〜　）等學者，眾口一辭，無不交口稱譽。〔註9〕不過，

〔註8〕賀長齡，魏源：《清經世文編》；皇朝經世文編姓名總目三，（北京中華書局，1992年4月），頁34。

〔註9〕參見：張鑑：《阮元年譜》（北京中華書局，1995年11月）；龔自珍〈阮尚書年譜第一序〉《龔自珍全集》（上海人民出版社，1975年2月）；伍崇曜：〈揅經室詩錄跋〉《石渠隨筆跋》：（粵雅堂叢書1853年）；李元度：《國朝先正事略——清代1108人傳記》：（岳麓書社，1991年5月）；徐世昌：《清儒學案》：（中國書店1990年9月）；梁啓超：《清代學術概論》《中國近三百年學術史》：《梁啓超論清學史二種》（復旦大學出版社，1985年9月）；王國維：〈國朝漢學派戴阮二家之哲學說〉載《王觀堂先生全集》冊五《靜庵文集》（臺灣文華1905年）；錢穆：《中國近三百年學術史》：（北京中華書局，1986年5月）；〈清儒學案序〉載《中國學術思想史論叢》八（臺灣東大圖書公司，1980年3月）；胡適：《戴東原的哲學》：（臺灣遠流出版公司，1986年7月）；曹聚仁：《中國學術思想史隨筆》（北京三聯書店1986年6月）；侯外廬：《近化中國思想學說史》：（上海生活書店1947年5月）；楊向奎：《中國古代社會與古代思想研究》：（上海人民出版社，1962年4月）；楊向奎《清儒學案新編》五儀徵學案，（齊魯書社，1994年3月）；張舜徽《清代揚州學記》（上海人民出版社，1962年10月）；張舜徽：《清儒學記》（齊魯書社，1991年11月）；何佑森〈阮元的經學及其治學方法〉載《故宮文獻》2卷1期：何佑森〈清代經學思潮〉載《清代經學國際研討會論文集》：（中央研究院中國文哲研究所1994年6月）；朱維錚《走出中世紀》：（上海人民出版社，1987年12月）；朱維錚《求索眞文明——晚清學術史論》（上海古籍出版社，1996年12月）；王俊義，黃愛平《清代學術與文化》：（遼寧教育1993年10月）；王俊義〈再論乾嘉揚州學派〉載《揚州研究》（臺灣聯經出版公司，1996年8月）；陳祖武〈阮元與皇清經解〉載《第三屆清代學術研討會論文集》：（國立中山大學中國文學系1993

引起筆者注意的，卻是下列一些貶抑阮元的評論：

1、管培蘭從熱中利祿，追求功名的道德角度來評價阮元，即所謂「阮門諸子，無不沽名趨利。聲氣之士，豈獨一阮門哉？」〔註10〕

2、鄧實（1877～　）從「著述雖富，或假手於其食客」的角度來評論阮元。〔註11〕

3、梁啓超（1873～1929）批評紀曉嵐（昀），阮芸臺（元），畢秋帆（沅）三人「然皆不能自名其家，其著述或多假於食客之手，於學界殆不足道。」〔註12〕啓超又云：「國朝自顧亭林，閻百詩以後，學者多務碎義，戴東原，阮雲台承流，益暢斯風，斤斤辨詰，愈出愈歧，置經義於不問，而務求於字句之間。於是《皇清經解》之書，汗牛充棟，學者盡數十寒暑，疲力於此，尚無一心得。所謂博而寡要，勞而少功也。」〔註13〕

4、柯邵忞（1850～1933）講學，開宗明義說：『吾人講學，當講宋人之義理，清人之考據，不可學阮芸臺，阮氏全講錯了。』〔註14〕易言之，柯氏以爲阮元只講漢學考證，疏忽了宋人的義理之學。

5、劉師培（1884～1920）論阮元，既爲他人之撰述，故考核亦不甚精。〔註15〕

6、姜廣輝（1948～　）認爲阮元以『相人偶』釋仁，是離體言用，捨本逐末，說不圓通的；而阮元把『理』訓爲『禮』，也是不周延的。〔註16〕

7、蔡云萬，吳榮政二人，都覺得阮元的《皇清經解》1400卷，只本漢學家的立場，而於宋學家之書，卻一字不收，門戶之見，未免過深。〔註17〕

年11月）；陳祖武〈揚州諸儒與乾嘉學派〉載《揚州研究》（臺灣聯經出版公司，1996年8月），頁179～220。

〔註10〕引自：汪紹楹：〈阮氏重刻宋本十三經注疏考〉後語，見《文史》第3輯（1963年10月）。

〔註11〕鄧實：〈國學今論〉，《國粹學報》第1年第5號（1905年6月）。

〔註12〕梁啓超：《中國學術思想變遷之大勢》（臺北：中華書局，1974年11月），頁94。

〔註13〕梁啓超：〈學要·五則〉，載康有爲：《長興學記、桂學答問、萬木草堂口說》（北京：中華書局，1988年3月），頁47。

〔註14〕牟潤孫：《注史齋叢稿》（北京：中華書局，1987年3月），頁538。

〔註15〕劉師培：〈清儒得失論〉，載李妙根編：《劉師培論學論政》（上海：復旦大學出版社，1990年8月），頁117～127。

〔註16〕姜廣輝：〈乾嘉漢學再評價——兼評方東樹對漢學的回應〉，載《華夏文明與傳世藏書——中國國際漢學研討會論文集》（北京：中國社會科學出版社，1996年11月）。

〔註17〕蔡云萬《蟄存齋筆記》（上海：上海書店1997年1月）；吳榮政〈岳麓書院末

8、顧頡剛（1893～1980）批評阮元說：「在乾（隆）、嘉（慶）、道（光）三
朝，經學號爲極盛，而大官僚爲之護法者有二人，其一爲畢沅——其一爲
阮元，羅致江藩、洪頤煊兄弟，汪中，徐養原等名士，爲他校刊《十三經
注疏》、《皇清經解》、《經籍籑詁》等巨帙。此二人實皆阿附權相和珅，故
得久于其位。其後和珅敗，畢先卒，嘉慶帝亦籍其家。阮元則見風轉舵，
得更大之爵位。」〔註18〕

9、岑溢成（1952～　）評論阮元在《性命古訓》中對《詩》，《書》，《孟子》
中「性」字的處理，實未做到像傅斯年所說的「以訓詁學的方法定其字義，
而後就其字義疏爲理論」。反之，爲了支持他的「節性說」的理論，阮元
對相關典籍中的「性」字的意義作出了不恰當的概括化。〔註19〕

10、錢穆（1895～1990）論芸臺，里堂同里同學，然芸臺早躋通顯，揚歷中
外，所至提倡經學，爲萬流所傾仰。而其所得者亦精卓，其持論則與次仲
伯仲間，未逮里堂之醇正。〔註20〕

11、陳學超批評阮元的文論云：「如果曾國藩爲桐城派的中興大將，阮元算是
文選派的護法大師。阮氏本樸學大家，考據辭章頗有功力，所刻《十三經
注疏》、《皇清經解》影響不少，然其復古主義的文學主張卻牽強偏激。……
他從孔子的文言中尋找理論根據以與桐城派爭奪正統，強調一切文章都應
有韻偶行，和者甚寡。」〔註21〕

　　管氏，顧氏評阮元及阮門諸子，大多汲汲於功名，似乎與阮元個人之道
德操守無涉。劉師培，鄧實，梁啓超三人，從阮元的著作很多都不是他自己
的親筆撰述來評論，標準也未免太苛，原因是很多的著述，阮元都是一個發
凡起例的參與者。梁氏認爲經學以明義爲重，通經皆以致用，而不同意芸臺
的治經義必先通訓詁，以及會通章句之學，不得不說是對芸臺有一個美麗的

　　　　任院長王先謙的學術成功之路〉，載《中國書院》（長沙：湖南教育出版社，
　　　　1997 年 11 月）。
〔註18〕顧洪《顧頡剛學術文化隨筆》（北京：中國青年出版社，1998 年 4 月），頁 315。
〔註19〕岑溢成：〈阮元《性命古訓析論》，載《清代經學國際研討會論文集》（臺北：
　　　　中央研究院中國文哲研究所籌備處，1994 年 6 月），頁 323～352。
〔註20〕錢穆〈清儒學案序〉：《中國學術思想史論叢》第八冊（臺北：東大圖書公司，
　　　　1980 年 3 月）。
〔註21〕陳學超〈東方的黎明——鴉片戰爭以後面對西方文化挑戰的中國傳統文學〉，
　　　　載西北大學國際文化交流學院、西北大學漢學研究所編：《國際漢學論壇》〔卷
　　　　一〕（蘭州：西北大學出版社，1994 年 9 月），頁 86～87。

誤會。柯氏，蔡氏，吳氏三人，更錯誤地認為阮元只重漢學而輕宋學，阮元的義理之學，下文另有專章論述（第四章第四節）。姜氏評阮元的訓仁論禮不夠周延，假如細讀阮元《揅經室集》的原文，阮元也能持之有故，言之成理的。岑氏對阮元訓詁學的評論，在其論文中也曾作出較公允的評價：「在檢討阮元對於這四個篇章（《詩》，《書》，《論語》，《孟子》的「性」字的訓詁問題時，所採用的資料主要出於阮元所編，學海堂所刊的《皇清經解》以及阮元主編的《經籍籑詁》。因為這些資料原則上都是阮元可以獲得的，以這些資料作為對照阮元的觀點和檢討他的訓詁成果的基礎，不但較能顯出阮元說法的特點，對阮元訓詁的評論也是比較公平的。〔註22〕錢氏覺得阮元，凌廷堪論學相近，而阮元的學術未及焦循之精博醇正，對阮元的學術評價，似乎亦有欠公允。陳氏覺得阮元復古主義的文學主張牽強偏激，提倡寫作文章應以有韻偶行為正，和者亦寡；細心尋繹阮元習文的經驗，他的兩位業師——胡西琴和孫梅，都同是深於《文選》學的名家，我們對阮元的文論主張，便不會感到奇怪了。

對於歷史人物的評價，評論有褒有貶，是十分正常之事。而對阮元的評論，評論家譽多而譭少，他們的著眼點多放在阮元的治績，學養，學術和教育貢獻各個方面；總的來說，功大於過，正如龔自珍論阮元「功在察吏，功在撫字，功在訓迪，功在武事，功在治賦，功在治漕」諸方面〔註23〕，最足以說明之。

筆者不自量力，有意以阮元這個學術人物為中心點，從師友，弟子，幕僚等和他的交往，鉤勒出清代中，晚期（1764～1849）的學術趨向和風貌，為清代學術思想史的橫向研究，做一位極具代表性的個案研究。

第二節　阮元研究的回顧

作為清代中葉學術史上一位「主持風會數十年」的名臣〔註24〕，阮元（1764～1849）無可爭議地備受重視，且在各個學術領域中發揮了深遠的影響力，

〔註22〕同註19，頁329。

〔註23〕龔自珍〈阮尚書年譜第一序〉：《龔自珍全集》（上海：人民出版社，1975年2月）。

〔註24〕趙爾巽：《清史稿》卷364〈阮元列傳〉：「自著曰《揅經室集》。他紀事、談藝諸編，並為世重。身歷乾、嘉文物鼎盛之時，主持風會數十年，海內學者奉為山斗焉。」（北京：中華書局標點本，1976年7月），頁11424。

贏取到道光皇帝（宣宗旻寧在位期：1821～1850）「宣力中外，五十餘年。學裕識優，勤勞懋著」的美譽。〔註25〕阮元的論著，由單篇論文以至成於眾手的集體纂著，都為十八、十九世紀的中國文化史及學術史，增添了一筆寶貴的文化遺產。清宣宗道光二十九年己酉（1849年）十月十三日（丁丑日已時），阮元以八十六歲的高壽歸道山〔註26〕，百多年來，對阮元學術論著的評價，以至於他的為人，評論者譽之者多，而譭之者則較少。孰是孰非，理應自有公論，學術史家要知其然，更要知其所以然。筆者現不揣剪陋，就坊間目前可見的資料，為阮元以至和他相關的學術研究，在下文作一回顧及綜述。

一、阮元生平的研究

《阮芸台相國年譜》，又名《雷塘庵主弟子記》八卷，卷一至卷二由阮元弟子張鑑（1781～1850）撰，卷三至卷四，其子常生（？～1833）撰，卷五至卷六，其子福（1802～？）撰，卷七其子孔厚（1805～？）撰，卷八小門生柳興恩（1795～1880）撰，有清咸豐間琅嬛仙館刊本；別有道光二十一年刊七卷本。〔註27〕《阮元年譜》較近期的版本有北京中華書局1995年11月版，正如黃愛平（1955～　　）的點校說明云：「《雷塘庵主弟子記》詳盡地記述了阮元一生立身行世以及學問、經濟、事功等情況，既為研究阮元提供了寶貴的歷史資料，也有助於瞭解乾（隆）、嘉（慶）、道（光）時期社會、經濟、文化等各方面狀況。」〔註28〕

1803年，王昶（1724～1806）撰《湖海詩人小傳》，稱「芸臺中丞，以己酉登第，不及十年，督學三齊兩浙，遂躋開府。……年華甚盛，嚮用方殷，擴之以開物成務之功，進之以正心誠意之學，洵卓然一代偉人也。」〔註29〕王昶此篇小傳，便成為阮元生平研究的濫觴之作。

1842年，張維屏（1780～1859）輯《國朝詩人徵略二編》，有《粵東紳士

〔註25〕王鍾翰點校：《清史列傳》卷36，大臣傳續編一〈阮元傳〉（北京：中華書局，1987年），頁2831。

〔註26〕張鑑：《阮元年譜》（（北京：中華書局，黃愛平點校本，1995年11月），頁218。

〔註27〕來新夏：《近三百年人物年譜知見錄》（上海：人民出版社，1983年4月），頁140～141。

〔註28〕同註3，頁3。

〔註29〕王昶撰，毛慶善編《湖海詩人小傳》（原名《蒲褐山房詩話》），載周駿富：《清代傳記叢刊》（臺北：明文書局，1985年5月），冊24，頁733。

公請前兩廣總督太傅阮文達公入祀名宦祠啓》譽阮元云：「前兩廣總督、太傅阮文達公一代名臣，三朝元老，學術夙本於經術，儒宗並領夫詞宗。祥由地發，誕生近文選之樓，福自天申，大考冠蓬瀛之籍。……生晉太傅，本朝僅見七人，孫舉孝廉，登科已連三世。秉旄鉞者四十載，尊是達尊；居林泉者十二年，福眞全福。諡宜文達，禮備哀榮，是誠邦國之光，豈特山川之瑞已哉！」〔註30〕

全書付梓於清同治五年（1866年）的《國朝先正事略》，共60卷，收同治以前的清代人物1108人的傳記，著者李元度（1821～1887），把阮文達公元列入卷二十一名臣傳中。李元度的《阮文達公事略》逐年排比阮元出仕的政績及行事，而於阮元論著的撰寫日期，亦有詳述，對阮元的讚譽，李元度云：「一代之興，必有耆龐魁壘之臣，若唐之燕許及崔文貞、權文公、李衛公，以經術文章主持風會，而其人又必聰明早達，揚歷中外，兼享大年，其名位著述足以弁冕群材，其力尤足提倡後學，若儀徵相國，眞其人哉！」〔註31〕

儀徵劉文祺先生之子毓崧（1818～1867），撰《通義堂文集》十六卷，卷六《阮文達公傳》記阮元云：「生平持躬清愼，屬吏不敢干以私。爲政崇大體，所至必以興學教士爲急。在浙江則立詁經精舍，在廣東則立學海堂，選諸生知務實學者肄業其中，士習蒸蒸日上，至今官兩省者旨奉爲矩矱。……歸田後，怡志林泉，不與郡縣相接，而於地方義舉無不首先倡捐。待族黨故舊咸有恩誼，樂於汲引後進，休休有容。」〔註32〕

書成於1884年的《國朝耆獻類徵初編》，李桓（1827～1891）在是書卷39宰輔中所述的阮元，全篇抄自李元度的《國朝先正事略》。

1886年出版的《疇人傳三編》，著者諸可寶（1845～1903），他以一個科學家的角度來評價阮元，卷三國朝後續補一〈阮元傳〉云：「嘉慶二年（1797）在浙，始與元和李茂才銳商纂疇人傳，至庚午歲（1810），乃寫定。……公生平於學無所不窺，亦無所不善，博聞好問，耄而彌篤。……夫太傅揚歷中外五十餘年，頤養里第又十一年，身爲名臣通儒，猶孜孜於算學不倦，良因術數之眇，窮幽極微，可以綱紀群倫，經緯天地，乃儒流實事求是之學。……儀徵太傅出，而算學之源流傳習，始得專書。……若夫著作貫九流，事功垂

〔註30〕同註3，頁271～272。
〔註31〕李元度：《國朝先正事略》（長沙：岳麓書社，1991年5月），頁625～630。
〔註32〕同註3，頁246～247。

十世，名在史戚，語在典冊。」〔註33〕

　　繆荃孫（1844～1919）纂錄的《續碑傳集》卷三　道光朝宰輔〈阮元傳〉，全篇錄自劉毓崧《通義堂文集》與及李元度的《國朝先正事略》。〔註34〕

　　汪兆鏞（1861～1939）編《碑傳集三編》卷一宰輔一，收錄阮元逸事三篇，分別來自：〈南海縣志〉、〈番禺縣續志〉與及〈揅經室詩集〉〔註35〕，是書於民國年間出版。

　　微席葉（A.Vissiere）的〈阮元傳略〉（Biographie de Jouan Yuan），見於1904年出版的學術期刊《通報》（Toung Pao），對象爲當時的歐洲人，全文對阮元一生的政治生涯，有較詳細的交待，另附有阮元在1843年自署「頤性延齡」的頤性老人像，而於阮元的學術成就，卻語焉不詳。

　　初版於1925年的《清代樸學大師列傳》，作者支偉成（1899～1928），把阮元置諸〈皖派經學家列傳第六〉、〈金石學家列傳第十八〉與及〈提倡樸學諸顯達列傳第二十五〉三篇之中，〈提倡樸學諸顯達列傳第二十五〉中的阮元傳，全文抄錄自劉毓崧《通義堂文集》，只是文字略加改動而已。〔註36〕

　　趙爾巽（1844～1927）的《清史稿》，在1927年出版，是書卷364，列傳151〈阮元傳〉，於阮元的出仕，略有交待，於阮元的政績則云：「元兩治浙，多惠政，平寇功尤著云。——元在粵九年，兼署巡撫凡六次。——入祀鄉賢祠、浙江名宦祠。」於阮元的學術，則更條分縷析云：「元博學淹通，早被知遇。敕編《石渠寶笈》，校勘《石經》。再入翰林，創編國史儒林、文苑傳，至爲浙江巡撫，始手成之。集四庫未收書一百七十二種，撰提要進御，補中秘之闕。……歷官所至，振興文教。在浙江立詁經精舍，祀許慎、鄭康成，選高才肄業；在粵立學海堂亦如之，並延攬通儒：造士有家法，人才蔚起。」〔註37〕

　　清國史館原編的《清史列傳》，1928年付梓，阮元列於大臣傳續編一，全篇記阮元一生的仕宦最詳。於阮元的學術，亦有所交待：「元淹貫群書，長於

〔註33〕阮元：《疇人傳彙編》下冊（臺北：世界書局，1982年4月），頁749～754。

〔註34〕周駿富編：《清代傳記叢刊》115冊（臺北：明文書局，1985年5月），頁115～175。

〔註35〕《清代碑傳全集》下冊（上海古籍出版社，1987年11月），頁1629。

〔註36〕支偉成：《清代樸學大師列傳》下冊（岳麓書社，1986年3月），頁632～634。

〔註37〕趙爾巽：《清史稿》卷364〈阮元列傳〉（北京：中華書局點校本，1976年7月），頁11421～11424。

考證。嘉慶十二年，奏進恭注《御製味餘書室隨筆》二冊。所著有《經籍纂詁》、《十三經校勘記》、《山左金石志》、《兩浙金石志》、《石渠隨筆》、《疇人傳》、《小滄浪筆談》、《定香亭筆談》、《廣陵詩事》、《揅經室集》，又編輯《皇清經解》一千四百卷。」〔註38〕另外，嘉業堂鈔本《清國史》則記云：「諡文達，咸豐二年三月入祀鄉賢祠，九月入祀浙江名宦祠。」〔註39〕

蔡冠洛編《清代七百名人傳》，書成於 1936 年 7 月，〈阮元傳〉置諸學術之樸學類別，全文史料，多採擷自：《國朝先正事略》、《清史稿》及《清史列傳》等書，因襲有餘，缺乏新意，傳末，對阮元的學術只略加陳述：「在史館時，採諸書為儒林傳，合師儒異派而持其平，不稍存門戶之見。」〔註40〕楊蔭深在 1937 年編次的《中國學術家列傳》，評阮元云：「生平持躬清慎，為政務崇大體。督學時，士有一藝之長，無不獎勵，能解經文及古今體詩者，必擢置於前，績學之士，多從此出。論學之旨，在實事求是，自經史小學，以及金石詩文，鉅細無所不包，而尤以發明大義為主。」〔註41〕全篇傳記的文字，亦淵源自前述的史籍。

1938 年刊刻的《清儒學案》，由徐世昌（1855～1939）主持纂修，陳祖武認為是書「既是對清代二百六十餘年間學術的一個總結，也是對中國古代學案體史籍的一個總結。」〔註42〕對阮元在清學史上的地位，徐氏有一恰當的分析，云：「乾嘉經學之盛，達官耆宿提倡之力為多。文達早躋通顯，揚歷中外，所至敦崇實學，編刻諸書，類多宏深博奧，挈領提綱，揅經室集，說經之文，皆詁釋精詳，宜乎為萬流所傾仰也，述儀徵學案。」〔註43〕〈儀徵學案〉中所述阮元的生平，徐世昌在文中亦有提及其出處，此即包括：《清史傳》、《雷塘庵主弟子記》與及《揅經室集》等。

1943 年，華盛頓美國政府印刷所印刷了恆慕義（Arthur Hummel）主編的

〔註38〕同註2，頁 2831～2832。

〔註39〕《清國史》，嘉業堂鈔本（北京：中華書局，1993 年 6 月），《大臣畫一續編》卷四，頁 31。

〔註40〕蔡冠洛：《清代七百名人傳》下冊（北京：中國書店，1987 年 6 月），頁 1646～1653。

〔註41〕楊蔭深：《中國學術家列傳》（香港：文淵書局，1937 年 3 月），頁 433～435。

〔註42〕陳祖武：《中國學案史》（臺灣：文津出版社，1994 年 4 月），頁 245。

〔註43〕徐世昌：《清儒學案》（三）卷 121〈儀徵學案上〉（北京：中國書店，1990 年 9 月），頁 283。

《清代名人傳略》〔註44〕。書中阮元的傳記，由房兆楹撰寫，全文取材自：《三十三種清代傳記綜合引得》、《雷塘庵主弟子記》、微席葉《阮元傳略》與及范西‧皮爾路易〈阮元著疇人傳〉等。阮元傳的開首：「阮元，字伯元，號芸台、雷塘庵主、頤性老人、節性齋老人、北湖跛叟，1764 年 2 月 21 日～1849 年 11 月 27 日。學者、官吏，江蘇揚州府儀徵人。」分析阮元的學術，則云：「阮元的著作不僅限於經學，旁及方志、金石學、數學以及詩詞，在當時有巨大的影響，許多著作甚至影響後世。」〔註45〕此傳對阮元的出仕、著書的緣由、學術的成就、影響力等，敘述頗詳，不失為一篇阮元傳記的必讀之作。

　　1959 年，仰彌為阮元卒後九十年紀念而作的〈阮文達事述〉〔註46〕本文於阮元之學術思想及其一生之行實，都有交待。如指出阮元之治學，務在實事求是，不尚空談；又詳述文達馭外洋禁鴉片之經過；建大虎山砲台等事；繼而稱譽文達一生：「其學問自經史小學以及金石詩文，無分巨細，無所不包，而尤以發明大義為主」，文末另附錄龔自珍的〈阮尚書年譜第一序〉作為全文的總結，原原本本，最難得之處是能夠注意及阮元之學術成就。

　　1962 年 10 月，張舜徽《清代揚州學記》一書付梓，是書的第六章，對於阮氏生平和著述，也有一節的綜論。張舜徽稱譽阮元：「至於他本人的學問，也很淵博。對於經史、小學、天算、輿地、金石、校勘，無不窮極隱微，有所闡發，可算是揚州學者中的巨擘。」〔註47〕

　　近三十年來，研究阮元的論文和專著，在中國大陸、臺灣、海外等地區，相繼出版。以下略舉論文的篇名及作者如次：

1、朱戟：〈清代揚州學者阮元〉，載《揚州師院學報》1981 年第 4 期；

2、尹旦侯：〈阮元：清中葉的教育家〉，載《湖南師範學院院刊》1986 年第 2 期；

3、柏蘇秦、黃慶華：〈清代傑出的出版家：阮元〉，載《圖書館員》1987 年第 6 期；

〔註44〕Hummel，Arthur W.（ed），*Eminent Chinese of the Ching Period（1644～1912）*, 2 vols, Washington：Government Printing Office, 1943.

〔註45〕恆慕義著、中國人民大學清史研究所《清代名人傳略》翻譯組譯：《清代名人傳略》（中），（青海：青海人民出版社，1990 年 2 月），頁 433～439。

〔註46〕仰彌：〈阮文達事述——為公卒後九十年紀念作〉，載《中國近三百年學術思想論集》（香港崇文，1971 年 5 月），頁 303～322。

〔註47〕張舜徽：《清代揚州學記》（上海人民出版社，1962 年 10 月），頁 143。

4、王期亞：〈阮元卒年質疑〉，載《湘潭大學學報》（社科版）1987 年第 4 期；

5、郭明道、田漢雲：〈清代傳播民族文化的巨擘：阮元〉，載《揚州師院學報》（社科版）1988 年第 3 期；

6、馮爾康：〈清代名臣阮元〉，載《故宮博物院院刊》1989 年第 1 期；

7、郭明道：〈清代教育改革家阮元〉，載《揚州師院學報》（社科版） 1990 年第 4 期；

8、郭明道：〈傑出的經學家：阮元研究之八〉，載《揚州師院學報》（社科版）1992 年第 4 期；

9、包遵信：〈阮元和清代漢學〉，載《文化中國》第 3 期（1994 年 12 月）；第 4 期（1995 年 3 月）；

10、林海俊：〈清代古文字學家阮元〉，載《揚州大學學報》（人文社會科學版）1998 年第 5 期；

11、彭林：〈阮元實學思想叢論〉，載《清史研究》1999 年第 3 期。

　　近期出版的目錄學工具書，當推由林慶彰主編的《乾嘉學術研究論著目錄》，全書分為：清代學術通論、乾嘉學術通論、四庫學、乾嘉學者分論四部分；有關阮元的資料，以生平年譜、著述研究和學術總論三項列出，共八十六條，是至今為止，研究阮元最詳備的資料目錄。〔註48〕

　　綜觀上文所列文獻的資料，阮元一生的成就是多方面的，他是清代的名臣、文人、詩人、宰輔、儒生、揚州學者，又是經學家、漢學家、思想家、書畫家、哲學家、教育家、出版家、藏書家、文獻學家、目錄學家、古文字學家以及金石學家等。總之，對阮元生平的了解，要著眼於思想史上的多維角度和視野，從一些鮮為人道的側面，以之認識阮元的一生，阮元的研究，才會有一些新的突破。

二、阮元著述的研究

　　阮元的單篇論著，如〈性命古訓〉、〈論語論仁論〉等，對儒家身心性命之義理，皆有詳細的闡釋，亦同時引起後世學者的注意。1905 年，王國維率先紹介阮元之〈性命古訓〉云：「厥後阮文達又推闡戴氏之說，而作〈性命古訓〉，復括其意作〈節性齋主人小像跋〉一篇。……故阮氏之說，全祖戴

〔註48〕林慶彰編：《乾嘉學術研究論著目錄》（1900～1993）（臺灣：中央研究院中國文哲研究所籌備處，1995 年 5 月），頁 267～274。

氏，其所增益者，不過引《書・召誥》《詩・卷阿》之說，爲戴氏之未及，
又分析「性」字之字義而已。二氏之意，在申三代、秦、漢之古義，以攻擊
唐、宋以後雜於老、佛之新學。」〔註49〕1940 年 4 月，傅斯年發表了他的
考據學專著：《性命古訓辨證》，傅斯年云：「阮氏聚積詩、書、論語、孟子
中之論性命字，以訓詁學的方法定其字義，而後就其字義疏爲理論，以張漢
學家哲學之立場，以搖程朱之權威。夫阮氏之結論固多不能成立，然其方法
則足爲後人治思想史者所儀型。其方法惟何？即以語言學的觀點解決思想史
中之問題是也。」〔註50〕1992 年，楊向奎發表〈論「性命古訓」〉一文說：「理
學家講性命之學，阮元亦曾從事於此，他是以漢學工夫批判理學之玄虛。在
〈性命古訓〉一文內，他首先以《尙書・召誥》及《孟子・盡心》之說爲建
首，其次以諸經有關記載排比，可以看出漢代以前的性命學說都不同於宋代
理學……所謂漢以前性命之說，未嘗少晦，阮元是要證明，通過故訓，古人
之言性命諸說是質實的，並無玄虛處。」〔註51〕1994 年 6 月，岑溢成在〈阮
元《性命古訓》析論〉一文中的結語：「由此可見，阮元在《性命古訓》中
對《詩》、《書》、《孟子》中「性」字的處理，實未做到像傅斯年所說的「以
訓詁學的方法定其字義，而後就其字義疏爲理論」。反之，爲了支持他的「節
性說」的理論，阮元對相關典籍中的「性」字的意義作出了不恰當的概括化。」
〔註52〕1996 年 3 月，岑溢成又完成了〈傅斯年《性命古訓辨證》之方法學意
義〉一文〔註53〕，爲阮元的〈性命古訓〉研究，暫時劃上一個適當的休止符。
至於闡釋阮元的〈論語論仁論〉，有陳祖武的〈孔子仁學與阮元的《論語論
仁論》〉，陳氏云：「清儒阮元，當朱子〈四書章句集注〉大行之後，摒〈集
注〉不取，遠承漢儒鄭玄遺說，獨闢蹊徑，訓詁解經，撰爲〈論語論仁論〉。
阮氏之所著，以樸學釋仁，雖立異理學，心存門戶，但原原本本，務實切己，

〔註49〕王國維：〈國朝漢學派戴阮二家之哲學說〉載徐洪興編：《求善・求美・求眞
　　　　——王國維文選》（上海：遠東出版社，1997 年 6 月），頁 31～32。

〔註50〕傅斯年：《性命古訓辨證》國立中央研究院歷史語言研究所單刊乙種之五（臺
　　　　北：商務印書館，1940 年 4 月），頁 1～2。

〔註51〕楊向奎：〈論性命古訓〉，載《史學集刊》，（1992 年第 1 期），頁 27～31。

〔註52〕江日新編：《清代經學國際研討會論文集》（臺北：南港中央研究院中國文哲
　　　　研究所籌備處印行，1994 年 6 月），頁 350～351。

〔註53〕國立中央大學中國文學系所編：《第二屆 近代中國學術研討會論文集》（1996
　　　　年 3 月），頁 203～218。

於把握孔子仁學精要多所裨益。」〔註54〕

專書研究方面,《經籍纂詁》、《疇人傳》、《十三經注疏校勘記》、《皇清經解》等書,雖成於眾手,可是,阮元都是一個發凡起例的帶頭人,爲各書的籌謀策劃,提出具體的意見。

《經籍纂詁》始修於 1795 年,1797 年修畢,有關是書的研究,由成書之日起,便不絕如縷。錢大昕(1728~1804)〈經籍纂詁序〉:「有文字而後有詁訓,有詁訓而後有義理,訓詁者,義理之所由出,非別有義理出乎訓詁之外者也。」〔註55〕

王引之(1766~1834)〈經籍纂詁序〉則云:「及先生督學浙江,乃手定體例,逐韻增收,總彙名流,分書類輯,凡歷二年之久,編成一百十六卷。展一韻而眾字畢備,檢一字而諸訓皆存,尋一訓而原書可識,所謂握六藝之鈐鍵,廓九流之潭奧者矣!」〔註56〕臧庸(1767~1811)〈經籍纂詁後序〉亦稱道是書:「可謂經典之統宗,詁訓之淵藪,取之不竭,用之無窮者矣!」〔註57〕

迨至近代,張舜徽(1911~1992)《中國文獻學》論《經籍纂詁》云:「阮氏本人,是深通訓詁之學的。曾發凡起例,組織人力,編集故訓,以成此書。薈萃古義,蔚然大觀,是一部檢尋舊詁,比較方便的工具書。」〔註58〕

至於《經籍纂詁》的論述,從八十年代起迄今,有下列各篇:

1980 年,郭成韜撰:〈《方言》《經籍纂詁》和《經傳釋詞》〉,見《語文戰線》第 7 期;

1982 年,汪耀楠撰:〈纂集派訓詁著作《經籍纂詁》〉,《辭書研究》1982 年第 4 期;

1983 年,張文建撰:《經籍纂詁》,《歷史教學問題》,1983 年第 3 期;1987 年 9 月,徐狀華撰:《中國典籍之最》經籍纂詁——我國第一部大型的訓詁詞典,甘肅教育出版社;

1997 年 5 月,武漢大學古籍整理研究所撰:〈從《經籍纂詁》到《故訓匯纂》〉,

〔註54〕《漢學研究》第 12 卷第 2 期,(1994 年 12 月),頁 39。
〔註55〕錢大昕:《潛研堂集》(呂友仁點校本)(上海:古籍出版社,1989 年 11 月),頁 392~393。
〔註56〕阮元:《經籍纂詁》(北京:中華書局,1982 年 4 月),頁 1。
〔註57〕同註 31,頁 3。
〔註58〕張舜徽:《中國文獻學》(河南人民出版社,1982 年 12 月),頁 285。

載鄭遠漢編：《黃侃學術研究》，武漢大學出版社；

1998 年 2 月，宗福邦撰：〈《故訓匯纂》與《經籍纂詁》〉，見全國高等院校古籍
整理研究工作委員會秘書處編：《兩岸古籍整理學術研討會論文集》。

此外，一般論述清代文化或訓詁學的書，亦不會遺漏是書的貢獻，例如
南炳文、李小林《清代文化》云：「《經籍纂詁》為阮元任浙江學政時組識詁
經精舍學生分工編成的字典，各字依《佩文韻府》的次序編排，專輯古書成
說解釋其意義，唐以前訓詁，網羅殆盡，是閱讀古籍極便利的一部工具書。」
〔註 59〕

1797 年，《疇人傳》始纂，1799 年，46 卷的《疇人傳初編》刊行，並由
任經筵講官、南書房行走、戶部左侍郎兼管國子監算學的阮元撰序。自此之
後的續作包括：羅士琳（1784～1853）的《疇人傳續編》；諸可寶（1845～1903）
的《疇人傳三編》；華世芳（1854～1905）的《近代疇人著述記》與及黃鍾駿
《疇人傳四編》等。〔註 60〕論文方面，最早期的三篇有關《疇人傳》的論文，
都是國外的研究，均為二十世紀三十年代的撰述，依次為：

1、Van Hee, L., "The *Chou Jen Chuan* of Yuan Yuan", ISIS, 1926；

2、三上義夫：〈疇人傳論——併せて Van Hee 氏所說を評す〉載《東洋學報》
第十六卷第二號，昭和二年（1927 年）；

3、Mikami Y., "The *Chou-Ien Chuan* of Juan Juan, *ISIS*, 1928：9, pp.123～126。

二十世紀七十年代初期開始，臺灣的學者率先注意清代曆算學之研究，
石錦撰有《十七、十八世紀中國曆算學家的治學態度》一文，謂「疇人傳是
一部包括二百八十位與中國曆算學的發展有密切關係的中西學者的傳記合
集。其中西洋學者三十七人，中國學者二百四十三人。」〔註 61〕

王萍（1929～　）著有論文〈阮元與疇人傳〉云：「疇人傳是中國曆算學
被完全西化以前的重要著述，至今欲研究傳統曆算的學者，仍須仰它為主要
的參考資料。」〔註 62〕；王萍另一篇論文——〈清代曆算學的傳承與蛻變〉
結語云：「中國天文曆算學具有複雜的性質。它被認含有玄妙的政治哲理，而

〔註 59〕南炳文、李小林、李晟文：《清代文化——傳統的總結和中西大交流的發展》
（天津古籍出版社，1991 年 10 月），頁 80。

〔註 60〕阮元：《疇人傳彙編》（臺北：世界書局，1982 年 4 月），頁 18～64。

〔註 61〕載《故宮文獻》，第 2 卷第 1 期，（1970 年 12 月），頁 45～60。

〔註 62〕載《中央研究院近代史研究所集刊》第四期 下冊（臺北：1974 年 12 月），頁
601～611。

賦予神秘性；另方面它的實用價值也獲得肯定。因此它吸引各種行業人士的興趣，包括：官吏、學者、術士等。」〔註63〕專著方面，王萍另撰《西方曆算學之輸入》一書，得出：「阮元於所著《疇人傳》中，崇中黜西之論倍極強烈。」〔註64〕的結論。另外，國立臺灣師範大學歷史研究所的劉德美女士，1985年發表〈疇人傳研究〉，全文論述疇人傳的編纂動機、疇人傳的體例、疇人傳編校者的專業素養、疇人傳的論點與影響、疇人傳的評價等課題，其結論云：「吾人在了解疇人傳編者受經學家思想背景和時代環境局限之後，更宜注意阮元認識曆算學的客觀性和肯定其進步性的層面，以及他由實學經世思想引發而倡導曆算學研究的用心與努力，則可對這部經由阮元、李銳、錢大昕等尊崇中國曆算古法，兼通中西曆算的經學家們所編纂、修訂的疇人傳，有更確切的認識。疇人傳編纂態度謹嚴，是部表現乾嘉學術趨向和成就的巨著，其著作體例及中心思想，對清季學術思想甚具啓發性和影響力，也因富有爭論性及時代意義，而甚受重視。」〔註65〕對疇人傳全書的研究，可謂剖析入微而深入淺出、具原創性。1986年，劉德美在陸寶千教授（1925～　）指導下，更以〈阮元學術之研究〉一文，獲頒合灣師範大學歷史研究所博士學位。

中國大陸方面的疇人傳研究，打從八十年代開始，相繼發表了下述各篇：

1、李瑤：〈從《疇人傳》的編輯思想看它的科學價值和局限〉，《建院三十周年學術論文選集》（政治、歷史），南寧廣西民族學院學術委員會科研處編，1982年；

2、黃愛平（1955～　）的〈從《疇人傳》看阮元的西學思想〉，載中國人民大學清史研究所編《清史研究通訊》，1989年第3期；

3、傅祚華（1946～）的〈疇人傳研究〉，載 梅榮照編：《明清數學史論文集》，江蘇教育出版社，1990年8月；

4、彭林的〈從《疇人傳》看中西文化衝突中的阮元〉，載《學術月刊》，1998年第5期。

〔註63〕中央研究院近代史研究所編：《近世中國經世思想研討會論文集》（臺北，1984年4月），頁491～504。
〔註64〕王萍：《西方曆算學之輸入》（臺灣：中央研究院近代史研究所，1966年8月），頁102～103。
〔註65〕國立臺灣師範大學歷史研究所 歷史學系合編：《歷史學報》第 13 期（1985年6月），頁145～169。

　　以上四篇之中，以傅祚華一文最為詳實，全文論述了《疇人傳》的編者、《疇人傳》的編纂、《疇人傳》的內容、〈疇人傳〉的思想傾向、《疇人傳》的續作、《疇人傳》及其續作的版本、影響和評價等內容〔註66〕等；而以關於疇人、傳與論、關於曆法沿革、關於天文觀測、關於數學各段分述《疇人傳》的內容，見解獨到精闢。

　　1816 年，清嘉慶二十一年秋，《十三經注疏》刻板初成，藏板於南昌學使。阮元〈重刻宋版注疏總目錄〉記：「十三經注疏，共四百十六卷……元舊作〈十三經注疏校勘記〉雖不專主十行本，單疏本，而大端實在此二本。嘉慶二十年（1815），元至江西，武寧盧氏宣旬讀余校勘記而有慕於宋本；南昌給事中黃氏中傑亦苦毛板之朽，因以元所藏十一經至南昌學堂重刻之，且借校蘇州黃氏丕烈所藏單疏二經重刻之；近鹽巡道胡氏稷亦從吳中購得十一經，其中有可補元藏本中所殘缺者，於是宋本注疏，可以復行於世，豈獨江西學中所私哉！」〔註67〕胡稷〈重刊宋本十三經注疏後記〉云：「宮保（阮元）於退食餘閒，詳加勘定，且今庋其板於學中，俾四方讀者皆可就而印之，誠西江之盛事，而宮保嘉惠士林之至意也。」〔註68〕1826 年，南昌府學教授旴江朱華臨撰〈重校宋本十三經注疏跋〉：「宮保阮制軍前撫江右時出所藏宋十行本以嘉惠士林；嘉慶丙子仲春開雕，閱十有九月，至丁丑仲秋板成，為卷四百一十有六，為葉一萬一千八百有奇，董其事者，武寧明經盧君來庵也。」〔註69〕稍後，學人對是書可說好評如潮，例如林伯桐（1775～1844）：「讀阮宮保〈十三經注疏校勘記〉，精深廣大，三禮會通，本末具詳，折衷一是，尊其所聞，固治禮者之幸也。」（《修本堂稿》卷 5）；夏炘（1795～1846）：「《十三經注疏》卷帙既多，能讀者逐少，又注文古奧，疏義冗繁，多刻一次即多錯一次，故明監本毛本雖屬廣行於世，而沿訛踵謬，改正殊難。儀徵阮氏就宋刊本為校勘記，諸經注疏，從此易讀，其功非淺顯矣！」（《夏仲子集》卷 4）；

　　俞樾（1821～1907）稱：「〈十三經注疏校勘記〉羅列諸家異同，使人讀一本如遍讀各本。」（《春在堂雜文》四編　卷 6）。然而，阮本《十三經注疏》

〔註66〕傅祚華：〈疇人傳研究〉，載梅榮照編：《明清數學史論文集》（南京：江蘇教育出版社，1990 年 8 月），頁 219～260。

〔註67〕阮元校刻：《十三經注疏　附校勘記》上冊（北京：中華書局影印，1980 年 10 月），頁 2。

〔註68〕同註44，頁 1。

〔註69〕同註44，頁 2。

因卷帙浩繁，校勘成於眾手，仍不免間有疏誤。阮氏本人亦以爲憾，嗣後不少學者曾有所校正。清汪文臺（1796～1844）在〈十三經注疏校勘記識語〉中指出校勘記中錯訛 482 處，考證郅確，旁證博引，既詳且愼，深爲學者推重。清光緒初，江西巡撫劉秉璋曾命雕板附行，江西書局即於光緒三年（1877）將〈識語〉附阮本之後梓行。〔註70〕汪文臺〈十三經注疏校勘記識語 後記〉論阮本之價值云：「向借讀十三經注疏校勘記，甚好之，不能竟學。道光庚寅（1830）買得南昌盧本，點看一遍，意有未安，別爲表識，實求其是云爾，此記成於眾手，故時有駁文，然實有益後學之書。」〔註71〕劉秉璋〈十三經注疏校勘記識語序〉對阮元〈十三經注疏校勘記〉之完成有詳細的說明：「儀徵阮文達公嘗奉詔校勘石經，先成〈儀禮石經校勘記〉，後巡撫浙江，遂有〈十三經校勘記〉之作，同時分纂者七人，元和李尚之、顧千里、武進臧用中、錢塘嚴厚民、仁和孫與人、德清徐新田、臨海洪百里、書成於嘉慶十一年（1805）。」〔註72〕

至於探討《十三經注疏》的論文，最早的一篇爲汪紹楹的〈阮氏重刻宋本十三經注疏考〉，全文大旨厥爲：「由阮氏修校記，刊注疏之得失，而及所據宋十行本之優劣。更由十行而上推八行本、單疏本之存佚，下逮金、元、明諸刻之沿革，略述梗概，明其本原。」〔註73〕杭州大學中文系陳東輝（（1966～　　）的《阮元與十三經注疏》表揚阮書云：「然而從總體而言，阮刻《十三經注疏》迄今爲止仍不失爲最佳之版本，澤漑後學，功德無量。」〔註74〕臺灣中山大學中國文學系劉文強撰有〈阮元《十三經校勘記研究》：《禮記》篇〉論云：「校勘學是乾嘉學術的重要成就之一，而阮元〈十三經注疏校勘記〉更可謂其中的代表作。這部可稱爲經典的巨著，自成書後就受到學者的高度重視。至今研究經學的學者，亦莫不奉爲圭臬。然此書的卷帙既繁，訛誤當然也無法避免。——我們當然不會一筆抹煞阮元校勘十三經的功勞，但是至少在使用時，應該注意到其中是否可能有誤，是否還有必要與它書對比。這點

〔註70〕 新編小四庫：《十三經注疏 附校勘記及識語》（杭州：浙江古籍出版社，1998年 6 月），出版說明。
〔註71〕 同註 45，頁 2808。
〔註72〕 同註 45，頁 2783。
〔註73〕 載《文史》第 3 輯（北京：中華書局，1963 年 10 月），頁 25～60。
〔註74〕 載《揚州大學學報‧人文社會科學版》，1997 年第 4 期，頁 48～50。

是值得學者們在研究經學時，認真思考的一項。」〔註75〕

　　《皇清經解》1400卷，在道光初年（1821）由阮元選刻，直至1829年始刻成。據夏修恕的〈皇清經解序〉，可知是書選編之意及其價值：「道光初，宮保總督阮公立學海堂於嶺南以課士，士之願學者，苦不能備觀各書。於是宮保盡出所藏，選其應刻者，付之梓人，以惠士林，委修恕　總司其事，修恕為屬官且淑於　公門生門下，遂勉致力。宮保以六年（1826）夏移節滇黔，修恕校勘剞劂四載始竣，計書一百八十餘種，庋藏於學海堂側之文瀾閣，以廣印行。不但嶺南以此為注疏，後之大觀，實事求是，即各省儒林，亦同此披覽，益見平實精詳矣！」〔註76〕

　　自《皇清經解》（又名《學海堂經解》）刻成後，稱譽者多，而醜詆者較少，茲條舉評論如次。稱譽《皇清經解》者：

1、英和（1771～1840）：「近阮相國刊《皇清經解》著錄百八十餘種，固已卓絕古今矣！」〔註77〕

2、吳蘭修（1789～1839）：「皇朝盛經學，著書各充棟，遺詮守漢魏，精義述齊宋。鄉壁戒虛造，而況茲聚訟。吾師仿說郛，群言務兼綜；古曆證堯典，今釋注禹貢。此事當千秋，何止萬人誦。」〔註78〕

3、俞樾（1821～1907）：「本朝經學，集漢唐諸儒之大成，而阮文達所定《皇清經解》一書，又括本朝經學諸書之大全，是固夫人而知之矣！」（《皇清經解檢目序》）

4、王先謙（1842～19170：「道光間，前大學士臣阮元總督兩廣，薈萃學人撰著，刊於粵東，為《皇清經解》千四百卷。鬯昭代之儒風，導後進以繩矩。優優棣棣，觀者美焉。」〔註79〕

5、繆荃孫（1844～1919）：「大人為學，首在窮經。清嘉道間，儀徵阮元在粵東所刊《皇清經解》一書，有裨學者。」（《藝風堂友朋書札》下冊）

〔註75〕載國立中山大學中國文學系編印：《第五屆　清代學術研討會論文集》，（1997年11月），頁165～247。

〔註76〕阮元：《皇清經解》，（清光緒九年廣州學海堂本　360冊，香港大學馮平山圖書館藏），頁1～3。

〔註77〕英和：《恩福堂筆記　詩鈔　年譜》（北京古籍出版社，1991年10月），頁58。

〔註78〕吳蘭修：《荔村吟草》卷1，〈送宮保芸臺夫子移節滇黔〉八首其七（聚珍仿宋本，1934年），頁4。

〔註79〕王先謙：《葵園四種》，《虛受堂文集》卷2，〈皇清經解續編序〉（長沙：岳麓書社，1986年9月），頁29。

6、徐珂（1869～1928）：「元主持漢學，全在《經解》一書。節鉞所至之處，於廣州則創學海堂，於浙江則創詁經書院。兩省承學之士，百年以來，猶沿其餘風。」〔註80〕

7、馬宗霍（1897～1976）：「清儒說經之書，前世莫與比盛，阮刻《皇清經解》，王刻《續皇清經解》，蒐輯略備，後出者或未得入，卷帙多者容有去取，然已淵乎大觀，可於是而攬其勝也。」〔註81〕

8、楊伯峻（1909～　　）：「正續清經解集有清一代解經者樸學家言之大成，固未載者屈指可數，如王先謙《詩三家義集疏》是也。今之學者欲深究古經書，捨兩經解莫歸。」〔註82〕

9、陳東輝（1966～）：「《皇清經解》凡一千四百卷，幾為清代學術精華之總匯，囊括了清初至乾嘉時期著名學者的重要著作，內容除經學之外，尚涉及哲學、小學、校勘、史地、天算、金石諸方面。」〔註83〕

對《皇清經解》一書頗有微詞，意有未安者，有下述諸家：

1、沈豫　於道光十七年（1837）撰〈皇清經解提要序文〉：「《皇清經解》卷頁浩繁，學者苦不能備覽，又寒俊艱於購置，豫暇日將各種略觀大意，并撮掇其一書之精義，或創解特識者，薈而錄之，得提要百數十種。」〔註84〕

2、徐時棟（1814～1873）：「《皇清經解》缺陷十二：一、次序未當；二、搜羅未備；三、甄錄欠審；四、去取未公：五、抉擇未精：六、錄題未審：七、名號不一：八、位置未宜；九、抄錄未善：十、校讎未功；十一、名稱紛岐：十二、未附小傳。」（《煙嶼樓文集》卷36〈分類重編學海堂經解廿一首并序〉）

3、王韜（1828～1905）：「皇清經解校勘記」24卷，是書多論駁諸家之說，而於毛氏西河辨之尤力，因其掊擊前賢特甚也。每人姓氏下著其爵里事實，並及生平著述，略為小傳，亦論世知人之微旨也。至於訂訛謬，詳疏

〔註80〕 徐珂：《清稗類鈔》第八冊（北京：中華書局，1986年8月），頁3804。

〔註81〕 馬宗霍：《中國經學史》，王雲五主編：中國文化史叢書，（臺北：商務印書館，1992年11月），頁151。

〔註82〕 楊伯峻：〈皇清經解正續編影印縮本序〉，載《楊伯峻治學論稿》（長沙：岳麓書社，1992年7月），頁194～196。

〔註83〕 陳東輝：〈《皇清經解》輯刻始末暨得失評騭〉載《古籍整理研究季刊》，1997年第5期，頁44～47。

〔註84〕 沈豫：《皇清經解提要淵源錄》，慎初堂影印，（香港：三英書店），頁1～2。

漏，猶在其次。」〔註85〕

4、蔡云萬（1870～？）：「江子屏作《漢學師承記》，凡稍近宋學者皆擯之，
致取裁益隘。阮文達芸台刻《皇清經解》千四百卷，於李安溪、方望溪兩
先生一字不收。安溪爲理學名臣，望溪爲古文專家，江、阮兩家之持論皆
所謂派別之念深也，李次青氏亦曾論及之。」〔註86〕

5、蔡啓盛（1888～？）：「《皇清經解》一書，約分三等，一治專經，如《毛
詩稽古編》，《仲氏易》等是，一兼群經，如《九經古義》、《經義述聞》等
是，是皆易於尋檢……夫以千四百卷之繁，即素習者亦不易翻檢，而漢學
家法，必檢原書，此編目之所以不可無也。」〔註87〕

6、虞萬里：「阮元督粵，刻成《皇清經解》千四百卷，輯清七十三人著作，
百八十餘種爲一編，凡清初至嘉道間經師著作，網羅略備。唯有於去取標
準與搜采區域，仍不免遺珠。」〔註88〕

　　研究《皇清經解》的論文，早年有梁格的〈《皇清經解》分析目錄〉：載
《中大圖書館報》第 7 卷第 4 期，1929 年 6 月；較近期而有代表性者，爲中
國社會科學院 陳祖武（1943～　）的〈阮元與《皇清經解》〉，陳氏評《皇清
經解》，其成功之所在主要是如下三個方面：「首先，《皇清經解》將清代前期
的主要經學成就匯聚一堂，對此一時期的經學成就做了一次成功的總結。其
次，《皇清經解》的纂修，示範了一種實事求是的良好學風，對於一時知識界，
潛移默化，影響深遠。再次，《皇清經解》集清儒經學精萃於一書，對於優美
學術文化成果的保存和傳播，確乎用力勤而功勞巨。」〔註89〕陳祖武所言，
不啻爲對是書做了一次最恰當的總結。

三、阮元學術總論

　　清末以至民初的學術史家，對阮元的學術思想，有何評價？他們從甚麼

〔註85〕王韜：《弢園文新編》〈弢園未刻書目〉，錢鍾書、朱維錚編：中國近代學術名
　　　　著叢書，李天綱編校本（香港三聯書店，1998 年 7 月），頁 378。
〔註86〕蔡云萬：《蟄存齋筆記》（上海書店，1997 年 1 月），頁 70。
〔註87〕蔡啓盛：〈皇清經解檢目自序〉，《皇清經解檢目》（光緒 12 年（1886）武林版），
　　　　頁 1～3。
〔註88〕虞萬里：〈《正續清經解》編纂考〉，載《學術集林》卷四（上海：遠東出版社，
　　　　1995 年 9 月），頁 179～212。
〔註89〕國立中山大學中國文學系，中國文學研究所編印：《第三屆　清代學術研討會
　　　　論文集》（1993 年 11 月），頁 65～81。

角度來評論阮元？最近五十年來的阮元研究，成績如何？下文試把這一張成
績清單列舉出來。打從二十世紀二十年代開始，梁啓超（1873～1929）先後
撰成《清代學術概論》（1920 年 10 月）和《中國近三百年學術史》（1923 年
冬至 1925 年春之間），〔註90〕兩書，爲清學史的研究，揭開了序幕。梁啓超
除了注意到阮元在金文學、經學、小學的成就外，他更論斷：「廣東近百年的
學風，由阮元一手開出。」（〈儒家哲學〉）；梁氏又認爲：「儀徵阮芸臺元，任
封疆數十年，到處提倡學問，浙江、廣東、雲南學風皆受其影響。」〔註91〕
劉師培（1884～1919）評阮元「以純漢學而居高位」；「力持學術之平，不主
門戶之見。」而兼治校勘、金石之學。〔註92〕

　　胡適（1891～1962）說：「焦循的同鄉親戚阮元是戴學的一個最有力的護
法」；從胡適的角度看：「阮元雖然自居於新式的經學家，其實他是一個哲學
家。」〔註93〕錢穆（1895～1990）則稱譽「芸臺猶及乾嘉之盛，其名位著述，
足以弁冕群材，領袖一世，實清代經學名臣最後一重鎮。」〔註94〕曹聚仁（1900
～1972）則以揚州學者治學特點：能創，能通，謂「阮元的研究名物制度，
汪中的辨明學術源流，都是融會貫通，確能說明問題。」〔註95〕侯外廬（1903
～1987）亦稱譽「阮元是在編纂上總結乾嘉成果，他不但是一位戴學的繼承
者，而且是一位根據漢學家的精神而倡導學風的人。」〔註96〕楊向奎（1910
～　　）對阮元則有下述的讚語：「漢學家於訓詁以外大談實學，則始自阮元。」
「自清初到乾嘉時代，漢學家而兼長宋學，并有反理學思想的大師，除顧亭

〔註90〕 朱維錚校注：《梁啓超論清學史二種》（復旦大學出版社，1985 年 9 月），校注
　　　　引言，頁 1～2。

〔註91〕 梁啓超：〈近代學風之地理的分布〉載《中國近三百年學術史參考資料四編》
　　　　（香港：崇文書局，1973 年 3 月），頁 145。

〔註92〕 分見劉師培：〈清儒得失論〉，《劉師培論學論政》（上海：復旦大學出版社，
　　　　1990 年 8 月），頁 117～127，〈揚州前哲畫象記〉載（《左盦外集》卷 20，《劉
　　　　申叔先生遺書》（南京：江蘇古籍出版社，1997 年 11 月），頁 1895～1896。〈近
　　　　儒學術統系論〉，《劉師培論學論政》（上海：復旦大學出版社，1990 年 8 月），
　　　　頁 110～116。

〔註93〕 胡適：《戴東原的哲學》，胡適作品集 32（臺北：遠流出版公司，1986 年 7 月），
　　　　頁 100～103。

〔註94〕 錢穆：《中國近三百年學術史》下冊（北京：中華書局，1989 年 9 月），頁 478。

〔註95〕 曹聚仁：《中國學術思想史隨筆》（北京：三聯書店，1986 年 6 月），頁 288。

〔註96〕 侯外廬：《近代中國思想學說史》上冊（上海：生活書店，1947 年 5 月），頁
　　　　536。

林、戴東原外，還有阮元。」「身居要位的阮元，也反對理學、心學的玄虛，而主張可以踐履的實學。」〔註97〕張舜徽（1911～1992）亦推崇阮元，謂「他本人的學問，也很淵博。對於經史、小學、天算、輿地、金石、校勘、無不窮極隱微，有所闡發，可算是揚州學者中的巨擘。」〔註98〕二十世紀七十年代初，合灣大學中國文學系何師佑森（1930～　），寫成〈阮元的經學及其治學方法〉一文云：「總之，阮元所求的詩書古訓，論語孟子古訓，甚至於禮記樂記古訓，一律是漢儒一家之言。從漢儒的訓詁中求所謂先秦以前的古訓，是阮元治學的唯一方法和門徑。」〔註99〕為阮元的研究，填補了一處空白。上海復旦大學的朱維錚（1936～　）則說：「嶺南學術重有起色，轉捩點應說是阮元督粵。」〔註100〕朱維錚所論，和梁啟超認為阮元影響廣東等地學風的看法，如出一轍。而王俊義（1937～　）、趙航（1937～　）、王章濤 等大陸學人，都是以揚州學派一代宗師的角度來評價阮元，〔註101〕他們的觀點，上承自曹聚仁和張舜徽，是最明顯不過的了。瞿林東（1937～）另從阮元對歷史文獻學的貢獻〔註102〕；尹協理（1944～　）則從阮元的「實事求是之學」的角度來評價阮元，〔註103〕亦算別闢蹊徑。

　　無論大陸或臺灣，都有中、青年學者步武阮元學術思想的研究，試舉犖犖大者述之。中國人民大學清史研究所黃愛平（1955～　）撰〈阮元學術述

〔註97〕分見楊向奎：《中國古代社會與古代思想研究》下冊（上海：人民出版社，1962年4月），頁1007～1029；《清儒學案新編》第五卷（濟南：齊魯書社，1994年3月），阮元〈儀徵學案〉，頁378；〈阮元的學術思想研究〉，載《史念海先生八十壽辰學術文集》（西安：陝西師範大學出版社，1996年2月），頁488～511。

〔註98〕張舜徽：《清代揚州學記》（上海：人民出版社，1962年10月），頁143。

〔註99〕何佑森：〈阮元的經學及其治學方法〉，載《故宮文獻》第2卷第1期（1970年12月），頁19～34。

〔註100〕錢鍾書、朱維錚編：《東塾讀書記》（外一種）導言（北京：三聯書店，1998年6月），頁2。

〔註101〕分見下列的論著：王俊義〈再論乾嘉揚州學派〉；王章濤〈阮元與揚州學派〉，載《揚州研究——江都陳軼群先生百齡冥誕紀念論文集》（臺北：聯經出版事業公司，1996年8月），頁221～252；299～335；趙航：《揚州學派新論》（南京：江蘇文藝出版社，1991年11月），頁77～97。

〔註102〕瞿林東：〈阮元和歷史文獻學〉載白壽彝編：《清史國際學術討論會論文集》（瀋陽：遼寧人民出版社，1990年8月），頁608～621。

〔註103〕尹協理：〈略論阮元的實事求是之學〉，載《江淮論壇》，1987年第5期，頁91～96。

論〉云：「阮元不僅奠定了堅實的漢學基礎，而且在自己的學術活動中大大推廣和發展了漢學家尤其是皖派學者的治學精神和方法，形成了獨具特色的學術主張和治學風格。」〔註104〕天津南開大學哲學系余新華（1965～　）撰〈阮元的學術淵源和宗旨〉云：「從淵源上看，阮元的學術思想可以說是直接承衍戴震之學的餘緒而起，但在學術氣質上，不能不說阮元與顧炎武更爲默契。——阮元的學術標幟乃是其獨有心得的『實事求是』。」〔註105〕杭州大學中文系陳東輝（1966～　）專研阮元，寫了一系列阮元研究的論文，其〈阮元的學術地位與成就〉一文云：「阮元一生爲官五十年，但他身居高位而不廢學問，生平持躬清愼，勤勉治學，在眾多的學科領域取得了令人矚目的成績，給後人留下了不少有價值的文化財富。」〔註106〕北京大學歷史系尚小明（1968～　）撰《學人游幕與清代學術》一書，他亦認爲：「在清代以贊助，獎掖學者而享譽後世的學者型官員中，阮元無疑是影響最大的一位。」〔註107〕上海復旦大學古籍研究所陳居淵撰〈焦、阮、凌禮學思想合論〉及〈清代的家學與經學——兼論乾嘉漢學的成因〉二文，〔註108〕爲學人思想的比較研究作了一個典範的示例。

北京師範大學國學研究所彭林撰〈阮元實學思想叢論〉云：「阮元又是生活於從康乾盛世轉向道光頹勢時期的朝廷命官，他對於民族文化的深層憂患和抵禦外侮的英雄氣概，表現了清代知識分子關注國家命運的經世思想，他無愧爲乾嘉時期實學思想的代表人物之一。」〔註109〕

臺灣彰化師範大學國文系張麗珠的新作《清代義理學新貌》，對阮元亦致以最高的禮讚，云：「是故阮元之一生，以個人之力獎掖人才，傳播學術，終有清之一代，實無與匹敵者；則稱阮元爲乾嘉學術最後的強有力殿軍，並非

〔註104〕黃愛平：〈阮元學術述論〉載《史學集刊》，1992 年第 1 期，頁 32～39。

〔註105〕余新華：〈阮元的學術淵源和宗旨〉載《中國人民大學學報》，1998 年第 3 期，頁 41～46。

〔註106〕陳東輝：〈阮元的學術地位與成就〉載《杭州師範學院學報》（社科版），1991 年第 2 期，頁 32～37。

〔註107〕尚小明：《學人游幕與清代學術》（（社會科學文獻出版社，1999 年 10 月），頁 126～137。

〔註108〕陳居淵：〈焦、阮、凌禮學思想合論〉載任繼愈編《國際漢學》第 2 輯，（鄭州：大象出版社，1998 年 10 月）頁 45～59；〈清代的家學與經學——兼論乾嘉漢學的成因〉載《漢學研究》第 16 卷第 2 期，（1998 年 12 月），頁 197～223。

〔註109〕彭林：〈阮元實學思想叢論〉載《清史研究》1999 年第 3 期，頁 38～44。

過譽。」〔註110〕

　　至於研究阮元的碩士、博士論文方面，現依時間先後排列如次：

1977，Leung Man Kam, *Juan Yuan（1764～1849），The Life，works and career of a Chinese Scholar-Bureaucrat*, Ph.D dissertation, University of Hawaii；

1981，Wei Peh Ti, *Juan Yuan：A Biographical Study with Special reference to Mid-Ching Security and Control in Southen China1799～1835*, Ph.D dissertation，University of Hong Kong；

1986 年，劉德美：《阮元學術之研究》，臺灣師範大學歷史研究所博士論文；

1995 年，劉玉國：《揅經室集釋詞例釋》，香港大學中文系博士論文；

1995 年，黃慶雄：《阮元輯書刻書考》，臺灣東海大學中國文學研究所碩士論文。

　　魏白蒂撰〈《四庫全書》纂修外一章：阮元（1764～1849）如何提挈與促進嘉道時代的學術研究〉，於阮元在學術界的地位、朱珪的提拔與贊助、《四庫全書》纂修對阮元的影響、清中葉學術研究資助、資助學術的條件、阮元如何辦理學術研究工作、阮元在浙江與《四庫總目》和《四庫未收書》的關係、用今日學術研究的立場來看阮元等問題，都有詳細的探討。全篇論文旨在闡明阮元承繼編纂《四庫全書》時所凝聚的嚴謹質樸的學風，並廓大而發揚之；對嘉、道一代的學術研究，起了無可替代的提挈與促進的作用。〔註111〕

四、詁經精舍及學海堂的研究

甲、詁經精舍研究

　　任西湖詁經精舍主講的孫星衍（1753～1818）在〈詁經精舍題名碑記〉云：「阮芸臺先生，先以閣部督學兩浙，試士兼用經古學，識拔高材生，令其分纂《經籍纂詁》一書，以觀唐以前經詁之會通，及為大司農來開府，遂於西湖之陽立詁經精舍，祠祀漢儒許叔重、鄭康成，廩給諸生於上舍，延王少寇昶及星衍為之主講，佐中丞督學於經舍焉。」〔註112〕錢泳（1759～1844）言及詁經精舍的開辦日期：「嘉慶初年，揚州阮雲臺先生，一為浙江學政，兩為浙江巡撫，於西湖聖因寺旁設詁經精舍，選諸生中經學修明通於一藝者，

〔註110〕張麗珠：《清代義理學新貌》（臺北：里仁書局，1999 年 5 月），頁 299。
〔註111〕淡江大學中國文學系主編：《兩岸四庫學──第一屆中國文獻學學術研討會論文集》（臺灣：學生書局，1998 年 9 月），頁 2～3。
〔註112〕孫星衍：《平津館文稿》，《孫淵如先生全集》（吳縣朱氏槐廬家塾校刊本，1885 年），頁 330。

習業其中，有東京馬融氏之遺風。」（著者按：嘉慶初年意指嘉慶六年（1801），阮元奉調撫浙）〔註113〕曾任詁經精舍主講長達三十餘年的俞樾（1821～1907），繼承了阮元創辦詁經精舍的傳統：「推文達之意，通經必從訓詁始，訓詁之不通，如名物何？名物之不識，如義理何？事有先後，固如是也。及文達撫浙，遂即其地創建詁經精舍，而奉漢儒許、鄭兩先師栗主於其中，使學者讀許、鄭之書，通曉古言，推明古制，即訓詁名物以求義理，而微言大義存其中矣！」〔註114〕

　　研究詁經精舍的論文，以 1936 年發表的張崟《詁經精舍志初稿》，最為詳細；全文分弁言、沿革、規制、學風、人物、藝文、流衍、附錄等八章〔註115〕，但僅見一至三章。至於詁經精舍對中國教育的影響和貢獻，陳東輝〈阮元與詁經精舍〉說得好：「當我們研究詁經精舍的發展史時，還有一點值得注意，就是：詁經精舍與敷文、崇文、紫陽、學海、東城等書院一起，曾於光緒二十三年（1897）作為創建在中國近代教育史上很有影響和地位的求是書院的基礎。那麼，我們完全可以這樣認為，在今天浙江大學等高等院校繼承和發揚的求是學風中，無疑也蘊涵著詁經精舍的樸學傳統。所以，詁經精舍的歷史功績應當充分肯定，它在浙江乃至中國的文化史、學術史、教育史上應當佔有重要的地位。」〔註116〕

乙、學海堂研究

　　清道光十九年（1839），林伯桐（1775～1844）編《學海堂志初編》，同治五年（1866），陳澧（1810～1882）復纂成《學海堂志續編》，於學海堂的規制、課程，記錄綦詳。〔註117〕吳蘭修（1789～1839）〈論學海堂詩〉有云：「學海紹前哲，袞袞羅群材。實事求訓詁，至理能兼賅，性命落空談，一掃

〔註113〕錢泳：《履園叢話》卷 23 雜記上，詁經精舍（北京：中華書局，1997 年 12 月），頁 618～619。
〔註114〕俞樾：《春在堂雜文》卷一〈重建詁經精舍記〉，載《春在堂全書》（清光緒二十三年重定本），頁 1。
〔註115〕張崟：〈詁經精舍志初稿〉載《文瀾學報》第 2 卷第 1 期，（1936 年 3 月），頁 487～533。另見趙所生、薛正興編：《中國歷代書院志》第八冊（江蘇教育出版社，1995 年 9 月），頁 294～339。
〔註116〕陳東輝：〈阮元與詁經精舍〉載《浙江學刊》，1991 年第 4 期，頁 107～109。
〔註117〕林伯桐、陳澧、周康燮：《學海堂志初編 續編 補編》（香港：龍門書店，1964 年 6 月），出版說明。

如浮埃。努力奉師承，庶以詔將來。」〔註118〕謝念功（1792～1832）〈新建粵
秀山學海堂序〉記述學海堂創辦的精神：「吾粵學海堂，宮保大司馬儀徵阮公
特建爲課士古學之所。蓋宏獎士風，許與氣類，雖單門後進，必加善誘，故
祁祁生徒，濟濟儒術，莫不北面人宗，望風推服。」〔註119〕；學海堂弟子如：
樊封（1789～1876）、趙均、吳岳、居傅、崔弼、徐榮、鄭菜、譚瑩（1800～
1871）、陳澧（1810～1882）、劉昌齡（1825～1889）等人，分別題詩或撰文，
以宣揚學海堂的學風。〔註120〕

　　桂文燦（1823～1907）〈阮元與學海堂〉則云：「名學海，取何邵公（何
休）語。公之初命題也，第一課係困學紀聞、日知錄、養新錄三跋；公在粵
凡十八課。移節雲南，乃選高才生吳應逵、趙均、吳蘭修、曾釗、林伯桐、
張杓、馬福安、熊景星爲學長；額定八人，分擬經史詩賦等題，分閱諸卷，
有缺，七人公舉肄業生，充補論者；謂自有書院以來，其法莫善於此也。」
〔註121〕

　　論文方面，1934 年 6 月，容肇祖（1897～1994）的〈學海堂考〉在《嶺
南學報》發表，爲首篇研究學海堂的論文。〈學海堂考〉全文有：學海堂創建
人考、學海堂建置考、學海堂規制考、學海堂學長考及學海堂專課肄業生考
五章；容肇祖認爲：「阮元在廣東學術界的提倡有二方面：一、打破專作帖括
學者的迷夢，而引導之使之入于經史理文的範圍；二、提出陳建的《學蔀通
辨》一書，使一部分人放棄其支離的理學而爲切實的學問的研究。」〔註122〕
1936 年 5 月，謝國楨（1901～1982）撰〈近代書院學校制度變遷考〉一文云：
「因思自清乾嘉間阮文達倡立學海堂、詁經精舍以還，人材輩出，學風丕變，
在吾國教育史上，實有注意之價值。乃綴輯其史跡，整理其故事，爰分爲：
一、乾嘉以來書院建置之沿革；二、書院之課業及光緒間新舊學程之條議；
三、吾人對於今日教育之感想。共分三章，而書院學校因革利弊，亦附見於
其中。」〔註123〕

〔註118〕同註 55。
〔註119〕阮元：《學海堂集》卷 16，載趙所生、薛正興編：《中國歷代書院志》，第十
　　　　三冊（江蘇教育出版社，1995 年），頁 278。
〔註120〕同註 94，頁 270～280。
〔註121〕桂文燦：《經學博采錄》卷 4（臺灣：明文書局，1992 年 8 月），頁 111。
〔註122〕容肇祖：〈學海堂考〉載《嶺南學報》第三卷第四期，（1934 年 6 月），頁 1
　　　　～147。
〔註123〕謝國楨：《瓜蒂庵文集》（遼寧教育出版社，1996 年 9 月），頁 32～66。

有關學海堂的研究論文還有以下各篇及撰著：

1979 年 12 月，美國學者艾爾曼撰〈學海堂與廣東今文經學的興起〉於《清史
　　　　問題》第 4 卷第 2 期（英文論文）；

1990 年 9 月，常紹溫撰〈阮元創辦學海堂與廣東學術風氣的轉變〉，載暨南大
　　　　學中國文化史籍研究所編：《歷史文獻與傳統文化》第 1 輯廣東人民
　　　　出版社；

1995 年 10 月，何國華撰〈阮元與清代嶺南高等學府『學海堂』〉載《嶺嶠春
　　　　秋：嶺南文化論集》（二），中國社會科學出版社；

1996 年 4 月，陳東輝撰〈阮元與學海堂〉，載北京中華書局編輯部編《文史》
　　　　第 41 輯。

陳東輝總結學海堂的貢獻時說：「晚清以降，廣東的文教學術水平在國內
處於領先地位，其間英才輩出，卓傑者如康有為、梁啓超、陳垣、陳寅恪等，
均係近代中國學術界大師級的名人，這在嶺南還是前所未有的。內中的原因
當然是多方面的，但其間學海堂無疑起了有力的作用。」〔註124〕這個說法是
令人信服的。

1997 年 6 月，楊念群（1964～）的撰著《儒學地域化的近代形態》在北
京刊印出版，楊氏亦云：「真正使嶺南學風趨於務實的轉折點，是阮元在廣州
創設學海堂。阮元於道光三年（1821 年）春，始倡學海堂『於經義子史前賢
諸集，下及選賦詩歌古文詞，示諸生以取捨之途，如詁經精舍例。』」〔註125〕
此論究其實，和梁啓超、朱維錚的說法，遙相呼應，亦無二致。

五、小結

由以上引錄的文獻資料或論文來看，阮元研究的成績是可觀的。阮元研
究的內容，除了上文所述生平、年譜的研究、著述的研究、學術總論的研究、
詁經精舍及學海堂的研究外，阮元在經學、史學、性道之學、考據學、文獻
學、訓詁學、校勘學、金石學、目錄學、曆算學、方志學、輯佚學、書畫學、
教育學、文選學、駢文學、詩論、文論各方面所取得的成就，也是有目共睹，
而廣為人知的。

〔註124〕陳東輝：〈阮元與學海堂〉載《文史》第 41 輯（北京：中華書局，1996 年 4
　　　　月），頁 297～302。

〔註125〕楊念群：《儒學地域化的近代形態——三大知識群體互動的比較研究》（北京：
　　　　三聯書店，1997 年 6 月），頁 411。

　　筆者認為，在清代學術思想史中，以阮元這一位學者作橫向的研究，其涵蓋面是廣泛的，對於瞭解清代中葉以至晚期的學風，也有積極的意義。筆者亦深信，一百五十多年以來的阮元研究，曾經引起無數學人的關注和重視，而得出一張成績不俗的清單；今後，隨著時間的轉移，阮元研究仍然會是清代學術思想史研究中一個惹人注目的課題。

第三章　阮元的生平和著述

　　生活在封建社會的文人、官吏或者儒士，他們家族的聲望，與其氏族成員取得的成就，究竟有沒有必然之關係？從阮元的個案來看，阮姓這個氏族，的確曾經有過一段可供後人追溯的歷史。本章率先考據阮元的世系、探究阮元的籍貫，繼而對阮元不平凡的一生，作出分階段的介紹，同時列舉阮元一生的著述，以供讀者參考。

　　阮元在揚州的求學時期，即由他的一歲至二十二歲期間，阮元和當時的學者——汪中、凌廷堪、焦循等人，已經有密切的交往。

　　阮元出仕的經歷，由二十三歲入京（北京），至四十六歲落職爲第一階段；由四十六歲復入翰林，至七十五歲致仕（退休）爲第二階段。阮元這一位「三朝閣老」在當時官場的影響力，是無容置疑的。

　　從七十五歲退休，直至八十六歲在家鄉——揚州終老爲止，阮元畢竟有過一段怡志林泉的晚年，爲他絢爛的一生，平添了無限的色彩。

　　阮元平時的家居生活，他的個人形象，亦藉著豐富的史料，得以鉤稽出來。筆者深信：以詩文、野史、筆記、金石、碑版來證史，是歷史研究的另類方法；所得出的成果是可信的。因此，從清人筆記史料看阮元的個人形象、從四首生日詩看阮元的內心世界兩節，是筆者著力、用心之所寄，其意是使讀者在閱覽本文後，對阮元這個歷史人物，會有一番比較全面的了解。

第一節　阮元的家世

一、阮元的世系

　　阮元自述其家世：「吾阮氏系出陳留。南宋以後遷江西之清江縣。元末以武

功顯。明初徙豪傑實江南，乃居於淮安府。明神宗時，小槐公諱嚴，自淮遷揚，為遷揚始祖。崇禎時遷居城北四十里公道橋。」〔註1〕元又云：「予族自明季由淮遷揚，皆始祖諱嚴所產也。」〔註2〕阮元是這樣述說自己家族的：「按吾阮氏以武起家」〔註3〕，以下先錄阮元父親以至各先祖和武藝有關的紀錄：

阮元父親阮承信（1734～1805）：「生長行間，嫻習騎射，每較射，挽強洞堅，善射者皆謝不及。喜乘馬，善相馬法，馳千里不以為勞。」〔註4〕

阮元祖父阮玉堂（1695～1759）：「至太府君，生而倜儻有志概，長身健臂，行止偉岸，與中人立，頂僅及胸。少能挽強馳射，矢無虛發。尤喜讀書，為古文詞詩歌，援筆立就。康熙五十年辛卯，占籍儀徵鄉試，中式武舉人。」〔註5〕

阮元六世曾祖父阮時衡（1668～1727）：「（承信）祖諱時衡，封奉政大夫，晉贈昭勇將軍，累贈榮祿大夫，光祿大夫。」〔註6〕

阮元五世高祖父阮樞良（1626～1703）：「公隨伯兄弟治田宅致富，事節母以孝聞，敬兄友弟，閭巷稱之。讀書過目，輒識大意，性恬退，不樂仕進，督叔弟習武，成武進士。」〔註7〕

阮元「二世祖諱國祥，例贈明威將軍，官榆林衛正兵千戶。三世祖諱文廣。四世祖為府君（承信）之高祖，諱秉謙，以孫匡衡公，官貤贈武德將軍。」〔註8〕

在阮元先祖各人中，以祖父阮玉堂最饒勇善戰。乾隆五年（1740）五月，湖南城步，綏寧兩縣山內苗民數萬人盤踞山谷，接辰州數百里，殺傷官兵，肆出劫掠，道路不通。阮玉堂奉檄領九谿，澧州，洞庭，常德共四協營官兵隨鎮篁鎮總兵劉策名黍夜掩勳勦。兵駐三界溪；苗悉精銳屯山口，玉堂因即相度地勢，偵探盰情。六月六日，進攻薄賊寨，玉堂身先士卒，遠施鎗炮，近接刀矢，斃賊甚多。賊大潰，遂乘勝奮殺，焚燒山寨，奪獲糧草器械。三界溪為賊門戶，

〔註1〕阮元：〈誥封光祿大夫戶部左侍郎顯考湘圃府君顯妣一品夫人林夫人行狀〉，《揅經室集》（北京：中華書局，1993年5月），頁372。

〔註2〕阮元：〈淮安大河阮氏世系記〉，《揅經室集》，頁392。

〔註3〕阮元：〈誥授勇將軍廣東欽州營遊擊誥贈資政大夫晉光祿大夫戶部侍郎王考琢庵太府君行狀〉，《揅經室集》，頁363。

〔註4〕同註1。

〔註5〕同註3，頁357。

〔註6〕同註1，頁373。

〔註7〕阮元：〈誥贈昭勇將軍高祖孚循太府君行述〉，《揅經室集》，頁377。

〔註8〕同註1。

賊屯此爲最劭，自官兵大捷後，賊退保各寨，其勢遂分。玉堂奉令所剿之賊寨，前後十餘戰，皆謀勇並著，兵無少挫，功爲諸將最。〔註9〕阮玉堂替朝廷立下的汗馬功勞爲他帶來以下的榮譽：「康熙乙未進士，三等侍衛，賞戴花翎，湖北撫標，湖南九谿，河南衛輝參將，廣東欽州遊擊，議敘頭等軍功，誥授昭勇將軍，累贈資政大夫，榮祿大夫，光祿大夫，戶部左侍郎。配汪夫人，繼配江夫人，贈封淑人，累贈夫人，一品夫人。湘圃公（阮元父親）江夫人出。湘圃公生子一（即阮元）。」〔註10〕

以下依次續考阮元各先祖。

始祖阮嚴：明神宗時，由江南淮安山陽遷揚州江都，明末遷居城北四十里湖中公道橋。

二世祖阮國祥：字雪軒，例贈明威將軍。

三世祖阮文廣：字奉軒，當明萬曆時官榆林衛正兵千戶，罷官，歸居郡城，今舊城阮千戶巷是也。〔註11〕

四世祖阮秉謙：字尊光，以孫諱匡衡公，官貤贈武德將軍。

阮元高祖阮樞良：字孚循，阮元稱道這一位好好先生的善行包括：

1、伯兄歿，公總其事，不析產，不異爨，以儉治家，以豐蓄德，一絲半粟不爲己私，坦白之懷，無慚衾影。

2、兄弟間情性甚篤，出必刻期，入必握手，數十年如一日，門內外無間言。

3、公好施予，嘗置義塚數十畝以濟貧者。貧病者施以粥食衣藥，歿爲之棺，每歉歲，行之益力。

4、公爲人和平樂易，與世無忤，其持己也，廉謹不肆，其接人也，無長幼貴賤，咸以誠危溫氣，和藹然如春風，下至奴僕，亦不加以疾言遽色，故知與不知，人皆稱爲長者。〔註12〕

阮元曾祖阮時衡：字宗尹，忠厚仁謹，好善樂施，一秉父教無少異。

阮元祖父阮玉堂：字履庭，號琢庵。據阮亨記云：「先祖琢庵公，雅歌投壺，有儒將之度。雖在軍旅，不廢吟詠，有《珠湖草堂詩集》三卷行世。」〔註13〕

〔註 9〕阮元：《擘經室集》，頁 359。
〔註10〕阮元：〈雷塘阡表〉，《擘經室集》，頁 385。
〔註11〕阮元：〈四世祖姚屬太恭人傳〉，《擘經室集》，頁 378。
〔註12〕阮元：《擘經室集》，頁 377。
〔註13〕阮亨：《瀛舟筆談》，卷 6，頁 1。

　　阮元是這樣稱譽其祖父的：「太府君性剛介，接奉各督撫，尊卑盡禮之外，言語辭色無少附屈；於僚屬事多爲保全，不以告人，受者久而知感。所至凡鹽權一切陋習皆裁汰，懷金者不敢造門。太府君未第時，家素裕，備宿衛後將十年，田舍鬻盡。及外遷，愈廉介自矢，家無一日儲不計也。」〔註14〕

　　又據馮爾康（1934～　　）的考證：「阮元居住揚州府城，由其祖父阮玉堂開始占籍儀徵，應武科考試，以後子孫相沿下來。」〔註15〕

　　阮元父親阮承信：字得中，號湘圃。阮元族弟阮亨記承信「公雖不仕，然幼讀書爲古文辭，閒覽諸史，熟其治亂成敗之跡，尤習兵家。──叔父湘圃老人七十壽辰，予兄率余及子姪奉觴上壽，老人每讀一文一詩，遇賞心處，輒爲稱歎久之；至于屬吏外交，未嘗受一縑一觴也；又嘗手選呂叔簡先生格語，授予兄弟，以持盈守謙，無忘諸君子頌禱之雅。」〔註16〕阮元記其父親云：「性正直剛毅，心事光明，復忠厚仁慈，生平不爲欺人之語，不爲刻覈之事。凡年家子，門下士見者，藹然如坐春風中。每於戚鄰故友，無不加意惠愛。禮曰，孝友睦鄰任恤，府君實當之無愧。此桑梓之公論也。且智識明決，每論人料事，纖悉不爽。──性喜游覽──不孝視學政時，每教曰：『取士當先器識，取文亦當無所不收。若以一隅之見爲去取，必有棄材矣。』及不孝爲巡撫，府君于兵，刑之事時切于懷，每盜艘往來，兵船追獲，必一一記之。──不孝飭育嬰堂，收養棄孩較前倍增，禁金華府溺女，賞喜銀籍存之，貢院號舍素泥濘，全甃石版，亦皆府君教也。府君惟不孝一子，未冠失母，府君嚴慈交至，鞠育訓誨，迄于成人，愛子之心，無所不至。」〔註17〕阮元將來之能爲忠臣，爲廉吏，和父親之悉心栽培，諄諄教誨不無關係。

　　清嘉慶九年（1804），阮元奉先大夫命，遵國制立阮氏家廟，廟在文選樓，文選巷之間。〔註18〕阮元爲其「以武起家」的家世寫了以下一段銘文：

　　　阮氏偁姓，肇受商周。晉宋之間，著望陳留。唐宋乃南，臨江分流。
　　　元末江右，武功以顯。明徙豪傑，江淮運轉。大河阮氏，族姓乃衍。
　　　明季徭頻，脫籍于揚。崇禎之終，遷于北鄉。我朝選材，甲科騰驤。

〔註14〕阮元：《揅經室集》，頁361～362。

〔註15〕馮爾康：「清代儀徵人才的興起及原因」，《揚州研究──江都陳軼群先生百齡冥誕紀念論文集》（臺北：聯經出版公司，1996年8月），頁592。

〔註16〕阮亨：《瀛舟筆談》卷6，頁21。

〔註17〕同註1，頁371～372。

〔註18〕阮元：〈揚州隋文選樓記〉，《揅經室集》，頁389。

匪曰甲科，實有隱德。歷世仁厚，節儉正直。內備宿衛，在帝之側。

出將楚兵，南征有苗。十戰皆捷，受降于郊。碑題緩帶，家藏佩刀。

帝錫四世，階如孫秩。作廟揚州，得祀四室。非敢後也，有待今日。

祖德蔭後，後嗣奉先。隆厥棟梁，潔我豆邊。子子孫孫，保之萬年。

萬年永保，作善降祥。報國之恩，衍家之慶。文武孝慈，世系繁昌。

〔註19〕

以上一段銘文，正好為阮元的家世做了一個簡短的總結，這個家族可以稱得上是：「甲科世衍，世系日繁。〔註20〕」

如果按照阮氏家族發展的歷史來看，阮元或將會是一位名將，而非一位文人、學者。而改變這個家族命運的契機，原來是阮元自幼體弱，不能夠應付騎射的訓練，而阮承信又只有阮元這位獨子，出於疼愛和憐惜，唯有教阮元改讀經書，棄武從文，圖取功名，結果成就了這一位「三朝閣老，九省疆臣」的赫赫功業。〔註21〕

為方便閱覽世，試排列一阮元世系表如後：

阮元世系表（一）

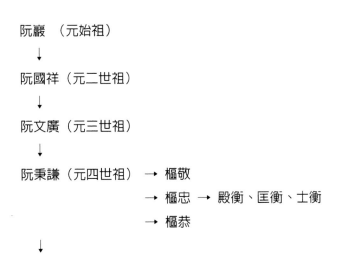

阮巖　（元始祖）
↓
阮國祥　（元二世祖）
↓
阮文廣　（元三世祖）
↓
阮秉謙　（元四世祖）　→ 樞敬

　　　　　　　　　　　→ 樞忠 → 殿衡、匡衡、士衡

　　　　　　　　　　　→ 樞恭

↓

〔註19〕阮元：〈揚州阮氏家廟碑〉，《揅經室集》，頁386～387。

〔註20〕同註1，頁369。

〔註21〕阮元：〈誥授昭勇將軍廣東欽州營遊擊誥贈資政大夫晉光祿大夫戶部侍郎王考琢庵太府君行狀〉：「按吾阮氏以武起家，自元之生，獨弱，習馳射力輒不支，父固憐之，命改就經業。」（同註3）

阮樞良（元高祖父，字孚循 1626～1703）

↓   ↓

阮時衡（元曾祖父，字宗尹 1668～1727） 藻衡

↓

阮玉堂（元祖父，字履庭，號琢庵 1695～1759）→承德（元伯父） → 兆麟

        →承義（元二伯父）→ 亨（元從弟

               1783～1859，字仲嘉）

        →承仁（元三伯父）

↓ →鴻（元族叔，1760～1843→克（鴻長子，元從弟 1812～ ，字敬齋）

  字湘南，號北渚） →先（鴻次子，元從弟 1814～1893，字慎齋）

        →充（鴻季子，元從弟 1826～1892，字實齋）

  →承裕（元從父 ，字衣谷，號問夫，又號溶江）

阮承信（元父親，字得中，號湘圃 1734～1805）

↓

阮元（字伯元，號芸臺 1764～1849）→ 阮荃（阮元女，江夫人出，早殤）

        → 阮安（阮元女 1802～1821，張熙妻）

↓   ↓   ↓   ↓

阮常生（元長子 元養子，騁劉台拱女）	阮福（元次子 妾謝氏出）	阮祜（元三子 妾劉氏出）	阮孔厚（元四子 妾孔氏出）
↓	↓	↓	↓
恩海（元長孫）	恩光（元四孫）	恩亮（元十孫）	恩來（元七孫）
恩洪（元次孫）	恩山（元五孫）	恩延（元十二孫）	恩高（元九孫）
恩浩（元三孫）	恩年（元十三孫）		恩勤（元十一孫）
恩疇（元六孫）	恩朝（元孫女）		恩壽（元十四孫）
恩喜（元八孫）			恩桂（元孫女）
恩瀛（元孫女）			
恩紳（元孫女）			
恩濚（元孫女）			

阮元世系表（二）

阮恩海（元長孫）　→　穎傳（元曾孫女）、秀傳（元曾孫女）、嵩傳（元曾孫）
　　　　　　　　　　　靜傳（元曾孫女）、雙傳（元曾孫）、耦傳（元曾孫女）

阮恩洪（元次孫）　→　泰傳（元曾孫）

阮恩浩（元三孫）　→　茂傳（元曾孫）、懿傳（元曾孫）、潼傳（元曾孫女）
　　　　　　　　　　　蕃傳（元曾孫）

阮恩疇（元六孫）　→　瑞傳（元曾孫女）

阮恩喜（元八孫）　→

阮恩瀛（元孫女）　→

阮恩紳（元孫女）　→

阮恩灤（元孫女）　→

阮恩光（元四孫）　→　觀傳（元曾孫）、泳傳（元曾孫女）、惠傳（元曾孫女）
　　　　　　　　　　　引傳（元曾孫）

阮恩山（元五孫）　→

阮恩年（元十三孫）→

阮恩朝（元孫女）　→

阮恩亮（元十孫）　→

阮恩延（元十二孫）→

阮恩來（元七孫）　→　富傳（元曾孫女）、發傳（元曾孫女）、宜傳（元曾孫）

阮恩高（元九孫）　→

阮恩勤（元十一孫）→

阮恩壽（元十四孫）→

阮恩桂（元孫女）　→

　　　　　　　　　　→（以下詳列不可考自何出之曾孫及玄孫名：
　　　　　　　　　　　　燮堯、燮坤、鎮嵩、宣傳、鍾蕃、詰傳、
　　　　　　　　　　　　熙傳、銘傳、濟傳、勛傳、績傳、退傳、
　　　　　　　　　　　　錄傳、萱傳、慎傳、傳傳、麒傳、麟傳）

↓

阮楚三（元玄孫）

阮汲三（元玄孫）

阮萊三（元玄孫）

阮策三（元玄孫）

阮相三（元玄孫）

阮教三（元玄孫）

阮鼎三（元玄孫）

阮鼙三（元玄孫）

二、阮元的家庭

　　阮元家中大部分的成員，包括妻、妾、子、孫以及姻親等，張鑑《阮元年譜》均有詳細的記載。〔註22〕茲將阮元家庭中各成員，考釋如次：

　　阮元元配江夫人。《阮元年譜》九歲條載「封公爲先生聘於江氏，以江元韜先生第四女爲婦，即先生祖姑江太夫人孫姪也。按，先生己酉題名錄：妻江氏，陝西西寧府知府諱洪公孫女，候選州同恩加頂帶一級諱振箕公女。」〔註23〕阮元 20 歲時，江夫人來歸；元 29 歲冬十月，女荃因痘殤；同年，江夫人病卒。

　　阮元妾劉文如（1777～1847），工詩善畫，生平見《清畫家詩史》癸上，《清代閨閣詩人徵略》5／24；著有《四史疑年錄》七卷。

　　阮元繼室孔璐華（1777～1830），字經樓，山東曲阜人。孔子七十三代長孫女，阮元繼室。卒於道光二十年，年五十六。著《唐宋舊經樓詩稿》六卷，嘉慶間刻本。〔註24〕「幼嫻詩禮，于歸後受封一品。」〔註25〕孔璐華是阮氏夫人，曲阜衍聖公孔慶鎔堂姊，世稱經樓夫人。其女阮安（1802～1821）自幼學習詩書，作有《百梅吟館詩》。〔註26〕

　　孔璐華詩作：「小坐烹茶更憶君，雷塘寂寂望停雲；樓前三月春光好，風木聲多不忍聞。──回望雷塘淚暗流，心憂卻怕上西樓；憶君常伴先人墓，

〔註22〕張鑑：《阮元年譜》（北京：中華書局，1995 年 11 月》，頁 2～217。

〔註23〕同上註，頁 4。

〔註24〕袁行雲：《清人詩集敘錄》（北京：文化藝術出版社，1994 年 8 月），頁 1966。

〔註25〕阮亨：《瀛舟筆談》卷 6，頁 33。

〔註26〕馮爾康：「清代儀徵人才的興起及原因」，《揚州研究》（臺灣：聯經，1996 年 8 月），頁 567。

滿目青山相對愁。」〔註27〕由此而知她和阮元的感情相當不錯。

阮常生（1788～1833）。元長子（養子），字壽昌，號小雲，幼而孝弟，言行不苟。嘉慶初，恩旨得二品廕生，直隸清河道署直隸按察使。益以讀書敦品自勵。擢清河道，……未幾，以疾卒于官。生平研究經術，精鍾鼎大小諸篆，能嗣家學，工楷法，尤精擘窠書，得柳誠懸筆意。所著有《後漢洛陽宮室圖考》及《小雲吟館詩鈔》。〔註28〕

阮福（1801～1875）。元次子，妾謝氏出。三品銜。以下是他的檔案履歷：「江蘇揚州府儀徵縣監生，年五十二歲，前任甘肅平涼府知府，服滿候補，今籤掣湖北宜昌府知府缺。」〈林夫人行狀〉云：「次子福，妾謝氏出。先是，府君（元父親承信）於五十二歲時納側室張氏，及福生，撫育於襁褓中，甚慈愛，不孝命福事之為慈祖母如祖母。」〔註29〕易言之，因阮元父親有側室張氏，對阮元次子阮福愛護有加，故阮元著令阮福對張氏事之如祖母般。阮福著有《孝經義疏補》十卷、《小嬛嬛叢記》四卷、《兩浙金石志補遺》一卷等。

阮祜（1804～？）。元三子，妾劉氏出。其履歷是：「道光二十三年舉人，道員用前四川潼州府知府，署四川永寧道。江蘇舉人，年五十歲，由刑部郎中捐輸經費保奏，欲知府雙單月選用，道光二十九年十一月初三日奉上諭，遇有知府缺出，即行選用，今籤掣四川潼州府知府缺。」〔註30〕

阮孔厚（1805～？）。元四子，妾孔氏出。從一品廕生。他出仕的經歷如下：

> 道光二十九年十一月初三日奉上諭致仕大學士阮元，道光十八年以老疾乞休，因其年逾七旬，曲加體恤，准予致仕，並在籍食俸，茲聞溘逝，殊堪悼惜，伊子廕生阮孔厚及伊孫舉人阮恩海均著俟服闋後交部帶領引見，候朕施恩等，欽此。〔註31〕其檔案履歷為「從一品廕生」。

〔註27〕孔璐華：〈憶夫子雷塘守墓〉，李坦編：《揚州歷代詩詞》（三）（上海：人民文學出版社，1998年，頁664～674。

〔註28〕同治《續纂揚州府志》卷9，張鑑：《阮元年譜》，頁253～256。

〔註29〕阮元：〈誥封光祿大夫戶部左侍郎顯考湘圃府君顯妣一品夫人林夫人行狀〉，《揅經室集》，頁373。

〔註30〕秦國經：《中國第一歷史檔案館藏清代官員履歷檔案全編》（上海：華東師範大學出版社，1997年10月），索引頁99。

〔註31〕同前註9。

阮樞忠。阮元高祖父樞良之二哥，其生平載《揚州北湖續志》卷六。

> 元云：「樞忠公通經史，兼善騎射，康熙庚戌科武進士，分發江蘇撫
> 標中軍學習。子三：長諱殿衡，習文舉業，考授州同知，爲公之祖；
> 次諱匡衡，癸未科武進士，官滁州衛守備，以官贈曾祖武德將軍。
> 次諱士衡。」〔註32〕

阮鴻（1760～1843）。阮元〈北渚二叔墓表〉：「阮元從叔阮公諱鴻，行二字，
達陽，又字湘南，號北渚，七十後自號蟄室老人；三世祖官榆林衛千戶，始
卜居揚州北湖。……父諱金堂，字宣廷，儀徵學增生，以公職贈奉直大夫，
宣廷公生二子，公（北渚）其仲也。——公之年與元相若，應童子試時即相
善，且知公品學優長，以故延請衡文，公偕行至署。……壬申五十三歲，生
長子克，甲戌年生次子先，丙戌年生季子充。公性儉約，惟老屋數椽，積書
滿壁。……足跡不入城市二十餘年，有《蟄室集》。」〔註33〕

阮亨（1783～1859）。元次伯父承義子。阮亨，字仲嘉，號梅生，江蘇儀
徵人。阮元從弟〔註34〕，監生。元官浙江學政，在學署七年，著有《珠湖草
堂筆記》《瀛舟筆談》十二卷，以品詩表人爲主。」〔註35〕阮亨的著述還包括：
《廣陵詩事補遺》，《珠湖草堂詩鈔》，《琴言集》等。〔註36〕

阮克（敬齋1812～？）：阮元從弟，即阮元同一族叔（阮鴻）之長子。阮
元有詩〈己亥年敬齋三弟、愼齋四弟同予築太平圩，成萬柳堂；庚子又獲豐
收，先得並蒂蓮，兩幹之嘉兆〉詩。〔註37〕著《雙桂軒詩存》，與纂《揚州北
湖續志》。

阮先（愼齋1814～1893）。阮元從弟，阮鴻次子，曾手輯《揚州北湖續志》
6卷；阮元有〈送愼齋四弟往長蘆庵〉詩。〔註38〕阮先存《停琴館詩存》、《赤
湖雜詩》一卷。

〔註32〕阮元：《揅經室再續集》卷2，頁39。
〔註33〕同前註頁39～42。
〔註34〕參考梁章鉅：《稱謂錄》卷4，云：「從兄，從弟，皆同祖兄弟。」（天津：古
籍書店出版，1987年6月），頁156～158。
〔註35〕袁行雲：《清人詩集敘錄》第3冊（北京：文化藝術出版社，1994年8月），
頁1995。
〔註36〕阮先：《揚州北湖續志》卷5，載陳恆和：《揚州叢刻》（揚州：江蘇廣陵古籍
刻印社，1980年3月），頁6。
〔註37〕阮元：《揅經室再續集》卷5，頁13。
〔註38〕阮元：《揅經室再續集》卷6，頁4。

　　阮充（實齋 1826～1892）。阮元從弟，阮鴻季子，阮充撰有〈公道橋鎮北湖耆舊祠銘　并序〉一文。〔註39〕阮充著有：《雲莊印話》、《雲莊文集》四卷、《雲莊詩存》三卷、《碧香吟館筆談》二卷、《北湖竹枝詞》一卷、《揚州鼓吹詞續編》一卷等。

　　林小汀。阮元表弟，阮元有〈為林小汀表弟怡曾題繞綠來青書屋兼以青綠山水滇石寄之〉詩。〔註40〕

　　林季修。阮元表弟，阮元〈梅花屋詩序〉云：「三十樹梅花屋者，甘泉林氏季修（述曾）述祖德而出仕及解組魿田之書屋也；屋在郡城西山五十里陳家集，詳於自敘及諸人之詩記，季修為予表弟，少於予一歲。自予撫浙，即在予署助予治事。」〔註41〕

　　阮元妻江夫人、繼室孔夫人、妾劉氏、謝氏、唐氏、張氏四人；子四人：長常生、次福、次祜、次孔厚；孫十四人：恩海、恩洪、恩浩、恩光、恩山、恩疇、恩來、恩喜、恩高、恩亮、恩勤、恩延、恩年、恩壽；曾孫二十一人：觀傳、泰傳、燮堯、燮坤、鎮嵩、宣傳、引傳、鍾蕃、誥傳、熙傳、銘傳、濟傳、勛傳、續傳、遐傳、錄傳、萱傳、慎傳、傅傳、麒傳、麟傳；玄孫八人：楚三、汲三、萊三、策三、相三、教三、鼎三、鼇三。〔註42〕

　　阮元的姻親有：曲阜孔氏（阮元繼室孔璐華）；寶應劉氏（阮元子常生娶劉台拱之女、孫恩海娶劉台拱孫女）；德清許氏（阮元子福娶許宗彥女）；嘉興錢氏，（阮元子祜娶錢楷女）；蘇州彭氏（阮元子孔厚娶彭希廉女）。

　　阮元孫，曾孫的姻親則有：連平張氏、江都張氏、合肥梁氏、吳江陳氏、直隸通州張氏、太原王氏、錢塘韓氏、儀徵陳氏、湖州徐氏、平遙馬氏、析津梁氏等。此外，通儒揚州焦循為阮元的族姊夫（阮承勳三女嗣環嫁給焦循）。

　　從阮元的世系及家庭來看，揚州阮氏在有清一代，委實可以稱得上名門望族。正如阮承信對族人說：「我阮氏明季自淮安遷揚州，聚族於城北之公道橋，甲科世衍，世系日繁。……建阮氏宗祠於公道橋之南，購田為祭產，俾族姓春秋祀焉。更延名師，在祠側設塾，教族中子弟之能讀書者。」〔註43〕

〔註39〕同註15，卷6，頁14。
〔註40〕阮元：《揅經室續集》卷10，頁13。
〔註41〕阮元：《揅經室再續集》卷3，頁3。
〔註42〕〈賜諡文達原任太傅大學士阮公鄉賢錄事實〉，《阮元年譜》（北京：中華書局，1995年11月），頁243～244。
〔註43〕同註8，頁369。

阮元則用銘文稱讚自己的家族：「文武孝慈，世系繁昌。」〔註44〕阮元整個家族之所以能出人頭地，因為他們大多與讀書結緣，由以上引錄各人著述的宏富，都可以得到明證。

第二節　阮元的籍貫

阮元，字伯元，一字良伯，一字梁伯；號雲臺，云台、芸台；別號雷塘庵主、頤性老人、擘經老人、節性老人、北湖跛叟、怡性老人、節性齋老人、節性齋主人；別署文選樓、節性齋、定香亭、擘經室、積古齋、節性齋萬柳堂、琅嬛仙館、石墨書樓等；諡文達。生於乾隆二十九年（1764），卒于道光二十九年（1849），江蘇揚州人。

阮元考究自己的籍貫云：「元但通儀徵而已，實揚州郡城北湖人也；元家在北湖九龍崗，族姊夫焦里堂孝廉家在黃珏橋，相隔一湖，幼同學，往來湖中者屢矣。」〔註45〕據焦循云：「北湖阮氏自阮文廣，始遷居公道橋。」〔註46〕阮元族弟阮亨談家兄的籍貫及其家教是這樣說的：「吾家阮氏之在揚州北湖公道橋者甚眾，儀徵向為虛籍，宗族廬墓者不在焉。自先祖昭勇將軍以下，律以古義，亦當別立為宗。近家兄（阮元）奉叔父之命，於揚州府舊城文選樓北興仁街，建立家廟，並為碑以誌其事。兄積書甚多，幼時叔母林太夫人，嘗繪石室藏書圖，文宣之教，有自來焉。」〔註47〕

先談談清代的揚州城：阮元為李斗的《揚州畫舫錄》撰序時云：「揚州府治在江、淮間，土沃風淳，會達殷振，翠華南巡，恩澤稠疊，士日以文，民日以富。」〔註48〕至於清代揚州城的盛衰，阮元在〈揚州畫舫錄跋〉兩篇跋文，有頗詳細的交待，作於道光十四年的一篇跋云：「揚州全盛在乾隆四五十年間，余幼年目睹，弱冠雖閉門讀書，而平山之游，歲必屢焉。方翠華南幸，樓臺畫舫，十里不斷。五十一年余入京，六十年赴浙學政任，揚州尚殷闐如故。嘉慶八年過揚州，與舊友為平山之會，此後漸衰，樓臺

<hr />

〔註44〕阮元：〈揚州阮氏家廟碑〉，《擘經室集》，頁387。

〔註45〕阮元為焦循撰：〈揚州北湖小志序〉，《擘經室集》，頁391。

〔註46〕關於阮元的籍貫和卒年，可參考：1、阮衍喜：「阮元籍貫正」載《揚州師院學報》（社科版），1986年第3期，頁158；2、王期亞：「阮元卒年質疑」載《湘潭大學學報》（社科版）1987年第4期（1987年10月），頁125。

〔註47〕阮亨：《瀛舟筆談》卷6，頁17。

〔註48〕阮元：〈畫舫錄序〉，《擘經室集》，頁691。

傾毀，花木彫零。嘉慶二十四年過揚州，與張芰塘孝廉過渡春橋有詩感舊，近十餘年，聞荒蕪更甚；且揚州以鹽爲業，而造園舊商家多歇業；貧散書館，寒士亦多清苦，吏僕傭販，皆不能餬其口，兼以江淮水患，下河饑民，由楚黔至滇城，結隊乞食，訴鄉誼予亦周卹以送之。李艾塘斗撰《畫舫錄》，在乾隆六十年，備載當年景物之盛，按圖而索，園館之成黃土者七八矣。」

另一篇跋，阮元作於道光十九年，云：「自《畫舫錄》成又四十餘年，書中樓臺園館，僅有存者，大約有僧守者，如小金山，桃花庵，法海寺，平山堂尚在，凡商家園丁管者多廢，今止存五樓一家矣。蓋各園雖修費只半存，而至道光間，則官全裁之。」〔註49〕

至於北湖公道橋的地理形勢，阮元亦有明確的說明：「揚州府西北三十里之大儀鎮，地勢甚高，其脈自其西南橫山來，至大儀特起，復東北行二十里至黃子湖湑爲九龍岡，即今之公道橋鎮也　本名僧度橋，官名僧道橋。橋鎮距府城四十五里，出府城北門北行，過上雷塘橋、方家巷、雨膏橋、避風菴渡湖，始達于橋鎮。鎮居民千餘家，有關帝，司徒諸廟。——予妻江夫人舊殯雷塘，嘉慶二年奉光祿公命，卜葬于四世祖妣墓之西北，向西兼南。以予視之，其所謂樂哉，瑕邱者乎！阮氏宗祠及樓則在鎮市之南，面臨湖水，西望墓田，近在目前也。因記雷塘墓，遂並圖記之。」〔註50〕

雷塘的位置及沿革，阮元說：「雷塘在揚州宋寶祐廢城之北。漢謂之雷波，亦謂之雷陂。六朝後稱雷塘。有上，中，下三塘之分。中塘最大，長互東南，形如連阜，築其缺處，可潴水千畝，今惟田中一澗，寬數丈，出其巽方缺處而已。雷塘水源從西北甘泉山來，行十餘里，入秦九女澗。又十餘里，入上雷塘，中雷塘。又五，六里，入下東塘，由槐子河入運河。別有煬帝溝，水出上雷塘之後，由中塘之北而東至辰方，交于中雷塘之水。」〔註51〕

而揚州阮氏家廟，則建構在揚州府舊城文選樓北興仁街中，因此，阮元的籍貫應是江蘇揚州人，而非江蘇儀徵人。

第三節　從出生到揚州求學時期

阮元的揚州求學期（1歲至22歲）

〔註49〕阮元：《揅經室再續集》卷3（文選樓叢書本），頁6～7。
〔註50〕阮元：〈北湖公道橋阮氏墓圖記〉，《揅經室集》，頁381。
〔註51〕阮元：〈雷塘阮氏墓圖記〉，《揅經室集》，頁380。

　　對阮元的成長有直接的影響，除了他的業師及座師外，便不能不提及他的父母了。先說阮元的母親林太夫人：「系出閩之莆田。……通書史，明古今大義，間爲韻語，輒焚不存稿。——性嗜圖籍，亦愛山林。」〔註52〕以下是林太夫人對阮元的三段教誨：

1、「不孝十五，六歲與考試，漸有交遊，先妣必反覆詰問，今日見何人？言何事？不孝具以對。先妣曰：『某之言益者也，某之言損者也，爾某言是也，某言非也。』是以不孝雖有交遊，無損友。」

2、鉛山蔣心餘編修奉其太夫人居揚州安定書院，太夫人與先妣常過從，先妣語不孝曰：「讀書做官，當爲翰林，若蔣太夫人教子乃可矣。」不孝謹識之，未敢忘。

3、不孝年十七，府君客漢陽，先妣曰：「爾學識日加，益當求名師之更能擴充爾學識者。」遂訪於外祖梅溪公之執友胡西㟧先生，先生言進士李晴山先生可從遊，先妣趣命執贄焉。〔註53〕

　　由這三段說話，可知阮元母親對阮元的交朋結友，學習和志業，都同樣注重。

　　阮元的父親阮承信「公生將門，少善讀書，好《左氏春秋》，熟悉《資治通鑑》古今成敗事，閒騎射……家無儋石儲意，泊如也，性伉爽，好施與。……年三十一，生撫部（阮元），公擇師教讀甚嚴，親授古文辭，稱曰：『讀書當爲有用之學，徒鑽研時藝，無益也。』」〔註54〕阮承信教子「訓誨諄切——家雖貧，爲不孝擇師，敬禮備至。」〔註55〕阮元終能位列宰輔，光耀門楣，和父母親悉心的教育以及嚴師的啓迪是分不開的。以下擇錄阮承信教子的訓言：

1、「汝受知先皇，復受今上重恩如此，矢勤矢愼，庶可報效萬一。」

2、「取士當先器識，取文亦當無所不收。若以一隅之見爲去取，必有棄材矣。」

3、「吾早歲涉歷江湖，深惡關吏苛橫，爾可使行旅受困耶？寬以惠商，嚴以御下，治權之道也。」〔註56〕

〔註52〕阮元：〈誥封光祿大夫戶部左侍郎顯考府君顯妣一品夫人林夫人行狀〉，《揅經室集》（北京：中華書局，1993年5月），頁374～375。

〔註53〕同上註，頁375。

〔註54〕孫星衍：〈誥封光祿大夫戶部左侍郎加三級阮公湘圃暨妻林太夫人合葬墓誌銘〉，阮先：《揚州北湖續志》卷6，載陳恆和輯：《揚州叢刻》（揚州：江蘇廣陵古籍刻印社，1980年3月），頁4。

〔註55〕同註1，頁365～366。

〔註56〕同註1，頁371～372。

　　阮元的童年，少年時期都在揚州度過，有關阮元童年的生活，《阮元年譜》的記載只有下列各條：

1765 年 2 歲：移居府門之西南。

1768 年 5 歲：移居新城花園巷。林太夫人始教識字。

1769 年 6 歲：始就外傅。

1772 年 9 歲：移居新城之彌陀寺巷，從喬書酉先生學。

1774 年 11 歲：始學文。

1776 年 13 歲：復從封公移居花園巷。

1778 年 15 歲：始應童子試。

1780 年 17 歲：受業於李進士晴山先生，即寓其家。

1781 年 18 歲：移居古家巷。

1782 年 19 歲：得凌次仲上舍（廷堪）爲益友。

1783 年 20 歲：封公爲先生娶婦，以理家事。

1784 年 21 歲：謝金圃侍郎墉督學江蘇。歲試取入儀徵縣學第四名。〔註57〕

　　對於自己的童年，阮元則有下列兩段的回憶，其一：「元六歲從姑夫賈載清先生天寧學，九歲由花園巷遷居百歲坊彌陀寺巷。方笠塘先生本爲賈先生弟子，喬書酉先生椿齡又笠塘先生弟子，方氏居北柳巷與百歲坊近，書酉先生在笠塘先生家，教先生之二子贊元（小名七虎），月槎（小名八虎）；賈先生命元亦從喬先生學，門巷相近，同朝夕焉。二虎與元年相近，友若弟兄，常登堂拜母。笠塘先生時爲廩生，文學名盛，其弟蘭嵋先生谷學亦齊名。元復移居花園巷，在家讀書，然與二虎兄常相見；元童試時皆笠塘先生所保，甲辰（1784 年，元 21 歲）與八虎弟同入學（儀徵縣學），及元官暉學士時，調浙江學政，過揚州，與二虎兄弟爲虹橋話舊之遊。」〔註58〕由此可知，方贊元和方月槎同爲阮元青梅竹馬的玩伴，阮元六歲時已師從姑夫賈天寧先生。

　　以下是他們的師承關係圖：

賈載清（天寧）→方笠塘→→喬書酉→→阮元

　　　　　　　　→方蘭嵋　　→方贊元（七虎）

　　　　　　　（笠塘弟）　→方月槎（八虎）

〔註57〕張鑑：《阮元年譜》（北京：中華書局，1995 年 11 月），頁 1〜6。

〔註58〕阮元：〈羅兩峰畫方氏兄弟孝廉春風並轡圖跋〉，《揅經室再續集》卷 3，頁 7〜8。

其二：「元童時遊橙里舅祖之庭，舅祖文詞名家，素持禮法，閨門以內，既和且肅，先生以孝謹著于時。吉雲先生為先生幼弟，先生教之，友愛備至，吉雲先生亦事兄彌悌。……連理玉樹堂者，揚州康山之麓，有二玉蘭樹交柯連理而生，元舅祖鶴亭先生所居也。吉雲先生既為鶴亭方伯後，于先生雖出為從弟，而情誼彌篤，無異鶴亭、橙里兩先生之相友愛也。──元文詞鄙拙，不足表揚，惟是幼年受知于先生最早，撫之無異子姪，故知先生亦最深，用記顛末，以為序焉。」〔註59〕

以下是他們的親屬關係圖：

江橙里（阮元舅祖）→→江玉華（阮元表叔）→→阮元（童時遊江橙里之庭）

江鶴亭（阮元舅祖）→→江吉雲（江玉華弟，鶴亭之子）

從出生至 22 歲的青少年時期，阮元都在揚州學習和生活。乾、嘉時期的學術名人，例如長阮元二十歲的汪中（1744～1794）、長阮元九歲的凌廷堪（1755～1809）、長阮元一歲的焦循（1763～1820），都和阮元有頗密切的交往；而凌廷堪、焦循二人和阮元的往還，尤其值得我們的注意。

以下先談談阮元和凌廷堪的交往，其次再交待阮元和焦循的學術情誼。

乾隆四十六年（1781 年），時阮元 18 歲，與凌廷堪識面，21 歲與之訂交於揚州。〔註60〕在凌廷堪心目中，他給予阮元的評價是這樣的：「又有儀徵阮君名元字梁伯者，年踰弱冠，尚未采芹，其學問識解，俱臻極詣，不獨廷堪瞠乎其後，即方之容甫、鄭堂，亦未易軒輊也。」〔註61〕而廷堪對阮元的了解，亦不止於阮元只是一位經生，而是通詩詞之學的文人，廷堪云：「少時失學，居海上，往往以填詞自娛，相倡和者唯同里章君酌亭。後出游，漸知治經，得交儀徵阮君伯元，談說之餘，時或及此，蓋亦深於詞者。其他朋輩，多以小道薄之，不敢與論也。」〔註62〕

從凌廷堪與阮元來往的書信中，可印證他們對某些學術問題的看法，又或互贈著作，切磋往還，試舉數例說明一二：

〔註59〕阮元：〈連理玉樹堂壽詩序〉，同註 1，頁 668～670。

〔註60〕凌廷堪：〈與阮伯元閣學論畫舫錄書〉「僕與閣下自辛丑年（1781 年）識面，甲辰年（1784 年）定交，皆在揚州，事非偶然。彼時少年氣盛，自謂不啻大鵬之遇希有鳥也。嘗妄擬李太白之於司馬子微，為後〈大鵬遇希有鳥賦〉一篇紀其事。」《校禮堂文集》（王文錦點校本，北京：中華書局，1998 年 2 月），頁 210。

〔註61〕凌廷堪：〈上洗馬翁覃溪師書 甲辰〉，同註 9，頁 196。

〔註62〕凌廷堪：〈梅邊吹笛譜序〉，同註 9，頁 262。

凌廷堪〈與阮伯元孝廉書　丁未〉：「竊以儀禮一經，在漢與易、書、詩、春秋並列為五。史記儒林傳、漢書藝文志皆以此書為禮經。後人不曰禮經而曰儀禮者，猶之易曰周易、書曰尚書也。」

凌廷堪〈與阮侍郎書　癸亥十一月〉：「頃者使來，蒙寄經籍纂詁一部及新著浙江圖考一部，匆匆尚未細閱，僅讀序文與圖一過。」又阮、凌二人交情之深，在這封書信的文詞之中可想見，廷堪云：「近來不能用心，惟日讀通鑑數頁。未審何日接席細論，言之悵然。惟冀惠我手書，細言近況，以慰遠想。」

凌廷堪〈與阮伯元侍郎論樂書〉：「承詢近來心得，唯於樂律似稍稍有所獲，但苦書少，又精力不繼，不能用心探討耳。間為燕樂考源一書，中言二十八調，頗為自來講學家所未悟。其不遽爾錄寄者，緣此書及禮經釋例向為有關係之作，非雜文詩詞可比，懼以未定之本氾布於外人也。」

凌廷堪〈與阮中丞論克己書　戊辰〉：「前在甬上聞閣下談及論語克己之己字，不當作私欲解，當時深以為然。頃又出新著論語論仁論一篇，并以蕭山四書改錯見示，其扶翼遺經，覺悟來世，皆國家稽古之瑞，曷勝抃躍。」〔註63〕

阮元撰〈次仲凌君傳〉論廷堪：「君之學，博覽強記，識力精卓，貫通群經，而尤深於禮經，著禮經釋例十三卷。……（嘉慶）十三年（1808年），元復任浙江巡撫，君免喪來游杭州，出所著各書相示。元命子常生從君學。」〔註64〕阮元願意禮聘廷堪為師，教導自己的兒子，可證二人交誼之深。

阮元為焦循撰〈通儒揚州焦君傳〉稱讚焦循「君善讀書，博聞強記，識力精卓，於學無所不通，著書數百卷，尤邃於經，於經無所不治，而於周易、孟子專勒成書。……君於治經之外，如詩詞、醫學、形家九流之書，無不通貫。……評曰：「焦君與元年相若，且元族姊夫也，弱冠與元齊名，自元服官後，君學乃精深博大，遠邁于元矣！」〔註65〕阮元又為焦循的著述撰序，包括：〈焦氏雕菰樓易學序〉、〈焦里堂群經宮室圖序〉、〈里堂學算記序〉等，由此可見，阮元對焦循的博學，是相當佩服的。其後，阮元在32歲有詩句云：「光嶽樓前見里堂，執襟一一問江鄉。」〔註66〕

〔註63〕凌廷堪：《校禮堂文集》，同註9，頁198，222，223，234。
〔註64〕阮元：《揅經室集》同註1，頁475。
〔註65〕同註13，頁476，480〜481。
〔註66〕阮元：〈喜晤焦里堂循姊丈於東昌寄懷里中諸友〉，同註13，頁768。

　　焦循則爲阮文達輯《淮海英靈集》〔註67〕，又替阮元撰〈代阮宮保撰王善香觀察墓志銘〉、〈代阮撫君撰雲南府通判岸訂陳君墓志銘〉〔註68〕；與及〈代阮侍郎撰萬氏經學五書序〉、〈代阮撫君作喪服足徵錄序〉、〈代阮撫君作春秋上律表序〉〔註69〕等文。焦循有〈寄阮芸臺孝廉詩〉：「人生不易聚，相念爲多疏，四五年前面，三千里外書」〔註70〕，可見焦循「博學，工詩古文，自少即與雲臺兄齊名。」〔註71〕

第四節　阮元的仕宦經歷

　　阮元的仕宦經歷可分二個階段：一、23 歲至 46 歲；二、47 歲起，至 75歲止。

一、阮元仕宦經歷（23 歲至 46 歲）

　　阮元在這段時期的仕宦生活，有一段頗爲扼要的自述：「余自二十三歲入都，三十二歲官內閣學士，歷兵禮戶部侍郎，總裁己未會試，三十四歲巡撫浙江，安南夷寇盪平，四十二歲丁艱服未滿，起復福建巡撫，蔡逆及群盜滅，四十六歲爲失察劉鳳誥科場舞弊案落職，此二三十年，似人生仕己之速，一世也。」〔註72〕細心翻檢一下《阮元年譜》，阮元 23 歲抵京師，24 歲會試下第，留館京師起，一直至 46 歲秋天，因浙江學政劉鳳誥科場舞弊案，牽連革職，降調編修外，二十餘年的仕途可以說是一帆風順，毫無阻滯的。以下是阮元這二十餘年在官場的經歷：

　　26 歲：會試中式第二十八名。

　　　　　殿試二甲第三名，賜進士出身。引見，改翰林院庶吉士。

　　27 歲：散館。欽取一等第一名，授職編修。

　　28 歲：大考，高宗親改擢爲一等第一名，奉旨陞詹事府少詹事，旋奉旨南書房行走。

〔註67〕賴貴三：《焦循年譜新編》（臺灣：里仁書局，1994 年 3 月），頁 126。
〔註68〕焦循：《雕菰樓集》（蘇州文學山房，1927 年版），卷 22，頁 8～14。
〔註69〕焦循：《雕菰集》文選樓叢書本，嚴一萍選《原刻景印　百部叢書集成》（臺灣：藝文印書館）卷 15。
〔註70〕同上註，卷 4，頁 18。
〔註71〕同上註，阮亨：〈雕菰集序〉，頁 5。
〔註72〕阮元：〈夕陽樓詩後記〉，阮元：《揅經室再續集》卷 5，頁 19。

30歲：出試兗州、曲阜、濟寧州、沂州。主祭孔廟。

32歲：奉旨調任浙江學政。奉旨陞授內閣學士兼禮部侍郎。

35歲：奉旨補授兵部右侍郎，又奉旨調補禮部右侍郎。

36歲：兼署兵部左侍郎；奉旨調補戶部左侍郎。奉旨充經筵講官。
　　　奉旨充會試副總裁。奉旨仍兼署禮部左侍郎。

37歲：奉上諭實授浙江巡撫。

44歲：補授兵部右侍郎。

以下兩首詩，略可窺見阮元駐守杭州時的生活及心事：

1、32歲作〈展母墓詩〉云：「十年爲帝臣，未踏雷塘路。年年寒食節，悲酸向誰語。今年奉命歸，許祭叨異數。」〔註73〕對母親的懷念，阮元以之化作對國事的報效：「而我居官齋，錦稻雜然御。斯志期無忝，安敢計溫飫。惟有勞國事，聊以酬悲慕。」〔註74〕

2、40歲寫〈夜宿母墓詩〉：「哀哉遠遊子，歸來泣母墓。四年持使節，皆在杭州駐。」身爲浙江學政，阮元爲官有時也會意興闌珊，而有：「乃知仕宦久，不及童與孺」的感歎。〔註75〕打從嘉慶四年十月初三日，阮元奉旨署理浙江巡撫事務，至嘉慶十年閏六月十五日，父親封公以疾遽逝於浙江官署止，阮元在浙江的政績是有目共睹的，除了立詁經精舍以外，張鑑云：「先生治浙漕六年，未嘗重斂於民，於倉庫無虧賠，於弁丁無苦累，未嘗參一官，亦未嘗革及生監，生監亦無一人入京妄控者，而運皆妥速。」〔註76〕

〈阮公專祠錄事實〉亦詳列阮元治浙的政績：

1、公崇教化重學校：乾隆六十年調任浙江學政，十一月到省視事，即以聖訓「勤學立品」匾視大堂，飭諸生砥礪廉隅，講求根柢。

2、公嚴緝捕愼海防：當公蒞浙之先，正盜匪充斥之際，內地則杭紹之盜首陳阿三等，江上則烏鴉船之盜首韓球等，爲害地方。公云攘外必先靖內，密選兵役，封示機宜，掩捕首從，不數月而土盜盡誅。

3、公勤民事重賑濟：浙西水患在海外，水利在西湖，尤爲民事之急務。公蒞任即閱視海塘，核實廳員，歲修工料，禁革州縣幫辦浮銷，增添柴塘，

〔註73〕阮元：〈揅經室集〉，頁776。
〔註74〕同上註。
〔註75〕阮元：《揅經室集》，頁857。
〔註76〕張鑑：《阮元年譜》，頁60。

預備險要。除搶險緊急親臨督辦外，每歲單騎減從，赴工遍閱二三次不等。

4、公整鹺綱寬榷政：公兩任浙江巡撫，時鹺務鹽政主之，關榷巡撫主之，常鹽政有所諮詢，公必和衷籌畫。〔註77〕

有關阮元在杭州生活的事蹟，阮冠三總結如下：「阮元在浙江任職先後達十二年，曾督學浙江，兩度出任浙江巡撫，在杭州做了不少好事：疏浚西湖，修築海塘，創辦書院、圖書館，建白公祠、蘇公祠，重修岳廟，組織學者著書立說，整理古籍等，對推進浙江杭州學術研究和文化教育起了積極的作用，為保護西湖的名勝古蹟做了貢獻。」〔註78〕

二、阮元仕宦經歷（46歲至75歲）

阮元自述中晚年的從政生涯云：「四十六歲復入翰林，居蝶夢園；四十八歲官內閣學士、侍郎，出督漕運；任兩湖、兩廣、雲貴總督；道光十三年癸巳正月七十歲，在貴州途次；旋總裁會試；七十三歲拜大學士，入都；七十五歲因足不能行，予告致仕歸田，居別業；此又似人生仕宦之速，又一世也。」〔註79〕在接近二十年的宦海生涯及平居生活，阮元在其詩歌中屢屢言及，例如：

53歲〈正月八日立春游百花洲詩〉云：「塵勞自愧詩懷少，半日能遊便似仙。」又云：「莫使宦遊忘物候，度江一十二番新。」〔註80〕

60歲〈畫竹林茶隱圖小照自題一律〉云：「二十餘年持使節，誰知披卷是迂儒。」〔註81〕

63歲〈檢書〉云：「十載居嶺南，積書數十架。茲為南詔行，安得全棄卸。」又云：「滇池雖控夷，內政頗清暇。正宜理陳編，青燈坐清夜。」〔註82〕〈來鶴篇〉云：「我入滇池數千里，載萬卷書非得己。」〔註83〕

〔註77〕〈賜諡文達前浙江學政巡撫原任太傅大學士阮公專祠錄事實〉，張鑑：《阮元年譜》（北京：中華書局，1995年11月），頁228～232。

〔註78〕阮冠三：〈留得功德報湖山——阮元在杭州〉，周峰主編：《元明清名城杭州》（杭州：浙江人民出版社，1997年6月），頁469～472。

〔註79〕同註8。

〔註80〕阮元：《揅經室集》，頁939～940。

〔註81〕阮元：《揅經室續集》卷5，頁1079。

〔註82〕阮元：《揅經室集》，頁1117。

〔註83〕阮元：《揅經室集》，頁1123。

66 歲〈秋祭東園齋居詩四十韻〉:「居粵八九載,濕氣注四肢。詩云微且腫,腳氣殊難醫。入滇氣涼爽,左足去其疵。右足尚有病,夏來加藥治。近亦半可愈,兼以息身疲。」〔註84〕

70 歲〈和香山知非篇〉云:「我不能飲酒,又不能悟禪。七十不知非,何以學樂天。」又云:「迴思數十載,浙粵到黔滇;籌海及鎮夷,萬緒如雲煙。役志在書史,刻書卷三千。」〔註85〕

73 歲〈癸未竹林茶隱小像卷中〉:「入都憶昔廿三載,屈指於今五十年;北闕恩光思不盡,南城景物看依然。」〔註86〕

阮元從嘉慶 22 年(1817)調補兩廣總督,至道光六年(1826)六月奉上諭「雲貴總督阮元調補」前後出任粵督十年,開學海堂以課士子,贏取到萬千士民之信任。

張鑑《阮元年譜》有以下的記載:「(道光六年)六月二十六日,大人起程,福等隨行。是時文武屬吏、軍民人等皆切攀轅之思。各書院山長及在城紳士,並學海堂諸生、各書院生童,多賦詩爲大人送行。卷冊如林,佳作亦極多,茲概不錄。惟越華書院山長劉樸石先生文云:『我朝百九十年來,名卿宰相帥廣之久於其位,而盛名足以壓百蠻,明略足以訓群吏,慈惠足以洽黎庶,學問足以式秀髦,威令足以整師旅,繫人去思不已者,惟宮保大司馬阮公爲最』等語,凡此皆紀實也。」〔註87〕

南海伍崇曜總結阮元督粵十年的政績,尤爲推譽,伍崇曜云:「(阮元)督粵十年,遺愛永著口碑,如免洋米船鈔脩貢院,增置虎門砲臺,修通志,創建學海堂諸善政,尤彰彰在人耳目。」〔註88〕

對一位已屆七十五高壽的退休老人來說,他的心情是頗爲複雜的。數十載宦海浮沉,總的來說,榮譽壓倒屈辱,博得功勳無數,最難能可貴者是先後取得乾隆、嘉慶、道光三位皇帝之信任。回首前塵往事,阮元說:「余以一介書生,由詞曹通篇,以文字進奉,受純廟殊知,仁宗擢任封圻,有勉爲一代偉人之諭。今天子倚任不衰,俾人綸閣,總先後五十年,武功文事,艱巨

〔註84〕阮元:《揅經室集》,頁 1162。
〔註85〕阮元:《揅經室續集》卷 10,頁 24。
〔註86〕阮元:《揅經室續集》卷 11,頁 6。
〔註87〕張鑑:《阮元年譜》,頁 153～154。
〔註88〕伍崇曜:〈詩書古訓跋〉,阮元撰:《詩書古訓》(粵雅堂叢書,第十一集),頁 5143。

萬端，稟聖謨，資群力，因緣際會，借手集事，而余未嘗有功焉。茲眷注方殷，以不能步履之疾，辭闕廷，伏田野，揆之古人鞠躬盡瘁之義，實愧且負。退思補過，是吾志耳。恩命屢降，悚懼弗勝，其又敢以爲榮，諸君其無重余之咎！」〔註89〕縱使自己官至中丞，身居要職，依然清廉自奉，潔身自愛，在舉世溷濁的清代官場之中，阮元的內心剖白委實是感人的，他說：「余祿糈所入，自刊刻書籍，周恤姻友外，未嘗有餘資以置別業，邗上老屋數十間，無園林水石之勝，惟庋藏四部書及金石文字都數萬卷。自江湖故人，凋落俱盡，繫此蠹餘，是吾老友。然心目既瘁，頹懶健忘，泛覽流觀，無能爲役，幸有餘年，將戢影息神，屏絕人事，以恭敬退讓，慎晚節，守法度，率先子弟，勤厲職業，庶稍勉愆尤，無重負朝廷優視老臣之意。」〔註90〕

第五節　怡志林泉的晚年

從 75 歲退休回籍起，直至 86 歲離世止，阮元過的是一個怡志林泉的晚年。

75 歲的阮元以腳有疾，向道光皇帝請辭後，便返回故鄉——揚州，過其澹泊而寧靜的退休生活。阮元有詩記錄了他當時的心情及感想：「徵禮當懸車，載恩還泛舟。柳質先知秋，新霜發潞水，小雪歸揚州；健僕扶病足，鄉人瞻白頭。廚序拭鐘鼎，墓道披松楸；護暖臥經室，延曦開選樓；卻掃慎清儉，散帙閒校讎。性節今勉彌，志怡誠逸休，繩床得靜坐，藍輿偶負游；出城即綠野，林泉非遠求。」〔註91〕阮元又云：「君恩浩如天，許我怡林泉，隨爾北湖去，煙波娛暮年。」〔註92〕

阮元暮年時的平居生活是：「正好日高才睡足，一甌常及舊泉茶。」〔註93〕對於數十年來的出仕經歷，他有這樣的感慨：「不必眞爲丁令威，譬如仙去復仙歸。悠悠五十餘年事，城郭人民半是非。」〔註94〕目前的感覺可以說是：「秋容

〔註89〕何紹基：〈送儀徵阮宮太保相國師予告歸里序〉，龍震球校點：《何紹基詩文集》（長沙：岳麓書社，1992 年 3 月），頁 765～766。

〔註90〕同上註。

〔註91〕阮元：〈予告歸里恩諭怡志林泉謹賦十韻〉，阮元：《揅經室續集》卷 11，頁 10～11。

〔註92〕阮元：〈歸田後仲嘉弟呈珠湖漁隱圖請題〉，阮元：《揅經室續集》卷 11，頁 11。

〔註93〕阮元：〈正月大雪四日晴异登文選樓〉，阮元：《揅經室再續集》卷 5，頁 1。

〔註94〕阮元：〈歸里偶成〉，阮元：《揅經室再續集》卷 5，頁 2。

澹到無花處，我亦西湖退院僧」；「一從瀛海揚帆後，別卻煙波五十年」；「有船何必再笙歌，老去年光澹裏過。」〔註95〕

馮爾康（1934～　）專門研究清人的社會和生活，他說：「阮元不好虛熱鬧，高官耆壽，從不做生日。他的茶隱，到80歲休致在鄉時，仍不廢棄，在華誕以前，就從揚州城裏搬到城郊的草廬中。」〔註96〕八十歲時的生活，阮元有詩云：「人生八十古更稀，古賢論德難與齊。林泉田舍天許歸，草廬安得高榱題。四間新構杉板扉，草簷竹筵塗白泥。繩床愁夢心息機，夜聲不聞犬與雞。此間佳趣得幾希。紙窗況無風雨淒，春初梅瘦麥葉肥，松竹下壓香茅低。茶隱求是酒則非，夕陽又暖桑榆西，萬條楊柳春依依，絳老後算誰端倪。」〔註97〕又云：「桑榆短景原無失，絲竹陶情況暮年。別業梅花宜老壽，道橋茅屋證林泉。」〔註98〕阮元的暮年因足有疾，行動不便，出入需僕人舁椅載之，故〈夕陽樓詩〉序言：「老桑東小樓一間，西向可望遠林，二僕舁椅登之，余題此名。」詩云：「多年耐暑復耐寒，三十蒙恩亦耐官。今日夕陽樓上望，遲遲耐倚此闌干。」〔註99〕梁章鉅的筆記書──《浪跡叢談》，記錄了一則阮元在八十三歲時的健康情況：「余以五月廿日卸裝邢城，廿一日走謁阮雲臺師相，時吾師年八十有三，闊別五年，雖語言步履稍不逮前，而精神興致極好。」〔註100〕阮元在八十三歲時晉加太傅銜，重赴鹿鳴筵宴，在皇帝的心目中，其尊貴的地位是無過其右的。梁章鉅〈道光年間四太傅〉云：「道光丙午，余居揚州，適儀徵師以重宴鹿鳴，蒙恩加太傅銜，師受寵若驚，囑余考國朝加太傅銜者若干人。謹按：我朝滿、漢大臣，生前得太傅加銜者，不過六人，如金文通、洪文襄、范文肅、鄂文端、曹文正、長文襄，其由身後得贈銜者，亦不過十餘人，而吾師更由太子太保銜，超加七級至太傅銜，尤為曠典。」〔註101〕

〔註95〕阮元：〈南屏八代詩燈嘯溪和尚寓揚州僧院壽八十一，九日風雨不能為看菊之游〉，阮元：《揅經室再續集》卷5，頁3。

〔註96〕馮爾康：〈阮元的家庭生活和謝卻做壽〉，載馮氏著：《清人生活漫步》（北京：中國社會出版社，1999年1月），頁309～314。

〔註97〕阮元：〈道橋別業愛吾草廬詩〉，阮元：《揅經室再續集》卷5，頁24。

〔註98〕阮元：〈癸卯正月二十日居愛吾草廬題竹林茶隱卷用癸未年舊題原韻〉，阮元：《揅經室再續集》卷6，頁1。

〔註99〕阮元：《揅經室再續集》卷5，頁18～19。

〔註100〕梁章鉅：〈雲臺師唱和詩〉，《浪跡叢談、續談、三談》（北京：中華書局，1997年3月），卷1，頁13。

〔註101〕梁章鉅：《浪跡續談》卷七，同上註，頁365。

　　總的來說，阮元的童年、少年時代在揚州生活，除了受業師喬書酉、李道南、胡西芩諸先生的影響外，父，母親給他的教誨，對其成長，影響尤為深遠。青年期的阮元，得凌廷堪為益友，識汪中於揚州，23 歲入京師，與王懷祖、任子田、邵二雲等學人相往還，阮元日後在學術各方面所獲得的成就，和他有不少問學的好友的關係，是分不開的。從 30 歲奉旨放山東學政起，直至 75 歲退休回籍止，接近五十年的出仕生涯，政績昭昭，在浙江杭州立詁經精舍，在廣東廣州開學海堂，在在印證了阮元為官不廢問學、不忘學術的志趣，而最難能可貴者，是他尤其注重經生、儒士的教育問題。阮元的仕宦期，正正是他為官由山東、浙江學政以至浙江、河南巡撫；湖廣、兩廣、雲貴總督止，以至 69 歲著協辦大學士，70 歲充會試副總裁，72 歲充體仁閣大學士，73 歲充殿試讀卷官；最難得者，是他出仕之餘，不忘興學育材。魏白蒂總結阮元如何提挈與促進嘉、道時代的學術研究云：「阮元居高位時，歷官所至，均以提倡學術自任。在外省做官近半世紀，駐杭州、淮安、南昌、廣州、桂林、昆明、貴州等地，做學政和會試考官，不但提拔人才，立學修書，又給許多學者機會研究著作。他和他周圍的學者的研究範圍廣，編纂的書籍又多，所以對當時各門學術影響極大。他和他周圍學者在重點的書院選用學生課本，和確定考試程度，他的影響不止自己一代。」〔註 102〕阮元的暮年怡志林泉，或煮茶閱書，或寫詩撰文，便是他日常生活的寫照，這種優悠的生活，直至他 86 歲終老為止。

　　筆者最後引錄以下長聯一副，詩作一首，為阮元多采多姿的一生，作一總結：

　　長聯曰：

　　　珠遇紀三朝，入翰苑者再，宴鹿鳴者再，綜其七年相業，九省封圻，
　　　想當日台閣林泉，一代風流推謝傅；
　　　宏才通六藝，覽詞章之宗，萃金石之宗，重以四庫搜遺，百家聚解，
　　　到於馨香俎豆，千秋功德報湖山。〔註103〕

　　詩曰：

〔註102〕魏白蒂：〈《四庫全書》纂修外一章：阮元如何提挈與促進嘉道時代的學術研究，淡江大學中國文學系主編：《兩岸四庫學第一屆中國文獻學學術研討會論文集》（臺北：學生書店，1998 年 9 月），頁 1～54。

〔註103〕同註 27。

台鼎三司貴，林泉一老留。寒潮咽瓜步，鬧市罷揚州。寂寞挲經室，
嵯峨文選樓；遺書滿天下，吟誦到千秋。浙水初開府，潢池正用兵。
英儒集東閣，名將拔西平，武將孫盧彀，文風賈馬精。鴻飛五十載，
無復昔諸生。身世浮雲幻，勳名竹帛題。微禽變淮海，大鳥下關西。
入相才三殿，明農邁一犁。懸車多歲月，心跡古賢齊。草澤羅佳士，
輶軒采國風。文猶未復古，公不久居中。山斗名原在，權衡望已空。
普天寒畯淚，滴與大江東。〔註104〕

第六節　阮元的家居生活

　　作為封建社會的文人、儒生，除了應付日常工作以外，其平時的生活和
嗜好，和其他學人有沒有分別？本節試從阮元的《琅嬛仙館詩》、《揅經室詩
錄》以及《揅經室集》等詩作，探討一下阮元的家居生活和日常嗜好。

　　烹茶讀書，是阮元平居生活的最大嗜好。記載阮元從 1800 年（37 歲）至
1808 年 45 歲）詩作的《琅嬛仙館詩》，有下列的詩句：「煮茶說群經，鄭志互
問答。」（〈辛酉臘月朔入山祁雪即日得雪，出山過詰經精舍訪顧千里，臧在東
用去年得雪詩韻〉，頁 16）「新茶一碗人清暇，不管西山下夕陽」（〈澹寧精舍
即事〉，頁 36）「圖書簿領共簽廚，樹木蒙茸六七株」（〈澹寧精舍初夏〉，頁 37）
「談遍五年書裏事，藏來七子集中詩」（〈題朱為弼西冷話別圖〉，頁 83）〔註105〕

　　載錄阮元 70 歲之前詩作的《揅經室詩錄》，則有下述的詩句：

「我本不能酒，一飯卻杯斝。我不解絲竹，花木亦圖寫。掃徑暑氣
清，門靜設行馬：石壺注甘泉，新茶注苦檟。」（〈西齋〉詩序：「偶
於暇時過此，課花看月，煮茶烹蔬，頗清靜矣！惟不能酒耳！，頁
11～12）

「先生茶隱處，還在竹林中」（〈滇園煮茶〉，頁 50）

「又向山堂自煮茶，木棉花下見桃花」（〈正月二十日學海堂茶隱〉，
頁 68）

「鸚鴿乍鳴茶半熟，醒來方悟挾書眠」（〈小窗〉，頁 75）

〔註104〕邵蕙畦：〈儀徵相國挽詞〉，楊鐘羲：《雪橋詩話》（標點索引本）（瀋陽：遼瀋
　　　　書社，1991 年 6 月），《三集》卷 11，頁 1140 上。
〔註105〕阮元：《琅嬛仙館詩》5 卷，清阮氏手定紅格底稿本，《清代稿本百種彙刊》
　　　　集部 68，（臺北：文海出版社）。

「蠻江新漲綠如酒，此水能無飲一杯」（〈啜茶〉，頁78）〔註106〕

以下再錄列《揅經室集》中，阮元談及煮茶讀書之詩作：

26歲：「地剩三篙水，家餘萬軸書」（家吾山少司寇葵生屬題裝園編修學浩勺湖草堂圖〉，頁752）；

30歲：「讀畫略同抽卷軸，煮茶聊與鬥旗槍」（〈芭蕉〉，頁757）；「著我肩輿安穩過，半看黃葉半看書」（〈兗州道中〉，頁758）；

31歲：「吉金與樂石，齊魯甲天下。積之一室中，證釋手親寫」（〈山左學署八詠〉，頁764）；「煮茗然雙鼎，攤書占一齋。寫碑金石錄，題字水松牌」（〈小滄浪亭〉，頁764）；

33歲：「一片芙蓉三徑竹，兩箱金石半床詩」（《即事》，頁782）；

41歲：「我聞玉川七碗兩腋清風生，又聞昌黎石鼎蚓竅蒼蠅鳴。未若風簷索句萬人渴，湖水煮茶千石經。封院銅魚一十二，開學古人品茶意。古人之茶碾餅煎，今茶點葉但煮泉」（〈試院煮茶用蘇公詩韻〉，頁873）；

48歲：「二百卷排新著書，高齋插架見經郛。讀碑結習成迂論 時著〈南北書派論〉，修史深情向舊儒 時修〈儒林傳〉」（〈辛未初秋移寓阜成門，内上岡新居有小園樹石之趣題壁四首〉，頁908）；「春花雖灼灼，惟靜乃吾廬。何因致凝靜，賴此萬卷書」（〈題書之靜春居圖卷子〉，頁911）；「多少案頭書史在，商量可似古人情」（〈小園雜詩〉，頁913）；

60歲：「酒中有至樂，恨我絕不諳。近歲作茶隱，聊以當沈酣」（〈福兒汲得學士泉煮茗作詩因再題竹林茶隱圖中〉，頁1079）；

64歲：「年年茶隱竟成例，快雷時晴日光熱。竹林春氣透浮筠，洗出檀欒綠尤潔。玉川老婢來煮茶，梅瓣雪泉試同啜。借閒一日得披圖，靜坐幽篁自怡悅」（〈正月廿日雪晴煮茶於竹林中題竹林茶隱卷〉，頁1129）；

66歲：「未能酒飲須茶飲，縱不朝閒可暮閒」（〈暮登東臺〉，頁1164）；

67歲：「老年可得惟加飯，結習難除尚著書」（〈東園夏日〉，頁1176）〔註107〕；

〔註106〕阮元：《揅經室詩錄》5卷，叢書集成初編本。
〔註107〕阮元：《揅經室集》（北京：中華書局，鄧經元點校本），1993年5月。

68 歲：「病餘須是閒看竹，飯後還宜淡煮茶。」(《茶隱日作》)；〔註108〕

80 歲：「茶隱求是酒則非，夕陽又暖桑榆西」(〈道橋別業愛吾草廬
　　　詩〉并序：「癸卯正月二十日，余八十生辰，仍茶隱也，將避
　　　俗來道橋別業……城中壽日以屏幛宴樂為美；惟余四十，五
　　　十，六十歲，皆早以茶隱一日。」)〔註109〕。

由以上的詩句，可以得知：阮元自少至老，烹茶讀書，甚或生日時不設酒筵，
以茶隱避世，是他個人最鍾情的嗜好。

　　摩挲鐘鼎古物，考釋古文字，亦是阮元閒居生活的享受之一。

　　阮元亦曾明言有此嗜好之因由：「予於鐘鼎古器有深好也。與吾同好者，
有平湖朱子右甫。右甫得一器，必摩挲考證之，頗於經史多所創獲。予政事
之暇，藉此羅列以為清娛，且以償案牘之勞。」〔註110〕阮元又說：「鐘鼎彝器，
三代之所寶貴，故分器，贈器，皆以是為先，直與土地並重，且或以為重賂，
其造作之精，文字之古，非後人所能及。……余心好古文奇字，每摩挲一器，
揚釋一銘，俯仰之間，輒心往于數千年前，以為此器之作，此文之鑄，尚在
周公、孔子未生以前，何論秦、漢乎！」〔註111〕

　　阮元〈論鐘鼎文絕句十六首〉中，言及他和朱為弼的嗜好：「先生嗜好與
吾同，日日齋中篆古銅」，〔註112〕意謂二人同樣都是愛好鐘鼎古器。

　　阮元家中的金石器物有：「齋中積古最精摯，一尺檀盤事事全。金石文房
十三器，漢唐北宋二千年。案頭舊揚銅花細，筆下新生墨彩鮮。翡翠珊瑚皆
避席，好同歐趙共清緣」〔註113〕若遇到奇特之古器物，阮元必賦詩記之：「歲
華周綺甲，介壽重舉觴。古觴十三器，羅列別成行。友朋多歡心，一一登予
堂。分器祝眉壽，予亦奉兕觥。」〔註114〕

　　總之，阮元和其朋友的嗜好何其相類，用他的詩句說出來，就是：「談經
兼論詩，金石緣亦結。石墨書樓中，摩挲遍碑碣。」〔註115〕

〔註108〕阮元：《揅經室續集》卷10。
〔註109〕阮元：《揅經室再續集》卷5。
〔註110〕阮元：〈積古齋記〉，同註3，頁649。
〔註111〕阮元：〈積古齋鐘鼎彝器款識序〉，同註3，頁636。
〔註112〕阮元：《揅經室集》，頁865。
〔註113〕阮元：〈詠十三金石文房〉，同註3，頁934。
〔註114〕阮元：〈復與諸友分賦商周十三酒器為堂上壽得周兕觥〉，同註3，頁862。
〔註115〕阮元：〈得復初齋全集邕州舟中讀之即寄野雲山人〉，阮元：《揅經室集》，頁
　　　　1115。

把玩花木盆景，重視居室周圍的自然環境，亦為阮元日常生活的癖好之一。

阮元曾經說過：「園亭池館，古人恆為之，然徵歌行炙之侈，無謂也。矯之者或不窺園，且徹屋伐木，其過不及也，亦相去非遠。予每駐一地，必鋤草蒔花木，以寄消搖之情。」〔註116〕阮元30歲奉旨放山東學政，對其住處四周的環境特別關注，先後寫了〈山左學署八詠〉及〈小滄浪亭詩〉〔註117〕。阮元31歲調浙江學政，37歲奉上諭實授浙江巡撫；在駐守杭州的歲月中，阮元記錄了杭署衙門四周的環境：

《影橋記》：「浙江學使者駐于杭署，在吳山螺峰之下。宅西有園，園有池，池中定香亭與岸相距，由石橋三折乃達，余名之曰『影橋』，蓋眾影所聚也。池中風漪渙然，是有池影；亭倒映于池，是有亭影；亭與橋皆紅闌，是有闌影；岸邊豆蔓，牽牛子離離然，是有籬影，其樹則有女貞、枇杷、桐、榆、穀、其花則有梅、桂、桃、荷、木芙蓉，其草則有竹蘭、女蘿、是皆有影。」〔註118〕

《再到亭碑陰記》：「余於乾隆六十年自山左學政移任浙江，至則使院多頹敗，大堂梁柱久為蟲蝕。嘉慶元年（1796年），余鳩工易而新之。冬，市中火延及鼓樓，門廡，復葺之。二年夏，二堂西聽忽傾，復葺之。題其東小室曰『澹寧精舍』。共費白金將二千兩。宅內多老桂，共十株，補種梅、桂、桃、柳百餘株，遭凍僵者強半。」〔註119〕

阮元48～49歲期間，居北京。《蝶夢園記》云：「辛未、壬申間，余在京師，賃屋于西城阜成門內之上岡，有通溝自北而南，至岡折而東，岡臨溝上，門多古槐，屋後小園不足十畝，而亭館花木之盛，在城中為佳境矣。松、柏、桑、榆、槐、柳、棠、梨、桃、杏、棗、柰、丁香、荼䕷、藤蘿之屬，交柯接蔭，玲峰，石井，嶔崎其間，有一軒、二亭、一臺，花晨月夕，不知門外有緇塵也。余舊藏董思翁自書詩扇有『名園蝶夢，散綺看花』之句，常懸軒壁，雅與園合。辛未秋，有異蝶來園中，識者知為『太常仙蝶』。」〔註120〕阮元53歲授補湖廣總督，至63歲調補雲貴總督，前後督粵十年，粵督撫署

〔註116〕阮元：〈武昌節署東箭亭記〉：同前註，頁630。

〔註117〕阮元：《揅經室集》，頁763～764。

〔註118〕阮元：《揅經室集》，頁614～615。

〔註119〕阮元：《揅經室集》，頁615。

〔註120〕阮元：《揅經室集》，頁629。

有竹樹茂密的東園，督署西堂有大木棉一株，堂則名之爲『定靜堂』。〔註121〕

駐雲南時，督署有滇池宜園，阮元賦詩以紀督署十事〔註122〕，元又云：「雲南督署之東園，亭館花木之盛，爲歷任所未有。」〔註123〕；這個滇南小署另有一西臺，阮元每次登臨，先後寫了〈西臺〉、〈登西臺〉、〈暮登西臺看碧雞山色〉等詩，以記其事。〔註124〕只要讀一讀阮元壽石、壽柏、壽梅的〈宜園三壽詩〉，或者看看這篇詩題：「除夕園庭之花齊見者，梅、桃、杏、山茶、玉蘭、海棠、木瓜、櫻桃、馬纓、春蘭、薔薇、木香、迎春、水仙、長春、報春、蜀葵十餘種」〔註125〕，阮元對大自然的一花一草，或一瓦一石，同樣賦予深情。

疼愛子女，視其他子姪如己出，平時多和他們溝通往還，也是阮元家庭生活中一個重要部分。《揅經室集》中，阮元有不少訓誡子孫或描寫和他們一起的詩作，例如：〈聽福、祐、孔厚諸兒夜讀〉：「秋齋展卷一燈青，兒輩須教得此情。且向今宵探消息，東窗西戶讀書聲。」（頁910）其他的詩作還有〈陳留懷古寄示二弟仲嘉亨子常生〉（頁879）、〈偕仲嘉宿雷塘庵樓〉（頁968）、〈福兒汲得學士泉煮茗作詩因再題竹林茶隱圖中〉（頁1079）、〈福兒隨來端州住閱江樓日呈詩文一卷題其卷首〉（頁1082）、〈題小瑯嬛畫付福兒〉（頁1100）、〈晚飯於福兒書齋登西臺觀稼是日剪得七種園蔬桂花紫薇同開〉（頁153）；

阮元的〈由高州望欽州書示兒輩〉詩：「海角天涯望可哀，古賢多少不能回。七千里外櫬曾返，六十年餘孫竟來。家計百年自清白，國恩五世受栽培。後人有慶先人德，文武科名豈易哉。」〔註126〕亦間接說明了他們這個家族受朝廷的恩寵，確實是由來有自的。

筆者在此引錄阮元兩首詩作，用來概括一下阮元的家居生活：其一〈倚松書屋齋居〉：

> 齋居小屋意從容，臥聽茶聲起看松。窗外露寒雙立鶴，城頭風定二更鐘。掩書類似學僧靜，拙政還當愁我慵。爲憶選樓齋宿處，春花滿院月溶溶。〔註127〕

〔註121〕阮元：《揅經室續集》卷5，頁1079，頁1085。
〔註122〕阮元：〈雲南督署宜園十詠〉，阮元：《揅經室集》，頁1124，1127。
〔註123〕阮元：《揅經室集》，頁1123。
〔註124〕阮元：《揅經室集》，頁1136～1138，頁1162。
〔註125〕阮元：《揅經室集》，頁1146～1147。
〔註126〕阮元：《揅經室集》，頁1092～1093。
〔註127〕阮元：《揅經室集》，頁1149。

此首詩爲阮元 65 歲仍任雲貴總督時的作品，從中可窺見阮元平居生活意態的從容，但依然關心國是。

其二〈戲答家人〉：

> 非但養心兼養目，高年遠宦少看書。家人勸我言如此，我答家人意可如。豈有劉伶聽戒酒，只應輪扁老攻車。此中也有長生法，不用三仙飽蠹魚。〔註128〕

這首詩是阮元 66 歲時的作品，其平居生活的幽默和機智，兼而有之，末句以自嘲的口吻出之，阮元的人生智慧，暗寓在詩句之中。

第七節　阮元的個人形象

一、從清人筆記史料看阮元的個人形象

歷史人物的研究，是不是止於認識其籍貫、家世、出仕、交遊、生平、著述和封號等便足夠呢？

從現存的正史或者一些人物傳記的史料來看，我們所認識的歷史人物，是不是不夠實在和整全呢？無容諱言，正史的記載是有局限的。歷史人物研究，要有新突破，必須擴闊取材的範圍，因爲我們所研究的對象是『人』，是『活生生』的人。所以野史、筆記一類帶有濃烈道聽塗說的資料，更加值得我們注意和留心。

爲了全面地認識歷史人物，除了正史以外，野史、筆記的價值，亦不言而喻。以上的感想，是由讀《清史稿 阮元傳》及與其相關的資料而得來的。

《清史稿》卷 364《阮元傳》，簡明地記載了阮元的字號、籍貫、家世、出仕、著述、學術貢獻等，而以他「身歷乾、嘉文物鼎盛之時，主持風會數十年，海內學者奉爲山斗焉。」一句作結〔註129〕，而於阮元的性格、學風、行事、待人等，都付闕如。茲就筆者蒐集到的野史、筆記材料，按以上所述各門分類敘述，藉此探討阮元的個人形象，一來可給後人以資談助，二來或可補充正史之不足云。

〔註128〕阮元：《揅經室集》，頁 1168。
〔註129〕趙爾巽：《清史稿》卷 364（北京：中華書局，1977 年），頁 11424。

甲、阮元的處事、待人和接物

　　謙虛、廉謹、重仁恕，便是阮元個人的性格，這種個人性格的塑造，相信和阮元自幼受父母、業師、座師和朋友的影響，與及儒家文化的薰陶，有不可分割的關係。30 歲時的阮元，「芸臺先生任山東學政在先，崇尚經學及詩賦，風氣亦為之變。下車出示自云『本院學疏才淺』有大能，謙如此。」〔註130〕75 歲退休後的阮元，「《浪跡叢談》稱阮文達退歸後初署門聯曰『三朝閣老，一代偉人』，下句蓋敬錄天語，非自誇也。然公恐涉於炫耀，改對語為『九省疆臣』，名德如文達；午橋綠野，誰不欽遲，自撰門聯，仍嫌好事。」〔註131〕由上兩條的資料可見阮元的謙虛，自少至老，始終如一。

　　阮元為官清廉，遺產僅蘆洲，《清稗類鈔》記云：「阮文達公以翰林起家，揚歷中外垂二十年，生平廉謹自持，而於嗜古、愛才兩事，罄所入，差自給，家人生產事弗問也。晚歲，甫以三千金置一蘆洲，越三十年，洲忽大漲，歲進萬金。」〔註132〕

　　阮元的仁德和恕心，可由《清代名人軼事》中以下一段故事中見之：「因憶嘉慶甲子科浙江鄉試阮文達公為監臨時，事絕相類。第一場點名時，搜檢官某以士子懷挾之文字，跪白于公，公若為弗見也者。某乃起置文字于案，公取視之，正色曰：『此舊帳簿也，安所用之。』某惶惑退去。公嘗謂僚屬曰：『士之入闈，能帶文字，不能帶福命，國家嚴懷挾之罪，在功令不得不然，吾輩當仰體聖主作人之意，愛養為先，何可任意苛求，罔顧大體乎！』存心仁恕如此，宜乎富貴壽考兼備一身也。」〔註133〕

　　至於阮元平時的言語，可說敏捷過人，由下述的筆記材料可證：

> 阮文達公元對語敏捷，其在翰苑時，一日，仁宗召見便殿，命其自以姓名屬對，文達即應聲而對曰：「伊尹」。〔註134〕
>
> 阮芸臺督粵時，有屬吏欲求劇縣，託某先容。公曰：「官可自擇乎？則吾舍節戉而為陽朔令矣。」某問故，公曰：「陽朔，荔浦，山水奇秀甲於寰區，吾於閱兵時見之，至今猶夢寐不忘也」。〔註135〕

〔註130〕王培荀：《鄉園憶舊錄》（濟南：齊魯書社，1993 年 12 月），頁 149。
〔註131〕梁章鉅：〈相府新舊門聯〉，《浪跡叢談》卷 1（北京：中華書局，1997 年 12月），頁 149。
〔註132〕徐珂：〈清稗類鈔〉廉儉類，（北京：中華書局，1996 年 6 月），頁 3185。
〔註133〕葛虛存：《清代名人軼事》科名類，（書目文獻出版社，1994 年 9 月），頁 234。
〔註134〕徐珂：《清稗類鈔》異稟類，頁 3435。
〔註135〕易宗夔：《新世說》言語，（北京：東方出版中心，1996 年 8 月），頁 319。

乙、阮元的學養和才華

阮元的學問根柢，與其曾出任京官有關。張舜徽云：「昔之任京官而職位不高者，雖甚寒素，事較清閒，可以沉潛讀書。不似外務官政務繁劇，無暇伏案也。故一時人才蔚興，多自京官中出。就清代言之：樸學經師，如戴震、錢大昕、邵晉涵、王念孫、阮元之儔，學問大成，皆由服京官時植其根柢。」〔註136〕

阮元文采風流，才思敏銳，1791年28歲大考時，考獲第一。徐珂《清稗類鈔》記云：「阮文達公以乾隆辛亥大考第一，由編修擢詹事府少詹事。是年大考，題爲《擬張衡天象賦》、《擬劉向封陳湯甘延壽疏》，並陳今日同不同，賦得眼鏡詩。閱卷大臣極賞擬賦博雅，而不識賦中釜字音義，竟置三等，旋檢字典，始置一等二名。奉諭：『第二名阮元比第一名，疏更好，是能作古文者』親改爲一等一名。文達嘗自謂所以得改第一者，實因疏中所陳今日三不同，最合聖意也。」〔註137〕

以下各條，皆可引證阮元有過人的文才，茲條列如次。《清稗類鈔》：

> 南昌百花洲，遠景琵琶亭，近景滕王閣，阮文達公元嘗集白詩、王序爲聯云：「楓葉荻花秋瑟瑟，閒雲潭影日悠悠」。〔註138〕

《兩般秋雨菴隨筆》：

> 劉文清公在相位，太夫人九十誕辰，仁廟賜壽，備極恩榮。阮芸臺宮保撰聯云「夫爲宰相，哲嗣爲宰相，歷六科之賢孫，又將爲宰相，八座聲名驚海內。帝祝期頤，卿士祝期頤，合三省之黎庶，以共祝期頤，九旬福壽慶江南。」〔註139〕

《新世說》：

> 阮芸臺嘗於予告後，往遊平山堂。方丈某僧，勢利之徒也。時方據几書楹帖，阮著布袍葛履，僧以爲村叟也，不甚禮之。漫呼曰。坐具茶，書罷，問其姓，阮以告，僧以爲芸臺之族人也。遽加禮云，請坐，並呼泡茶。坐定問何字，阮以實告，僧惶遽失措。拂炕，請

〔註136〕張舜徽：〈京官清閒可肆力於學問〉，《愛晚廬隨筆》卷16，（長沙：湖南教育出版社，1991年2月），頁410。

〔註137〕徐珂：《清稗類鈔》考試類，阮文達大考第一，頁697。

〔註138〕徐珂：《清稗類鈔》名勝類，名勝聯句，頁148。

〔註139〕梁紹壬：《兩般秋雨菴隨筆》阮王二宮保撰聯，（石家庄：河北教育出版社，1994年3月），頁32。

上坐，亟令泡好茶，待以上賓之禮。旋以所備紙墨，乞阮作書，阮濡毫據案，沈吟曰：「無好聯語」，俄書云：「坐，請坐，請上茶；茶，泡茶，泡好茶」。〔註140〕

《清代名人軼事》：

阮文達爲編修時，遭喪家居。會公宴，與吳祭酒錫麒同坐論詩，祭酒帽墜，阮出對曰：「吳祭酒脱帽談詩，斯文掃地」吳應聲曰：「阮太史居喪觀樂，不孝通天」。〔註141〕

同樣，阮元亦頗具詩才。姚永樸《舊聞隨筆》記云：「儀徵阮文達公元在翰林日，會高宗大考翰詹，詩題爲眼鏡，公有句云：『眸瞭何須此，瞳重豈賴他；縱教千里澈，終覺一層多』上大賞之，親擢第一，授少詹事，受知由此始。」〔註142〕

王培荀《鄉園憶舊錄》云：「阮芸臺先生年二十八督山東學政，詩賦而外，兼重經古，愛才好士，時無其匹，尤喜探奇作詩。」〔註143〕《清朝野史大觀》又載阮元眼鏡詩條：「阮元以文學侍從受知清廷，歷乾、嘉兩朝，任封圻，內升大學士，當時著述，蔚爲一家，當元入史館，適和珅掌院事，元執弟子禮甚恭，和收之門下。未幾大考翰詹，高宗以眼鏡命題，和知上高年不用鏡，先泄信於元，故元詩云『四目何須此，重瞳不用他』，高宗以押他字脱空議論，又暗合己意，置高等開坊。」〔註144〕

丙、阮元的讀書和刻書

阮元讀書有何秘訣？《清稗類鈔》阮文達閱院試夾帶條：「阮文達公爲學政時，搜出生童夾帶，必自加細閱，如係親手所抄，略有條理者，即予入學，如倩人抄錄，概爲陳文者，照例罪斥。」〔註145〕此條得知阮元和曾國藩同樣主張：學問可從分類抄寫中來。阮元另論二通：「阮儀徵太傅，嘗言少年科第，往往目無今人，胸無古人，最是誤事，但既登館閣，勢不能重入家塾，再爲

〔註140〕易宗夔：〈阮芸台不忘荔浦山水〉，《新世說》（上海：東方出版中心，1996年1月），頁61。

〔註141〕葛虛存：《清代名人軼事》（北京：書目文獻出版社，1994年9月），頁256。

〔註142〕姚永樸：《舊聞隨筆》載周駿富：《清代傳記叢刊》學林類25臺北：明文書局，1985年5月）卷2，頁019～385。

〔註143〕王培荀：《鄉園憶舊錄》（濟南：齊魯書社，1993年12月），頁219。

〔註144〕徐珂：〈阮元眼鏡詩〉，《清朝野史大觀》（中）（揚州：江蘇廣陵古籍刻印社，1994年5月），逸事卷6，頁119。

〔註145〕徐珂：《清稗類鈔》，頁613。

枕經墊史之功，計惟留意二通，庶知千百年來理亂之原，政事之跡，可備他日出爲世用。二通者，《資治通鑑》、《文獻通考》也。」〔註146〕阮元學問之博，和家中有豐富的藏書不無關係。阮亨云：「兄積書甚多，幼時叔母林太夫人，嘗繪石室藏書圖，文宣之教，有自來焉。」〔註147〕

　　刻書方面，英和云：「近阮相國刊《皇清經解》著錄百八十餘種，固已卓絕古今矣！」〔註148〕陳康祺云：「江西南昌學所刻十三經注疏四百十六卷，卷末各附校勘記，阮文達公巡撫時捐貲校刻者也。校勘記雖勘於江右，實成於吾浙，蓋公撫浙時，出舊藏版十行本十一經，及儀禮、爾雅單疏本爲主，更羅致他善本，屬詁經精舍高才生分撰成書。」〔註149〕徐珂云：「撰（石渠寶笈）續編時，阮文達公直南齋，親瞻美富，作《石渠隨筆》，述之最詳。」徐氏又云：「阮文達精心金石文字，能以彝觶盨鼎諸器通倉籒之學，其所輯積古齋鐘鼎款識，離奇炫耀，貫串墳典，嗜古者家置一編矣！」〔註150〕輯書方面，法式善云：「淮海英靈集二十二卷，阮元輯揚州一郡之詩也。」又云：「阮芸臺中丞督學兩浙時，有兩浙輶軒錄。」〔註151〕至若《清稗類鈔》中，阮文達重建曝書亭、阮文達建靈隱書藏與及阮文達建焦山書藏各條〔註152〕，尤爲讀書人及藏書家所津津樂道。

丁、阮元的行事和待人

　　待人方面，阮元求才若渴，振拔眞才。《清朝野史大觀》記載：「乾嘉間元和三蔣，伯莘於野，仲徵蔚蔣山，季虁希甫，皆工詩，人各一集，幾乎王謝家風矣。蔣山尤淵博，治經史小學，兼通象緯，著述甚精，詩文才力雄富，無所不有。弱冠游浙江，阮文達公一見傾倒，留之學使署，約爲兄弟之交，公復序其經學齋詩，謂研精覃思，夢見孔鄭賈許時，不失顏謝山水懷抱也。」

〔註146〕葉廷琯：《鷗陂漁話》卷1，阮元論二通，《吹網錄、鷗陂餘話》（瀋陽：遼寧教育出版社，1998年12月），頁75。

〔註147〕阮亨：《瀛舟筆談》，卷6，頁19。

〔註148〕英和：《恩福堂筆記 詩鈔 年譜》（北京古籍出版社，1991年10月），卷下，頁58。

〔註149〕陳康祺：《郎潛紀聞初筆 二筆 三筆》（北京：中華書局，1997年12月），卷9，阮刻十三經校勘記，頁196。

〔註150〕徐珂：《清朝野史大觀》（揚州：江蘇廣陵古籍刻印社，1994年5月），（下）遺聞卷1，清人藝苑卷10，頁27。

〔註151〕法式善：《陶廬雜錄》（北京：中華書局，1997年12月），頁86、89。

〔註152〕徐珂：《清稗類鈔》，頁4260。

〔註153〕又同卷記阮文達識拔譚瑩：「相傳文達節制兩粵，以生辰日避客，屏驅從往來山寺，見舍人題壁詩文，大奇之，詢寺僧，始知南海文童現應縣考者，翌日南海令來謁，公諭之曰：『汝治下有博學童子，我不能告汝姓名，近於奪令長之權，代人關說，汝自捫索可耳！』令歸加意物色，首拔舍人，自此文望。」〔註154〕可見阮元提拔人材背後之目的，的確是為國儲材，而無半點私心。

　　對於教育子女方面，阮元也注意嚴加開導，未敢掉以輕心。《清稗類鈔》阮文達教子條云：「阮文達公元之子賜卿名福，生於粵督署，一時僚屬餽獻悉令卻去。文達占絕句，書小紅木前示之曰：『翡翠珊瑚列滿盤，不教爾手一相拈。男兒立志初生日，乳飽飴甘便要廉』。」對阮福來說，父親的醇醇教誨是不易忘記的；對阮元來說，廉潔無寧說是身為父母官最低的標準。對待朋友方面，阮元經常伸出同情之手，贏取到當時士人的讚譽。《清稗類鈔》載阮文達宴宋鮑二老條：「宋葆淳，字芝山，安邑人。乾隆時，嘗官解州學正，與歙縣鮑廷博淥飲皆瞻聞耆宿。阮文達公元開府浙江時，嘗置酒西湖冷泉亭，專讌二老，道古竟日。二老席帽單衣，風貌閒遠。」〔註155〕又同卷載阮文達宴客於文選樓條：「梁茝林中丞章鉅為文達之弟子，嘗至揚，謁文達，文達召之飲，席設文選樓。所藏鐘鼎古器，悉庋於此，因得縱觀。時無雜賓，而錢梅溪適至，因相將入座。文達甚喜，曰『似此三老一堂，而所摩挲者皆三代法物，人間此會，能有幾回，不可無以記之也。』時梅溪年八十四，文達年七十九，茝林年最少，而居首座。乃踰日而朱蘭坡至，又數日而王子卿亦至。子卿亦八十四歲，蘭坡七十五歲。文達方欲團為五老會，而英船警報日迫，文達乃移居萬柳堂，梅溪、蘭坡均返蘇，茝林亦挈眷渡江南返矣。」〔註156〕又阮文達刊胡稚威文條云：「阮文達公嘗督浙江學，按部紹興，道經胡稚威之居，怦然心動，詢其老嫠，則稚威妻也，因搜其遺文刊之。」〔註157〕

　　行事方面，阮元從政的逸事也頗堪稱道，以下略舉一、二例說明之。《清朝野史大觀》載阮文達公拯嬰法：

　　　金華貧家多溺女，阮文達公撫浙時，捐清俸若干，貧戶生女者，許

〔註153〕徐珂：《清朝野史大觀》（下），清人藝苑卷10，阮文達愛才，頁27。
〔註154〕同上註。
〔註155〕徐珂：《清稗類鈔》飲食類，頁6289。
〔註156〕徐珂：《清稗類鈔》飲食類，頁6291。
〔註157〕徐珂：《清稗類鈔》義俠類，頁2694。

攜報郡學，學官註冊，給喜銀一兩，以爲乳哺之資，仍令一月後按籍稽查，違者懲治。蓋一月後顧養情深，不忍殺矣。此拯嬰第一法。

〔註158〕

遠在三百多年前，阮元的腦海中已有男女平等的觀念，實屬難能可貴，更難得的是，他利用人的親子之情來打救女嬰，就更加無懈可擊了。

《清稗類鈔》阮文達受門生土宜條：

嘉慶甲戌，阮文達公元總督漕運，駐節淮安。蕭山王某詣轅叩謁，以浙中土宜西湖藕粉、燒酒楊梅、區柑筍脯爲贄。入門，巡捕迎謂曰：「漕帥到任以來，從不收受官民一絲一粟，此恐當見卻也。」又私告曰：「如漕帥卻還，能分惠少許乎？」王曰：「某車中斷難攜帶，當盡以奉贈耳。」既而呼令入見，並命將禮物全納，巡捕大駭。坐定，文達笑謂巡捕曰：「此蕭山王某，余翼而長之，二十年矣彼以師生之禮來，故可受之而無愧也。」又曰：「是皆浙中佳品，吾不嘗其味者已有年矣。今日見之，未免露老饕故態也」乃命啓筐，出區柑十枚與巡捕曰：「爾亦試嘗此味，其餘諸物，我當寄歸揚州，不能割愛矣。」〔註159〕

阮元爲師既不迂腐，爲官亦有極濃厚之人情味，由此可想見。

二、從四首生日詩看阮元的內心世界

阮元（1764～1849）《揅經室集》有四首生日詩，最早的一首，寫於他四十歲生日時，最後的一首，是他六十六歲時的作品。四首詩都屬於阮元在中晚年自忖、自題之作，從中可以幫助我們理解詩人在當時的心境和他的內心世界。《揅經室集》的詩歌，多寫景、記事和狀物，抒情的作品不多，而這四首生日詩，正正是詩人內心的表白。

細讀四首生日詩，對這位清代中葉德高望重、主持風會五十年的學者，或會有多一番的認識。茲把阮元四首生日詩，順序錄出，分析如下。

1、〈癸亥正月二十日四十生日，避客往海塘，用白香山四十歲白髮詩韻〉：

春風四十度，與我年相期。駐心一迴想，意緒紛如絲。慈母久懷養，長懷雛燕悲。嚴君七旬健，以年喜可知。人生四十歲，前後關壯衰。

〔註158〕徐珂：《清朝野史大觀》，（中）清人逸事卷6，頁119。
〔註159〕徐珂：《清稗類鈔》師友類，頁3588。

我髮雖未白，寢食非往時。生日同白公，恐比白公贏。百事役我心，
所勞非四肢。學荒政亦拙，時時懼支離。宦較白公早，樂天較公遲。
我復不能禪，塵俗日追隨。何以卻老病，與公商所治。

阮元生於清高宗乾隆二十九年甲申年（1764 年）正月二十日子時，他的出生
地是揚州舊城府西門白氏巷，即今所建之海岱庵。〔註160〕嚴父和慈母，為青
少年時期的阮元，立下一個很好的榜樣。阮元的父親阮承信（1734～1805），
字得中，號湘圃，雖為一介武夫，卻喜讀《左氏春秋》《資治通鑑》等史籍。
〔註161〕阮元的母親林氏，是福建莆田的望族，亦能「通書史，明古今大義，
間為韻語」〔註162〕阮元一生可謂「任道多，積德厚、履位高、成名眾」〔註163〕，
而這些成就的奠基者，便非阮元的母親莫屬了。阮元天生口吃，兒時讀書期
期不能上口，從師塾回家後，因而悲憤落淚。幸好他的母親很有耐性，置低
几於簀前，教阮元讀《孟子》，逐句逐句教，而阮元也逐句逐句讀。阮元把握
讀書之法後，終能背誦如流，而成為清代中葉一位淹貫群經、學問淵博的學
者。對於慈母的啟迪，阮元內心的感激，也就情見乎辭了：「慈親昔愛我，一
日欲百顧。欲及我之冠，欲畢我之娶。教我讀古書，教我練世務」。〔註164〕

此首詩亦云：「慈母久違養，長懷雛燕悲」，阮元八、九歲已能作詩，母
親在他兒時又手寫白居易燕詩等篇教他，並教他四聲屬對之法。〔註165〕阮元
學問之通博，除了師友之砥礪，父母兒時用心良苦之教育，亦是一個成就的
關鍵。

阮元的青少年時代，有哪些良師益友呢？阮元 9 歲從喬書酉先生學，17
歲受業於李道南先生；11 歲學文、15 歲始應童子試、19 歲與凌廷堪（1755～
1809）為友、23 歲抵京師，見邵晉涵（1743～1796）、王念孫（1744～1832）、
任大椿（1738～1789）三先生。阮元為官，開始於 21 歲時，謝墉督學江蘇，
歲試揚州而與其族姊夫焦循（1763～1820）同被賞拔。終其一生，可以說得
上仕途得意，一帆風順。試看一看他四十歲前的經歷：

〔註160〕張鑑：《阮元年譜》（北京：中華書局，1995 年 11 月），頁 2。

〔註161〕阮元：〈誥封光祿大夫戶部左侍郎顯考湘圃府君顯妣一品夫人林夫人行狀〉載
　　　　《揅經室集》（北京：中華書局，1993 年 5 月），頁 364。

〔註162〕同註33，頁 374。

〔註163〕龔自珍：〈阮尚書年譜第一序〉，《龔定庵全集類編》（上海：中國書店，1994
　　　　年 12 月），頁 29。

〔註164〕阮元：〈展母墓〉，同註33，頁 776。

〔註165〕同註33。

1789（26歲）：會試中式第28名成進士，選庶常，散館第一，授編修。

1791（28歲）：大考，高宗置一等第一名，補少詹事，命在南書房行走；掌詹
事；起居注日講官、文淵閣直閣事、南書房翰林、國史館纂修。

1793（30歲）：督山東學政。

1794（31歲）：調浙江學政，擢內閣學士。

1795（32歲）：升內閣學士兼禮部侍郎。

1798（35歲）：升兵部右侍郎，轉禮部右侍郎。

1799（36歲）：南書房行走、補經筵講官，調補戶部左侍郎，兼署禮部兵部侍
郎，總裁會試。

1800（37歲）：實受浙江巡撫。

　　儘管仕途得意，阮元亦已步入中年，而有「人生四十歲，前後關壯衰。
我髮雖未白，寢食非往時」的慨歎。四十歲的阮芸臺，已自言「何以卻老病」，
「百事役我心，所勞非四肢」，人生觀如此消極，和他官場的得意，似乎南轅
北轍，說不過去。翻一翻《揅經室四集詩卷六》阮元四十歲的詩作，我們從
中或者會得到多少啓示。其一，阮元有詠《桃花源記》故事詩三首，對漁人
因逃避亂世，誤入桃花源的事蹟，我們從中可意會：阮元心中所嚮往的，究
其實，是隱居的生活。〔註166〕

　　其二，對朝廷的恩寵，阮元的內心是愉悅的，但另一方面亦戰戰兢兢，
恐怕辜負了朝廷對一己的厚愛。也就是阮元所說的：「力薄因恩重，心慚爲寵
褒。儒生乏經濟，臣豈有微勞？」〔註167〕

　　阮元出任浙江學政、巡撫，前後十三年之久（31歲至43歲），政績有目
共睹，他的門生張鑑亦謂：「吾師年甫強壯，已揚歷中外，雖立朝行政，來者
方滋，而教學、救荒、靖寇數大事，昭然在浙。」〔註168〕由此可推想，「學荒

〔註166〕阮元：《揅經室集》〈馬秋藥光祿用曹唐遊仙七律體擬爲古人贈答詩一卷屬於
　　　　歸途玩之傲擬三首〉，〈武林漁人誤入桃花源贈隱者〉：「桃花流水趁谿魚，誤
　　　　入秦源見隱居。與我談如新讀史，諒君藏有未焚書。津邊沮溺非依楚，海外
　　　　神仙不遇徐。若問相逢是何客？太元年代武陵漁。」〈桃花源隱者贈別漁人〉：
　　　　「桃源深處爲逃秦，問答何緣得主賓。嬴氏帝應三十世，桃花紅近一千春。
　　　　滄桑我尚悲黔首，雞黍君休告外人。洞口春風最惆悵，再來爭得不迷津。」
　　　　〈漁人重尋桃花源不得〉：「萬壑千巖路已差，更於何處覓田家。白雲采采藏
　　　　流水，紅雨紛紛漲落花。一宿山村疑夢幻，扁舟天地感年華。永初以後誰相
　　　　似？處士門前五柳斜。」頁855～856。

〔註167〕阮元：〈立春日恩賜福字來浙恭紀〉，《揅經室集》，頁861。

〔註168〕同註32。

政亦拙」，其實是阮芸臺自謙之辭，雖然他已位高權重，但生活瑣事，凡塵俗累，也很難避免，故有「我復不能禪，塵俗日追隨」的心境。

2、〈隱山三章章四句〉（余生辰在正月廿日。近十餘年所駐之地，每於是日謝客，獨往山寺。嘉慶廿四年，余歲五十有六，駐於桂林，是日，策數騎避客於城西唐李渤所闢之隱山，登建周回，串行六洞，煮泉讀碑，竟日始返，竊以為此一日之隱也）：

> 隱山之峰，邁軸可容，一日之隱，客不能從。
>
> 隱山之北，覆岩幽澤，一日之隱，栖此泉石。
>
> 隱山之中，雲岫四通，一日之隱，我辰所同。

這首詩寫於 1819 年，阮元時年 56 歲。正如他在序文所言，最近十餘年的生日，都是謝絕客人，效模古人，做一日隱士。阮元的仕途，除了 1809 年（46歲）秋天因浙江學政劉鳳誥科場舞弊案，牽連革職，降調編修外，近十餘年的官運，還是一帆風順的。《阮元年譜》記載如下：

1810（47 歲）：遷侍講，兼國史館總裁；

1812（49 歲）：8 月，補授漕運總督，專使馳至揚州，遷工部侍郎；

1814（51 歲）：補授江西巡撫，加太子少保，賞戴孔雀翎；

1816（53 歲）：11 月，遷湖廣總督；

1817（54 歲）：調補兩廣總督。

阮元生日，謝絕平日一切的應酬活動，獨來獨往，登山臨水，煮泉讀碑，其心境之寂寞，是可以想象得到的。

3、〈道光癸未正月廿日，余六十歲生辰時，督兩廣兼攝巡撫，印撫署；東園竹樹茂密，虛無人蹟，避客竹中，煮茶竟日，即昔在廣西作一日隱詩意也，畫竹林茶隱圖小照自題一律〉：

> 萬竿修竹一茶爐，試寫深林小隱圖。
>
> 豈得常閒如圖老，偶然兼住亦廬吾。
>
> 傳神入畫青垂眼，攬鏡開奩白滿鬚。
>
> 二十餘年持使節，誰知披卷是迂儒。

此首詩作於 1823 年，時阮元 60 歲。阮元 54 歲調補兩廣總督，58 歲兼署粵海關監督；60 歲督兩廣兼攝巡撫。和前首詩一樣，一到生日，阮元便避客竹中，煮茶竟日有暫作隱士的意向。遍讀《揅經室集》的詩篇，阮元作為一個封建社會文人雅士的形象是鮮明的。阮元嗜好金石書畫、詩歌音律；彈琴、飲酒、

品茗，他亦無一不歡；加上他有帶眼鏡的生活習慣，故於此詩自稱：「二十餘年持使節，誰知披卷是迂儒」。其二云「煮茶讀碑」，此詩又云「煮茶竟日」，阮芸臺嗜飲哪一種茶呢？《揅經室集》自有答案：「晚階仍煮六安茗，早飯特翦東園菘。」〔註169〕「封院銅魚一十二，閒學古人品茶意。古人之茶碾餅煎，今茶點葉但煮泉。坡公蒙頂一團自誇蜀，不聞龍井一旗綠如玉。得茶解喝勝解飢，我與詩士同揚眉。〔註170〕原來阮公嗜飲龍井茶和六安茶。

4、〈秋祭東園齋居詩四十韻〉（余正月廿日生辰，與白樂天同日。余四十歲時曾和白香山四十白髮詩韻。今匆匆廿六年矣。香山有『六十六歲詩』，又是年落二齒，有『落齒辭』，似老年一關鍵也。清夜窮鐙，作詩自忖）：

> 我昔年四十，曾和白傅詩。白年六十六，有詩言其衰。七十欠四歲，我亦如其時。
>
> 我昔知命年，目力先差池。今復十餘載，晶鏡屢改移。髮白雖少半，大半白其髭。
>
> 今年耳所聽，亦覺收聲遲。我嫌入語低，聵聵將在茲。白公於是歲，二齒落有辭。
>
> 我幸卅餘齒，全在無所墮。居粵八九載，濕氣注四肢。詩云微且腫，腳氣殊難醫。
>
> 入滇氣涼爽，左足去其疵。右足尚有病，夏來加藥治。近亦可半愈，兼以息身疲。
>
> 園中有山臺，藜杖閒可搘。廄中有紫騮，遊山偶一騎。仲秋多祭祀，齋宿今其期。
>
> 東園好亭館，雜樹交秋枝。鐘鳴鶴聲靜，清夜因自思。我無白公才，我比白公贏。
>
> 今亦六十六，官重非分司。年齒與祿位，不圖至於期。老妻攜季子，歸守墓與祠。
>
> 服官有二子，效力居京師。滇南宦最遠，今惟仲子隨。仲子文筆拙，經義微能窺。
>
> 疏經成十卷，閱之頗解頤。貲郎任子間，所執或不卑。聚者固相慰，遠者歎相離。

〔註169〕阮元：〈倚松書屋春祭齋居〉，同註33，頁1130。

〔註170〕阮元：〈試院煎茶用蘇公詩韻〉，同註33，頁873。

健亦勿侈樂，衰亦毋心悲。君門隔萬里，昔人常嗟咨。我君令臣喜，喜氣盈鬚眉，

春明門外路，豈是天之涯。惟念老態具，精力將難支。安可龍鐘叟，頹然籌邊陲。

然不籌邊陲，偷安又何爲？爲此齋居夕，自省復自疑。尚其式古訓，亦且力咸儀。大事在於祀，惟福養以之。

阮元的生日詩，每一首都有序文，以交待寫詩的緣由；這一首『秋祭東園齋居詩四十韻』，也不例外。1829 年，阮元時年六十六，作爲清廷的封疆大吏（雲貴總督），他是勤勤懇懇的；《年譜》卷六此年記載了阮元不時到雲南、貴州閱兵、看鎮兵等。單單在 1829 年的正月，阮元在北京二十八日，清宣宗（道光皇帝）便召見了他十次。〔註171〕也難怪芸臺有「家計百年自清白，國恩五世受栽培」的訓子之言了。〔註172〕六十六歲的阮元，健康情況雖稍差，但老驥伏櫪，爲朝廷出力的志向還是很鮮明的。

九年後（1838 年），阮元七十五歲，才以足有疾退休回籍，加太子太保；二十年後（1849 年）阮元才歸道山，諡文達，入祀鄉賢祠、浙江名賢祠。此詩先坦言自己的健康情況，居滇、粵天氣對自己的影響，和白居易的對比，一是體力上的，一是才思上的；再敘述妻子、二子的去向；最後自我安慰，說出不在邊疆效力朝廷，苟且偷安又有何用？自省又自疑、貴能養之以福，便是阮元的心境。

打從五十歲開始，阮元視力先差，〔註173〕，到現在頭髮斑白、耳聾、幸好牙齒還是齊全。由於長居廣東八九年之久，四肢沾了濕氣，左右足腳氣病難醫；阮元在另一首詩也承認自己：「四年病腳氣，兩足殊支離」〔註174〕。

阮元有四個兒子：阮常生，養子（以族孫常生爲元子），字壽昌，號小芸，著有《後漢洛陽宮室圖考》及《小雲吟館詩鈔》；阮福，監生，官湖北宜昌府知府；阮元仲子，由側室謝氏生，著有《孝經義疏補》；阮祜，道光二十三年順天舉人，官四川潼州府知府；由阮元妾劉氏生；阮孔厚，一品蔭生，由繼娶孔氏生。（初名禕，後改名孔厚）〔註175〕阮元淡泊名利，而祿位自來，「年

〔註171〕同註32，頁163。
〔註172〕阮元：〈由高州望欽州書示兒輩〉，同註33，頁1092。
〔註173〕阮元：〈初用眼鏡臨清舟中作〉，同註33，頁921。
〔註174〕阮元：〈別醫者范素菴濬〉同註33，頁1118。
〔註175〕〈同治 續纂揚州府志〉卷9，同註32，頁255～256。

齒與祿位，不圖至於期」，儘管自己的身體不太好，「健亦勿侈樂，衰亦毋心悲」，由此看來，阮元的內心，仍是積極和樂觀的。

第八節　阮元著述知見錄

茲就筆者所見、所知的阮元著述各種版本，排列成下表，以供讀者參考：

書　名	卷　數	版　本	經　眼
1、《論語論仁論》	1 卷	1、嘉慶間精刻本　　（1796～1820）	
		2、《揅經室一集》卷 8	∨
2、《孟子論仁論》	1 卷	1、嘉慶間精刻本　　（1796～1820）	
		2、《揅經室一集》卷 9	∨
3、《詩書古訓》	8 卷	1、道光二十一年刊本　　（1841）	
		2、咸豐三年《粵雅堂叢書》本第 11 集臺・華文　　（1853）	∨
		3、《皇清經解續編》本、第 6 冊臺北藝文　　（1888）	
		4、《叢書集成初編》本 261～2 冊　（1939）	
		5、臺北新文豐叢書集選本　（1984）	
		6、續修四庫全書本　　（1995）	∨
4、《曾子十篇注釋》（4 卷，敘錄 1 卷）	5 卷	1、嘉慶三年揚州揅經室刊本　（1798）	∨
		2、廣州學海堂本　　（1860）	
		3、曾子四種本（注釋 1 卷）	
		4、《叢書集成初編》本　第 510 冊　（1939）	
		5、長沙・商務　　（1941）	
		6、《皇清經解》卷 803～6 臺・復興（無敘錄）　　（1956）	∨
		7、《叢書集成簡編》本　（1965）	
		8、《文選樓叢書》本藝文　（1967）	∨
		9、臺・商務・人人文庫　（1971）	
		10、《諸子集成補編》本　（1997）	
5、《考工記車制圖解》	2 卷	1、《揅經室一集》卷 6～7	∨

		2、乾隆七閣書館本 （1793）	
		3、廣州學海堂本 （1860）	
		4、《皇清經解》本 卷 1055～1056 （1956）	
		5、《續修四庫全書》版，上海古籍 （1995）	✓
6、《儀禮石經校勘記》	4 卷	1、《粵雅堂叢書》本，第 18 集 （1853）	✓
		2、《文選樓叢書》本，藝文（1967）	✓
		3、《石經匯函》本	
7、《十三經注疏校勘記》	243 卷	1、揚州文選樓本 （1808）	
		2、南昌府學刊本 （1815）	
		3、光緒脈望仙館石印本 （1887）	
		4、《皇清經解》本 （1956）	
		5、臺北藝文印書館 （1955）（1960）（1976）	
		6、北京中華 2 冊 （1980.10）（據阮元校刻本影印）	✓
		7、臺灣中華四部備要本 （1981）	
		8、浙江古籍出版社本 （1998）	
		9、續修四庫全書本 經部 180 （1995）	✓
8、《積古齋鐘鼎彝器款識》	10 卷	1、嘉慶九年揚州阮氏序刊本 阮元編錄，鮑廷爵校 （1804）	
		2、上海中華圖書館 （1879）	
		3、光緒五年武昌刊本 湖北崇文書局翻刻本 （1879）	
		4、常熟 抱芳閣光緒壬午線裝本 （1882）	
		5、常熟鴻文書局石印本	
		6、上海掃葉山房 （1924）	
		7、上海大一統書局 （1927）	
		8、長沙・商務叢書集成初編本 （1937）	

		9、《皇清經解》第 261 冊 （1956）	
		10、《文選樓叢書》本，藝文 （1967）	v
		11、後知不足齋叢書本	
		12、雲南館目刊本	
《積古齋鐘鼎彝器款識》節本	2 卷	13、太倉館目坊刻本	
		清經解本	
9、《漢延熹西嶽華山碑考》	4 卷	1、泰華雙碑之館　　　　　　（1813）	
		2、《叢書集成初編》本 1616 冊　上海商務　　　　　　　　　（1936）	
		3、《文選樓叢書》本　　　　（1967）	v
10、《四庫未收書目提要》即《揅經室外集》	5 卷	1、《揅經室外集》同治 7 年原刻本　廣東書局　　　　　　　　（1868）	
		2、雙流黃氏重刊本　　　　　（1931）	
		3、上海商務國基叢書本　　　（1935）	
《揅經室經進書錄》		4、《揅經室經進書錄》上海商務　傅以禮重編　　　（1955.6 版）	v
《宛委別藏》	1722 卷160 種	5、臺北世界書局　　　　　　（1961）	
		6、臺北大聖書局　　　　　　（1965）	
		7、《文選樓叢書》本　　　　（1967）	
		8、《欽定四庫全書總目提要》　（臺北）第 5 卷　　　　　（1971）	
		9、臺灣商務印書館 79 頁本　　　　　　　　　　　　　　（1971）	
		10、臺北新文豐叢書集選本（1984）	
《選印宛委別藏》	430 卷40 種	民國 24 年上海商務印書館影印本　　　　　　　　　　　　　（1935）	
11、《廣陵詩事》	10 卷	1、杭州浙江御署 （1801）（1890）	
		2、京師揚州老館版存　　　　（1920）	
		3、《叢書集成初編》本　1605～1607 冊　　　　　　　　（1936）	
		4、《文選樓叢書》本，藝文（1967）	v
		5、臺北廣文版　　　　　　　（1971）	
		6、《古今詩話叢編》第 12 冊　臺灣商務　　　　　　　　（1971）	

12、《疇人傳》	52 卷	1、上海商務《續疇人傳》（三編）合編本　　　　　　　　（1955）	
	46 卷	2、《皇清經解》本　第 262～3 冊　羅士琳合編　　　　　（1956）	
		3、臺《叢書集成》2 卷本　（1962）	
		4、《文選樓叢書》本，藝文（1967）	✓
		5、臺灣商務國學基本叢書本　　　　　　　　　　　（1968）	
		6、《疇人傳彙編》本，楊家駱主編　臺灣世界書局　　　　（1982）	✓ ✓
		7、續修四庫全書本　史部　516　　　　　　　　　　（1995）	✓
13、《石渠隨筆》	8 卷	1、《粵雅堂叢書》第 15 集（1853）	✓
		2、《文選樓叢書》本，藝文（1967）	✓
		3、臺北廣文　　　　　　　（1970）	
		4、《筆記小說大觀》第 22 輯	
		5、揚州珠湖草堂校刊本	
14、《小滄浪筆談》	4 卷	1、嘉慶 7 年浙江節院刊版（1802）	
		2、光緒 26 年江蘇書局重雕刊本　　　　　　　　　　（1900）	
		3、《叢書集成初編》2599～2600 冊　上海商務　　　　　（1936）	
		4、《叢書集成簡編》681 冊　　　　　　　　　　　（1966）	
		5、《文選樓叢書》本，藝文（1967）	✓
15、《定香亭筆談》	4 卷	1、揚州嘉慶五年阮氏琅嬛仙館藏板　　　　　　　　　　（1800）（香港大學馮平山圖書館北山堂本 2 冊）	✓
		2、浙江書局　　　　　　　（1899）	
		3、《叢書集成初編》本　臺灣商務　　　　　　　　　（1936）	
		4、《文選樓叢書》本，藝文（1967）	✓
		5、北京中華書局　　　　　（1985）	
16、《揅經室集》一集 14 卷	40 卷	1、乾隆三十八年刊本　　（1773）	邵懿辰非

二集　8卷		2、《文選樓叢書》刻本（道光間 　　　　　　1821～1850）	˅
三集　5卷		3、《皇清經解》廣州學海堂重刊本 　　道光九年　　　　　　（1829）	
四集　2卷		4、《四部叢刊》第 1857～76 冊 　　一至四集　40 卷 　　　　續集　　9 卷 　　　　外集　　5 卷	
詩　11卷		集部，上海涵芬樓影印原刊初印本 　　　　　　　　　　　（1965）	
		5、國學基本叢書本　上海商務 　　　　　　　　　　　（1937.5）	
		6、《叢書集成初編》本　臺‧商務 　　一至四集　40 卷 　　續集　　　11 卷 　　3 卷本　　　　　　　（1964）	
		7、《中國學術名著文學名著 6 集 　　28 冊》楊家駱編　臺‧世界 　　3 卷本　　　　　　　（1964）	
		8、《叢書集成簡編》第 585～592 冊 　　　　　　　　　　　（1966）	
		9、《文選樓叢書》藝文影印本 　　　　　　　　　　　（1967）	
		10、北京中華（上下冊）點校本 　　　　　　　　　　　（1993.5）	˅
17、《揅經室續集》 　　　11 卷 　　再續集　6 卷	18 卷	1、廣州學海堂重刊本　　（1829） 2、國學基本叢書本　上海商務 　　　　　　　　　　　（1935.12） 3、《叢書集成初編》本　　（1964） 4、《文選樓叢書》本，藝文（1967） 5、道光間阮氏文選樓刊本 　　　　　　　　　　　（1821～1850）	
18、《揅經室外集》	5 卷	6、同治年間據文選樓重刻本 　　　　　　　　　　　（1862～1874）	
		7、北京中華（上下冊）（1993.5）	˅
19、《經籍纂詁》並補遺 （主編）	106 卷	1、嘉慶十七年琅嬛仙館刊本 　　　　　　　　　　　（1812）	

		2、淮南書局補刻本　　　　（1880）	
		3、雲南館目光緒間刊本	
		4、無錫館目刊本	
		5、上海鴻寶齋本　　　　　（1888）	
		6、上海六山莊石印本	
		7、世界書局影印瑯環仙館本 　　　　　　　　　　　（1936）	
		8、世界文庫四部刊要 　臺・世界縮印本　　　　（1956.5）	
		9、《樸學叢書第 1 集第 5 冊》 　楊家駱編　臺・世界書局 　　　　　　（1964.2，1967.5）	
		10、泰順影本　　　　　　（1971.2）	
		11、臺北・明倫出版社　　（1972）	
		12、北京中華　　　　　　（1982.4）	✓
		13、成都古籍　　　　　　（1982）	
		14、宏業書局　　臺北　　（1986）	
		15、上海古籍　　　　　（1989.10）	✓
		16、上海古籍　　　　　　（1995）	
		17、北京中華　　　　　　（1996.5）	
20、《淮海英靈集》（輯錄）	22 卷	1、《叢書集成初編》本　　（1936） 　第 1797～1804 冊	
		2、《叢書集成簡編》本　　（1966） 　第 536～541 冊	
		3《文選樓叢書》本，藝文（1967）	✓
21、《山左金石志》（輯錄） 　（與畢沅同撰）	24 卷	1、嘉慶二年自刻本　　　　（1797） 　（儀徵阮氏小琅嬛仙館刻本）	
		2、藝文・臺北　　　　　　（1967） 　（石刻史料叢書甲編之 17）	✓
22、《兩浙金石志》（輯錄）	18 卷	1、道光四年李澧刻本　　　（1824）	
		2、浙江書局重刻本　　　　（1890） 　（光緒十六年）	
		3、藝文・臺北　　　　　　（1967）	
		4、廣陵古籍　　　　　　　（1992）	
23、《十三經注疏》（編刻）	416 卷	1、嘉慶二十年南昌府學刊本 　　　　　　　　　　　（1815）	

		2、同治十年廣東書局刊本（1871）	
		3、同治十二年江西書局刊本 （1873）	
		4、上海脈望仙館　　　　（1887） 點石齋遵阮本重校石印本	
		5、光緒十八年湖南寶慶務本書局 刊本　　　　　　　（1892）	
		6、上海掃葉山房　　　　（1924）	
		7、上海世界書局縮印阮本（1935）	
		8、北京中華書局影印本　（1957） （1980）	
《重刊宋本十三經注疏》		9、四川、湖南翻刻本	
		10、世界書局縮印石印本	
		11、浙江古籍出版社版 （附校勘記及識語）　（1998）	✓
24、《皇清經解》（編刻） （即《學海堂經解》 《清經解》）	1400卷 173種	1、廣州學海堂本線裝345冊 （1860）	✓
		2、咸豐庚申補刊本360冊（1861）	
		3、咸豐庚午續刊本362冊（1870）	
		4、光緒9年廣州學海堂本（1883）	
		5、點石齋本，申昌書畫室（1885）	
		6、上海書局石印本　　　（1887）	
		7、船山書局石印本　　　（1890）	
		8、鴻寶齋石印本　　　　（1891）	
		9、線裝（嚴杰編）　　　（1891）	
		10、上海古香閣石印本　（1892）	
		11、袖海山房本《皇清經解 分經彙纂》　　　　　（1893）	
		12、《皇清經解正續合編本》 上海圖書館藏（44部）（1893）	
		13、鴻寶齋本《皇清經解分經彙纂》 （1895）	
		14、臺北復興影印廣東學海堂刊 咸豐十一年補刊本　（1961）	✓
		15、臺・藝文印書館　　（1961）	

25、《詁經精舍文集》 （編輯、手訂）	14 卷	1、阮氏琅嬛仙館刻本　　　（1801） 2、《叢書集成初編》本　　（1936） 　　第 1834～38 冊　臺・商務 3、《叢書集成簡編》本 　　第 550～552 冊　　　　（1966） 4、《文選樓叢書》本　　　（1967） 5、《中國歷代書院志》本 　　江蘇教育　　　　　　　（1995）	 v v
26、《學海堂集》（編選）	16 卷	1、道光五年刻（啓秀山房刻本） 　　　　　　　　　　　　（1825） 2、《中國歷代書院志》本 　　江蘇教育　　　　　　　（1995）	 v
27、《十三經注疏 　　釋文校勘記》	25 卷	1、（阮元撰，臧庸述） 2、《清史稿・藝文志》25 卷	
《爾雅注疏校勘記》	6 卷	1、文選樓自刊本 2、十三經注疏附刻本 3、清經解本	
《孟子音義校勘記》	1 卷	《清史稿・藝文志》	
28、《天一閣書目》	4 卷	范欽藏書，阮元刊　　　　（1808） 文選樓本	v
29、《竹垞小志》	5 卷	1、靜園叢書（3）排印本 4 冊（1918） 2、朱彝尊著，阮元手訂，楊蟠編錄 　　臺・廣文　　　　　　　（1971） 3、臺・廣文（筆記四編）　（1971） 4、臺・新文豐　　　　　　（1989）	
30、《八甎吟館刻燭集》	3 卷	1、《文選樓叢書》本，藝文（1967） 2、《清史稿.藝文志》2 卷，阮元編 3、《叢書集成初編》本　　（1991） 　　北京中華書局	v v
31、《楚中文筆》 　　（附錄 1 卷）	2 卷	清同治四年重刊本 阮元著，阮福錄	
32、《銅鼓考》	1 卷		
33、《琅嬛仙館詩》	5 卷	1、阮氏手訂紅格底稿本（楷書）	
		2、《清代稿本百種彙刊》集部 68 　　臺北文海出版社　　　　（1974）	v

34、《浙士解經錄》	5卷	參《清史稿・藝文志》	
《浙士解經餘》	5卷	參《清史稿・藝文志》阮元撰	
35、《車制圖考》	1卷	參《清史稿・藝文志》	
《車制圖解》	1卷	叢書集成續編本 （1994）	∨
36、《石畫記》	5卷	1、道光15年線裝本 （1835）	
（《琅嬛仙館石畫記》）		2、《學海堂叢刻第一函》廣州 富文齋，光緒三年刊本（1877） 又名《啓秀山房叢書》	∨
37、《兩浙輶軒錄》（編纂） 補遺10卷	40卷	1、杭州浙江書局光緒版 （1890） 《輶軒錄》《補遺》：阮元訂 《續錄》54卷 《續錄補遺》6卷：潘衍桐訂	∨
		2、廣陵古籍出版社 （1992）	
38、《儒林集傳錄存》 即《國朝儒林傳》	1卷	1、《清代傳記叢刊》本 臺・明文版 （1985.5）	∨
		2、《古學匯刊》本	
39、《浙江通志》（修纂）			
《浙江圖考》	3卷	參《清史稿・藝文志》	
40、《廣東通志》（修纂）	334卷	1、道光二年刊印本 （1822） 阮元等修，陳昌齊等纂	
		2、同治三年重刊本120冊（1864）	∨
		3、廣州石經堂影印本 （1891）	
		4、上海商務 （1934）	
		5、臺北・中華書局 （1959）	
		6、臺北・華文書局 （1968） 廣東地方文獻叢書 （1981）	
		7、上海古籍 （1990）	
		8、續修四庫全書本，史部 669～675 （1995）	
41、《廣東通志：前事略》 《廣東通志：金石略》	8卷 17卷	廣東人民（梁中民校點本） （1994）	
42、《雲南通志稿》（修纂）	216卷	清道光十五年刊本 （1835） 阮元等修，王崧等纂	
43、《鄭司農年譜》 孫星衍撰	1卷	1、阮氏琅嬛仙館刻本 2、甘泉黃氏高密遺書本	

阮元補訂		3、漢學堂叢書本 4、黃氏逸書考本 5、北京圖書館藏珍本年譜叢刊 　（6）　　　　　　　（1998）	
44、《文選樓詩存》	4 卷	嘉慶刻本	
45、《揅經室詩錄》	5 卷	1、《粵雅堂叢書》本　第 20 集 　　　　　　　　　　　（1853） 2、《叢書集成初編》本　第 2325 冊 　　　　　　　　　　　（1936） 3、《叢書集成簡編》本　（1966.6） 4、《文選樓叢書》本，藝文（1967）	∨ ∨
46、《皇清碑版錄》		《瀛舟筆談》卷七　嘉慶藏版 　　　　　　　（1796～1820）	
47、《江蘇詩徵》（編輯）	183 卷		∨
48、《文選樓藏書記》（編）	6 卷	1、臺・廣文書局版上下冊（1969.2） 　（李慈銘校訂） 2、《清史稿・藝文志》阮元撰	∨ 疑偽書
49、《四庫全書簡明目錄》 　（與紀昀、永瑢等著）	20 卷	古典文學出版社　　　　（1957）	∨
50、《清代易說考辨集》	220 面	臺・成文版　　　　　　（1976）	∨
51、《周散氏盤銘》	12 頁	上海求古齋書局線裝，石印本	∨
52、《地球圖說補圖》 　　　阮元　序 　　蔣友仁　譯 　《地球圖說補》	2 卷 1 卷	1、《叢書集成初編》本　第 1334 冊 　　　　　　　　　　　（1936） 2、《文選樓叢書》本，藝文（1967） 嘉慶 4 年刻本　　　　　（1799）	 ∨
53、《宛委別藏選》（輯）		故宮博物院選，上海商務　（1935）	
54、《珠瑚草堂圖》		上海神州國光社　　　　（1908）	
55、《積古齋藏器目》 積古齋藏器目及其他四種	1 卷	1、　　　　　　　　　　（1895） 2、《叢書集成初編》本　第 1549 冊 　　上海商務　　　　　（1936） 參《清史稿・藝文志》阮元編	 ∨
56、《漢讀考周禮六卷》序 　（《周禮漢讀考》卷首）		嘉慶元年　　　　　　　（1796）	
57、《阮氏三家詩補遺》	3 卷	1、臺・新文豐　　　　　（1989） 2、與齊詩翼氏學疏證／陳喬樅同本	

		3、《觀古堂彙刻書》本	
		4、光緒壬寅八月湘潭葉氏版 （1902）	
		5、叢書集成續編本 （1994）	
58、《南北書派論， 　　北碑南帖論註》		1、華人德注 上海書畫 （1987） 2、《歷代書法論文選》本 （1979）	
59、《國史文苑傳稿》 　（《國朝儒林文苑傳》）	2 卷 4 卷	1、《清代傳記彙刊》本臺明文（1985） 2、《清史稿・藝文志》阮元撰	∨
60、《兩浙防護陵寢祠墓錄》	不分卷	浙江書局重刻刊本 （1889）	
61、《文選樓叢書》 　　清嘉慶阮元輯刊 　　道光阮亨彙印	492 卷 32 種	《百部叢書集成之四十四》 　臺・藝文印書館影印 （1967）	∨
62、《山左詩課》 　　阮元訂	4 卷	清乾隆 58 年七錄書閣刻本 （1793）	
63、《王文端公年譜》 　　王杰（1725～1805）		1、阮元編《葆淳閣集》附，清嘉慶 　刊本 （1796～1820） 2、北京圖書館藏珍本年譜叢刊 　（105） （1998）	
64、《十三經經郛》		《瀛舟筆談》卷七 （1796～1820）	
65、《衡文瑣言》		《瀛舟筆談》卷七 （1796～1820）	
66、《溉亭述古錄》	錢塘著 阮元敘錄	《文選樓藏書》本 （1967）	∨
67、《周無專鼎銘考》	羅士琳 阮元記	《文選樓藏書》本 （1967）	∨
68、《愚溪詩稿》	阮元序	《文選樓藏書》本 （1967）	∨
69、《閩縣陳文誠公神道碑》	阮元	上海商務 （1931.8）	∨
70、《鐘鼎識》	阮元	王復齋／厚之《鐘鼎識》59 器 阮元考釋摹刻 揚州積古齋嘉慶 7 年版 （1802）	
71、《兩廣鹽法志》	35 卷	參《清史稿・藝文志》，阮元等修	
72、《粵東金石略》	18 卷	參《清史稿・藝文志》阮元撰	
73、《江浙詩存》	6 卷	參《清史稿・藝文志》與秦瀛同編	
74、《孝經義疏》	不分卷	參《清史稿・藝文志》阮元撰	
75、《化州橘記》 　《橘中人語》	1 卷 1 卷	參《清史稿・藝文志》阮元撰	

書名	卷數	備註	勾
76、《浙江詩課》	10 卷	參《清史稿·藝文志》阮元選	
77、《梧門先生年譜》 　　法式善（1753～1813）	1 卷	1、阮元編，清嘉慶 21 年刊本， 　《存素堂詩續集》卷首 2、北京圖書館藏珍本年譜叢刊 　（119）　　　　　（1998）	
78、《康熙己未詞科擴錄》		阮元修	
79、《石渠寶笈續編》		阮元修	
80、《浙江圖考》	1 卷	《揅經室集》卷 12～14	∨
81、《海運考》	2 卷	《揚州北湖續志》卷 5 經籍	
82、《海塘圖考》	16 卷	《揚州北湖續志》卷 5 經籍	
83、《詞科掌錄》	16 卷	《揚州北湖續志》卷 5 經籍	
84、《瀛舟書記》	6 卷	《清經世文編》收〈瀛舟書記序〉	
85、《味餘書室隨筆》	2 卷	清仁宗撰	
86、《道光重修儀徵縣志》	50 卷	阮元撰序	∨
87、《性命古訓》	1 卷	1、《揅經室集》卷 10 2、中國哲學範疇叢刊本　（1997）	∨
88、《山東學政阮芸台示童 　　生書目》			
89、《阮文達公致仕後家書》	不分卷	稿本	
90、《重修阮氏族譜》			
91、《呻吟語選》	2 卷		
92、《阮氏家廟藏器四種》	1 冊	清道光年間（1821～1850）全形拓本	
93、《揅經室文集》	1 卷	道光刻本	
94、《文選樓詩草》	1 卷	稿本	
95、《國史賢良傳》	2 卷	同治刻本	
96、《國史循吏傳》	1 卷	同治刻本	
97、《經籍舉要》	1 卷	乾隆 59 年山東刻本　（1794）	
98、《阮氏鐘鼎補遺》	2 卷	清抄本	
99、《阮氏積古齋漢銅印得》	不分卷	清鈐印本	
100、《文選樓鑑藏碑目》	不分卷	稿本	
101、《小琅嬛仙館敘錄書》	6 卷 3 種	嘉慶 3 年儀徵阮氏刻本	

〈阮元著述知見錄〉說明：

一、下文只列出阮元各類著述的通行版本。

二、每種著述，只列出一個較佳或在坊間較易購買的版本。

三、未曾經眼的著述，筆者將會查考及列出其存書的地點，以便跟進訪求。

四、若某本著述不見於香港，則會查考該著述在中國大陸、臺灣以至世界各地圖書館的保存情況。

五、爲方便查考起見，每種著述介紹的先後次序，悉依上表列出。

阮元著述知見錄通行版本：

1. 〈論語論仁論〉：《揅經室集》北京中華書局鄧經元點校本，1993 年 5 月。

2. 〈孟子論仁論〉：《揅經室集》北京中華書局鄧經元點校本，1993 年 5 月。

3. 《詩書古訓》：伍崇曜《粵雅堂叢書》第十一集，清咸豐三年刻本，國立中央圖書館藏本（1853 年），臺灣華文書局總發行。

4. 〈曾子十篇注釋〉：《皇清經解》卷 803，臺灣復興書局印行 1956 年。

5. 〈考工記車制圖解〉：《續修四庫全書》版，上海古籍出版社，1995 年。

6. 〈儀禮石經校勘記〉：伍崇曜《粵雅堂叢書》本第十八集。

7. 〈十三經注疏 附校勘記〉：北京中華書局影印本，1980 年 10 月。

8. 《積古齋鐘鼎彝器款識》：商務印書館叢書集成初編本，1937 年。

9. 〈漢延熹西嶽華山碑考〉：《文選樓叢書》本，清嘉慶阮元輯刊，道光阮亨彙印，1967 年臺灣藝文印書館影印。

10. 《四庫未收書目提要》即《揅經室外集》：《揅經室集》北京中華 1993 年 5 月版。

11. 《廣陵詩事》：《文選樓叢書》本。

12. 《疇人傳》：臺灣世界書局《疇人傳彙編》本，1982 年。

13. 《石渠隨筆》：伍崇曜《粵雅堂叢書》本第十五集。

14. 《小滄浪筆談》：嘉慶七年浙江節院刊版。

15. 《定香亭筆談》：揚州阮氏琅嬛仙館版。

16. 《揅經室集》：北京中華書局鄧經元點校本，1993 年 5 月。

17. 《揅經室續集》：《文選樓叢書》本，原刻景印百部叢書集成，嚴一萍選輯，臺灣藝文印書館印行。

18. 《揅經室外集》：北京中華書局鄧經元點校本，1993 年 5 月。

19. 《經籍纂詁》：北京中華書局 1982 年 4 月。

20. 《淮海英靈集》：《文選樓叢書》本。

21.《山左金石志》：嚴耕望編，原刻景印石刻史料叢書，臺灣藝文印書館印行。

22.《兩浙金石志》：光緒十有六年浙江書局重刻本（1890）。

23.《十三經注疏》：浙江古籍出版社，1998年6月。

24.《皇清經解》：清光緒九年廣州學海堂本（1860年）。

25.《詁經精舍文集》：趙所生，薛正興編《中國歷代書院志》本，江蘇教育出版社1995年。

26.《學海堂集》：《中國歷代書院志》本。

27.〈十三經注疏校勘記〉〈孟子音義校勘記〉〈釋文校勘記〉：參《清史稿藝文志及補編》北京中華書局1982年4月。

28.《天一閣書目》：范氏文選樓版1808年（香港大學馮平山圖書館藏）。

29.〈竹垞小志〉：香港中文大學新亞圖書館藏，未經眼。

30.《八塼瓦　吟館刻燭集》：北京中華書局1991年叢書集成初編本。

31.〈楚中文筆〉：清同治四年重刊本，臺灣中央研究院傅斯年圖書館古籍線裝書。

32.〈銅鼓考〉：有待查考。

33.《琅嬛仙館詩》：《清代稿本百種彙刊》本集部68，臺灣文海出版社，清阮氏手定紅格底稿本。

34.〈浙士解經錄〉〈浙士解經餘〉：參《清史稿藝文志及補編》北京中華書局1982年4月。

35.〈車制圖考〉：參《清史稿藝文志及補編》版本同34。

36.〈石畫記〉：《學海堂叢刻》第一函本。

37.《兩浙輶軒錄》：廣陵古籍出版社1992年。

38.〈儒林集傳錄存〉：《清代傳記叢刊》本，臺灣明文書局版1985年3月。

39.《浙江通志》：待訪。

40.《廣東通志》：清同治三年重刊本（1864）。

41.《廣東通志　金石略》：廣東人民出版社1994年3月梁中民校點本。

42.《雲南通志稿》：清道光十五年（1835）刊本，臺灣中央研究院，傅斯年圖書館藏古籍線裝書。

43.《鄭司農年譜》：北京圖書館藏珍本年譜叢刊本，1998年。

44.《文選樓詩存》：未經眼，待訪。

45.《揅經室詩錄》：臺灣商務叢書集成簡編本，1966年6月。

46.〈皇清碑版錄〉：待訪。

47.《江蘇詩徵》：道光〈焦山海西庵詩徵閣〉刊本，是書實爲王豫編，而由阮元撰序。

48.《文選樓藏書記》：臺灣廣文書局 1969 年 2 月版，疑爲僞書。

49.《四庫全書簡明目錄》：古典文學出版社 1957 年版，永瑢編。

50.《清代易說考辨集》：嚴靈峰編《無求備齋易經集成》，臺灣成文出版社 1976 年版。

51.〈放大 周散氏盤銘〉：上海求古齋書局版。

52.〈地球圖說補圖〉：《文選樓叢書》本，蔣友仁譯。

53.《宛委別藏選》：香港城市大學圖書館藏，待訪。

54.〈珠湖草堂圖〉：香港中文大學圖書館藏，待訪。

55.《積古齋藏器目》：叢書集成初編本，上海商務 1936 年。

56.〈漢讀考周禮六卷序〉：《揅經室集》北京中華書局鄧經元點校本，1993 年 5 月。

57.《阮氏三家詩補遺》：《續修四庫全書》本，1995 年。

58.〈南北書派論北碑南帖論注〉：《歷代書法論文選》本，1979 年。

59.〈國史文苑傳稿〉：《清代傳記彙刊》本，臺灣明文版，1995 年。

60.〈兩浙防護陵寢祠墓錄〉：浙江書局重刻刊本，1889 年，待訪。

61.《文選樓叢書》：臺灣藝文印書館影印，1967 年，香港中文大學圖書館藏。

62.〈山左詩課〉：清乾隆 58 年七錄書閣刻本（1793 年），待訪。

63.〈王文端公年譜〉：北京圖書館藏珍本年譜叢刊 105，北京圖書館出版社，1998 年。

64.〈十三經經郭〉：待訪。

65.〈衡文瑣言〉：待訪。

66.〈揅亭述古錄〉：《小琅嬛仙館敘錄書三種六卷》，清嘉慶三年阮元刻本，《中國古籍善本書目 叢部》上海古籍出版社，1998 年 3 月，錢塘撰。

67.〈周無專鼎銘考〉：《文選樓叢書》本，羅士琳撰。

68.〈愚溪詩稿〉：《文選樓叢書》本，張肇焜撰。

69.〈閩縣陳文誠公神道碑〉：上海商務印書館，1931 年 8 月，香港大學馮平山圖書館藏。

70.〈鐘鼎識〉：清嘉慶七年（1802）阮氏積古齋摹刻宋榻本，臺灣中央研究院傅斯年圖書館藏古籍線裝書。

71.〈兩廣鹽法志〉：待訪。

72.〈粵東金石略〉：待訪。

73.〈江浙詩存〉：待訪。

74.〈孝經義疏〉：待訪。

75. 〈化州橘記〉〈橘中人語〉：待訪。

76. 〈浙江詩課〉：待訪。

77. 〈梧門先生年譜〉：清嘉慶二十一年刻本，北京圖書館藏珍本年譜叢刊
119，北京圖書館出版社，1998 年。

78. 〈康熙己未詞科摭錄〉：待訪。

79. 《石渠寶笈續編》：香港中文大學新亞圖書館藏，待訪。

80. 〈浙江圖考〉：清嘉慶八年（1803）刊本，臺灣中央研究院傅斯年圖書館
善本室藏。

81. 〈海運考〉；《清經世文編》北京中華書局版。

82. 〈海塘圖考〉：待訪。

83. 〈詞科掌錄〉：待訪。

84. 〈瀛舟書記〉：待訪。

85. 〈味餘書室隨筆〉：清仁宗撰，待訪。

86. 〈道光重修儀徵縣志〉：王檢心撰，江蘇府縣志輯〈中國地方志集成〉，江
蘇古籍出版社，1991 年 6 月。

87. 〈性命古訓〉：鍾肇鵬選編《中國哲學範疇叢刊》，北京圖書館出版社 1997
年 6 月。

88. 〈山東學政阮芸台示童生書目〉：待訪。

89. 〈阮文達公致仕後家書〉：待訪。

90. 〈重修阮氏族譜〉：待訪。

91. 〈呻吟語選〉：叢書集成新編總類第 14 冊，臺灣新文豐，1985 年。

92. 〈阮元家廟藏器四種〉：清道光年間全形拓本，臺灣中央研究院傅斯年圖
書館善本室藏。

93. 《揅經室文集》：嘉慶 12 年自刻本。

94. 《文選樓詩草》：稿本。

95. 《國史賢良傳》：同治刻本。

96. 《國史循吏傳》：同治刻本。

97. 《經籍舉要》：乾隆 59 年山東刻本。

98. 《阮氏鐘鼎補遺》：清抄本。

99. 《阮氏積古齋漢銅印得》：清鈐印本。

100. 《文選樓鑑藏碑目》：稿本。

101. 《小琅嬛仙館敍錄書》：嘉慶 3 年儀徵阮氏刻本。

第九節　阮元著述考釋

書　名	卷數	性質	合著者	著述考釋	附　註
1、《論語論仁論》	1卷	著述	——	阮元〈論語論仁論〉：「孔子為百世師，孔子之言著於《論語》為多。《論語》言五常之事詳矣，惟論『仁』者凡五十有八章，『仁』字之見於《論語》者凡百有五，尚不得其傳而失其言，又何暇別取《論語》所無之字標而論之邪？今綜論《論語》論仁諸章而分證其說於後，謹先為之發其凡曰：元竊謂詮解『仁』字，不必煩稱遠引，但舉《曾子·制言篇》『人之相與也，譬如舟車，然相濟達也，人非人不濟，馬非馬，不走，水非水不流』及〈中庸篇〉『仁者，人也』。鄭康成注『讀如相人偶之人』。數語足欽明之矣。」	《揅經室一集》卷8
2、《孟子論仁論》	1卷	著述	——	阮元〈孟子論仁論〉：「孟子之學，孔子之學，純於孔子，漢唐末以來儒者無聞言也。今七篇之文具在，試總而論之。孟子於孔子堯舜之道，至極推尊，反覆論說者，仁也。元於《論語》之仁，已著論矣，由是再論孟子論仁。孟子論仁，無一語不與孔子之仁，無異也。君治天下之道，仁道二，仁與不仁而已矣。又曰：『君不行仁政而富之，皆棄於孔子者也。』」	《揅經室一集》卷9

	卷數	類別		內容	版本
3、《詩書古訓》	6卷	著述	畢沅靈巖齋校定	1、阮元《詩書古訓序》：「萬世之學，以孔孟為宗；孔孟之學，以詩書為宗。」元錄《詩書古訓》6卷，乃總《孟子》《禮記》《大戴記》《爾雅》十經、此十經中引詩書為訓者，采繫于《詩》《書》各篇各句之下，降至《國策》，罕引詩書極至。」 2、《續修四庫全書總目提要》：「是書疑不出元手，蓋與《經籍纂詁》同係幕賓編錄。」	《粵雅堂叢書》第11集
4、《曾子十篇注釋》	5卷	著述	─	1、嚴杰《曾子注釋跋》：「《曾子》一書歷代著錄，惜久而不傳。宮保師據《大戴記》所載為之注釋，正諸家之得失，辨文字之異同，可謂第一善冊。師於中西天算尤深，天員一篇，更非他人所能及也。受業嚴杰謹識于兩廣督署福祿壽綿長之室。」 2、阮元撰《曾子十篇注釋序》。	《皇清經解》卷803
5、《考工記車制圖解》	2卷	著述	─	阮元後記：「《車制圖解》，元二十四歲萬京師時所撰，撰成即刊之。其間重較、軹前十尺，後彰諸義，實可矯正鄭注，為江慎修、戴東原諸家所未發。目以此立法，實可閉門而造，而行之。」	《揅經室一集》卷6 卷7 《續修四庫全書》本 《叢書集成續編》本
6、《儀禮石經校勘記》	4卷	著述	─	阮元《儀禮石經校勘記序》：「乾隆五十六年冬十一月，起居注日講官、文淵閣直南書房行走、國史館纂修、簽事府詹事臣阮元奉詔充石經校勘官。臣元校得《儀禮》十七篇。」	《粵雅堂叢書》本 《文選樓叢書》本

		著述			
7、《十三經注疏校勘記》	243卷		段玉裁	1、阮亨:「紫陽書院在吳山之麓，地最清曠，城市中有山林之意，兄（阮元）即其地上構校書亭，招臧在東（鏞堂）、顧千里（廣圻）校定十三經。」 阮亨:「篇帙浩繁，皆自起凡例，擇友人弟子分任之，而親加朱墨，改訂甚多。」	《瀛舟筆談》卷7
					《瀛舟筆談》卷7
				2、劉盼遂《段玉裁先生年譜》:「按由《經韻樓集》中十三經注疏校勘記序、春秋左傳校勘目錄及與劉端臨、王石臞兩公書觀之，可知阮氏書成於先生之手。」	《段玉裁遺書》
				3、阮元《揅經室一集》卷11《十三經注疏校勘記》十三篇。	北京中華書局版
				4、《續修四庫全書總目提要》:「同時分纂者七人，書成於嘉慶十一年。」	浙江古籍出版社版
《周易注疏校勘記》	10卷		李銳		
《尚書注疏校勘記》	20卷		徐養原		
《毛詩注疏校勘記》	70卷		顧廣圻		
《周禮注疏校勘記》	42卷		臧庸		
《儀禮注疏校勘記》	50卷		洪震煊		
《禮記注疏校勘記》	63卷		嚴杰		
《春秋左傳注疏校勘記》	63卷		孫同元		
《春秋公羊傳注疏校勘記》	28卷				
《春秋穀梁傳注疏校勘記》	20卷				
《論語注疏校勘記》	20卷				
《孝經校勘記》	9卷				
《爾雅注疏校勘記》	10卷				
《孟子注疏校勘記》	14卷				

8、《積古齋鐘鼎彝器款識》	10卷	著述	朱爲弼	阮元序文：「平湖朱氏台甫，酷嗜古金文字，稽考古籍國邑大夫之名，有可目能辨識疑文，補經傳所未備者，偏旁家徧之字，有可補說文所未及者，余以各楊本屬之，編定審釋之。」	《積古齋鐘鼎彝器款識序》
9、《漢延熹西嶽華山碑考》	4卷	著述	—	碑帖考釋	《文選樓叢書》本
10、《四庫未收書目提要》即《宛委別藏》《揅經室外集》	5卷	著述	鮑廷博 何夢華 嚴杰	阮亨：「兄（阮元）官學政巡撫時，留意于東南祕書，或借自江南舊家，或購自蘇州番舶，或鈔自書舫。所得之書收。《存目》所未載者，不下百種，《四庫》所未購借者，浙之鮑以文廷博、何夢華元錫，嚴厚民杰之力爲多。丙寅丁卯間（1806～07），兄奉諱家居，次第校寫，共得六十種，每種皆仿四庫書式加以提要一篇。」	《瀛舟筆談》卷 11
11、《廣陵詩事》	10卷	著述	—	阮元《廣陵詩事序》：「余輯《廣陵詩事》既成，得以讀廣陵舊之詩，隨筆疏記，隨成卷帙，博覽別集，所獲日多，遂名之曰《廣陵詩事》。」	《文選樓叢書》本
12、《疇人傳》	52卷	輯校	李銳 談泰 周治平	1、阮元《疇人傳凡例》：「是編肇始于乾隆乙卯（1795），畢業於嘉慶己未（1799），中間供職內外、公事段繁；助元校錄者，元和學生李銳，暨台州學生周治平，力居多。又復博訪通人，就正有道。嘉定錢少詹（大昕）、歙縣凌教授（廷堪）、上元談教諭（泰）、江都焦明經（循），並爲校正，乃得勒爲定本。集益孔多，附書以志不忘。」	《疇人傳彙編》

書名	卷	類型	編輯者	內容／序跋	版本
				2、阮元《李尚之傳》：「元昔任浙湖，亦與君共相權，君之力為多。」校、《禮記正義》，子所輯《疇人傳》， 3、阮亨：「上元談階平（泰）作《疇人傳》。」	《揅經室二集》卷4 《瀛舟筆記》卷7
13、《石渠隨筆》	8卷	著述	伍崇曜輯	書畫考識，伍崇曜撰跋。	《粵雅堂叢書》本 《文選樓叢書》本
14、《小滄浪筆談》	4卷	著述	何元錫陳寫曼生附錄詩文	阮元《小滄浪筆談序》：「余居山左二年，登泰山、觀渤海、主祭闕里，又得佳士百餘人，錄金石千餘種本。乾隆六十年冬、移任浙江，回念此二年中所歷之境，或過而輒忘，日隨客共談者，香初茶牛、何君夢華、陳君曼生皆能記憶者，就其能記憶者，日隨筆疏記之。又為余附錄詩文于後，題曰《小滄浪筆談》。」	嘉慶七年《浙江節院》刊版
15、《定香亭筆談》	4卷	著述	陳雲伯手寫、吳澹生陳曼生錢金栗訂正	阮元《定香亭筆談序》：「余督學浙江時，隨筆疏記近事，名曰《定香亭筆談》。殘篇破紙，未經校定。」	《揚州阮氏琅嬛仙館》版
16、《揅經室集》	40卷	著述	—	阮元《揅經室集自序》：「室名『揅經』者，余幼學以經成近也。余之說經，推明古訓，求是而已，非敢立異也。」	《四部叢刊集部》本
17、《揅經室續集》	18卷	著述	—	阮元《揅經室續集自序》：「一又十數年，積若干篇。至七十六歲，予告歸田，以所續者，刻為續集。不肯苟序于人，于此自識數言，以」	《叢書集成初編》本

	卷				
18、《揅經室外集》即《四庫未收書目提要》	5卷	著述	鮑廷博 何元錫	阮福《揅經室外集》卷一：「家大人在浙時，曾購得《四庫》未收古書進呈之式，奏進《提要》一篇。凡所考論，皆從采訪之處先查此書原委，繼而又屬鮑廷博、何元錫諸君子參互審訂，家大人親加改定籑寫，而後奏之。十數年久，進書一百數十部。」明己意而已。前集所自守者，實事求是四字。此續得《四庫提要》未收古書進呈內字。雖亦實事求是，而無才可矜、無氣可使，無學可當事考據之目，欿然退然，自命爲卑毋高論四字而已。」	《上海商務》版
19、《經籍籑詁》	106卷	輯錄	臧鏞堂 臧禮堂	阮元：「經非詁不明，有詁訓而後有義理。許氏《說文》，以字解經、字學即經學也。余在浙，招諸生通經者三十餘人，編輯《經籍籑詁》一百零六卷，並延臧鏞堂弟禮堂總理其事。」	阮元《定香亭筆談》卷4
20、《淮海英靈集》	22卷	輯錄	陳焯 趙懷玉 陳雲伯 端木國瑚 焦循	阮元《淮海英靈集序》：「乾隆六十年（1795），假訪非遙，桑梓非邑。陳編蠹稿，遍于十二邑。遂乃博求遺籍，列滿几閒、校訊之間，刪繁紀要，效遺山中州十集之體錄爲甲乙丙丁戊五集，又以壬集收閨秀，癸集辛三集以待補錄。」	《文選樓叢書》本
21、《山左金石志》	24卷	輯錄	畢沅 武億 朱朗齋 何夢華	1、阮元《武虛谷（億）君遺事記》：「武君：余在山左，以金石文字補經史遺誤甚多。集碑本於小滄浪亭，延武君校之，武君鈎考精博，纂以跋語。余所修《山左金石志》。」	武億《授堂遺書》

編號・書名	說明	輯／校／編	卷數	版本
	中，考語出君手者三之一，並記之，不敢沒君善也。」 2、阮元《山左金石志序》：「（乾隆）五十九年，畢秋帆先生奉命巡撫山東，先是先生撫陝西、河南時曾修關中、中州金石二志。元欲以山左之志屬之先生，先生曰：『吾老矣，且政繁精力不及，此願學使者爲之也。』元曰『諾』。先生遂檢關中、中州二志付元，且爲商定條例，並搜訪諸事。──元以是書本與先生商訂分纂，先生遽歿，雖羽檄紛馳，而郵筒往復，指證頗多。」	段赤亭		《兩浙金石志》光緒十六年 浙江書局重刻本
22、《兩浙金石志》	阮元《兩浙金石志序》：「余在浙，久遊浙之名山大川，殆遍錄浙人之詩數千家，成《兩浙輶軒錄》，刻之。訪兩浙帝王賢哲之陵墓，加以修護，成《防護錄》，刻之。以其餘力及于金石刻，搜訪幽遠，頗窮幽遠，又勤成《兩浙金石志》一書。爾時助余搜訪於考證者，則有趙晉齋、何夢華諸君子，許周生助余搜訪於考證者，益、目錄全稿以去，匆匆十餘年矣！」	許宗彥 何元錫 趙晉齋 輯錄	18卷	臺灣：藝文印書館印行
23、《十三經注疏》	《重刊宋本 十三經注疏》附校勘記，用文選樓藏本校定。	── 校刻	416卷	清光緒九年廣州學海堂本
24、《皇清經解》	勞崇光《皇清經解補刻後序》：「文達頭一代儒林，此書備一代經說，其爲體例宜精，惜公於道光六年移節而書，至道光九年告成，諸多出其門人嚴厚民上合之手，牽爲編錄刪節去取。」	嚴杰 編刻	1400卷	

書名	卷數		編者		版本
25、《詁經精舍文集》	14卷	編刻手訂	王昶 孫星衍	1、孫星衍《詁經精舍題名碑記》:「延王少宬祖及星衍為之主講,佐撫部,授學于經舍焉。——詁經精舍讀書之士92人;應舉孝廉方正古學識拔之士63人;纂述經詁之友5人;已未會試總裁中式進士22人。」 2、許宗彥撰《詁經精舍文集序》。	《文選樓叢書》本
26、《學海堂集》	16卷	編選	阮元序	1、《學海堂初集》:道光五年(1825)啟秀山房刻本。 2、阮元《學海堂集序》:《揅經室續集》卷四	《中國歷代書院志》本 《中國歷代書院志》本
27、《十三經注疏》《釋文校勘記》《爾雅注疏校勘記》《孟子音義校勘記》	25卷 3卷 1卷	自撰 自撰	臧庸述 徐養原	參考:金鉽編《江蘇藝文志》	
28、《天一閣書目》	4卷	刊印	范欽藏 汪本校 阮元序	阮元《寧波范氏天一閣書目序》:「余自髫學至今,數至閣中,編至閣本當藏書,其金石楬本當錢辛楣先生修《鄞縣志》時即編之為目,借書目未編。余於嘉慶八、九年間命范氏後人登閣分廚寫編之,成目錄一十卷。十三年,以督水師命復來,寧紹台道陳君廷杰校本校其言及之,遂屬府學汪教授校其書目、金石目,並刻之。刻既成,請序焉。」	《揅經室二集》卷7
29、《竹汀小志》	5卷	手訂	楊蟠編錄	1、臺灣中央研究院傅斯年圖書館,古籍線裝書:《靜園叢書》3 2、香港中文大學圖書館藏	民國七年排印本

	書名	類型	卷數	編者	內容／備註	版本
30、	〈八甎吟館刻燭集〉	著述	3卷	—	阮元《八甎吟館刻燭集序》:「元積得漢晉八甎，貯之小室，曰『八甎吟館』，諸友于三沅之暇，吟詠于此，但只刻燭一二寸，匆匆不似賦日五色者矣，名之曰《刻燭集》，猶草稿也。其間草溪先生譬蔣山、陳雲伯三詩乃囊日之作，羅于今詩內者，編爲三卷，後有作者當再續之。阮元識。」	《文選樓叢書》本
31、	〈楚中文筆〉附錄	撰著	2卷 1卷	阮福編	臺灣中央研究院傅斯年圖書館古籍線裝書 主題:古籍	清同治四年(1865)重刊本
32、	〈銅鼓考〉		1卷	—		
33、	〈琅嬛仙館詩〉	手訂	5卷	—	陳恒和《揚州叢刻》卷5:《琅嬛仙館詩錄》8卷。	《清代稿本百種彙刊》本
34、	〈浙士解經錄〉 《浙士解經錄》	著錄 著錄	5卷 5卷	—	《續修四庫全書總目提要》:「按元於乾隆五十九年，由山東學政調任浙江學政，是錄蓋課浙士之作也，元有序。」參《清史稿·藝文志》	中國科學院圖書館整理:《續修四庫全書總目提要經部·上冊》北京中華書局版
35、	〈車制圖解〉	著錄	1卷	—	同《考工記車制圖解》上:《擘經室一集》卷6《考工記車制圖解》下:《擘經室一集》卷7	《叢書集成續編》本
36、	〈石畫記〉	著述	5卷	—	阮元《石畫記序》:「古筆石畫——今雲南大理府點蒼山弟十中和峰之腰出文石——余到滇數年以來所見不少，已如臺煙過眼，又於到點蒼時，張氏蘭坡余親至石屋選買數十幅，間有題詠，或持贈咸友，又兒輩乞去，又蘭坡諸公任省肆買石，各請品題，隨手拈出，口授指劃，各與意者，不假思索題識。」	《學海堂叢刻》第1函

書名	卷數		纂修者	備註	版本
37、《兩浙輶軒錄》	40卷	編纂	朱朗齋 陳曼生 共刊	阮元《兩浙輶軒錄序》 阮元《兩浙輶軒錄補遺序》：《揅經室二集》卷8	光緒十六年浙江書局本
38、《儒林集傳錄存》	1卷	著述	趙爾巽	阮元《擬國史儒林傳序》：《揅經室一集》卷2	《清史稿》北京中華書局版
39、《浙江通志》	280卷	修纂	嵇曾筠 李衛		
40、《廣東通志》	334卷	修纂	陳昌齊 劉彬華 謝蘭生 總纂 方東樹 助纂 江藩	林雲陔《重刊廣東通志序》：「吾粵文化，以近百年來爲盛倡之者，實爲阮公元，文達以碩學魁儒來督是邦，目睹其時粵學之士空疏淺陋，舍帖括外無學術，深爲粵人恥之，乃亟謀所以轉移學風，緣是而後創設學海堂，與爲重修《廣東通志》之事以起。自學海堂之成，而學者仰承學風，相率從事於經史古文辭之學，而勞及於詩古文辭，吾粵學風爲之一變。至《通志》之重修，督由於此，青年學者斐然，育由於此，或非政教所宜先，而文達汲汲於是者，良以民之榮悴，俗之隆污，士之文野，上以供國史之採擇，下以備一方之掌故，纂修是書，庶後讀者或就因而緬懷，當茲著舊，知所興起；于以紹往哲以啓來茲，有裨於文化不少也。」	上海商務印書館版
41、《廣東通志：前事略》《廣東通志：金石略》	8卷 17卷	主修	梁中民校點		

書名	卷數			說明	版本
42、《雲南通志稿》	216卷	修	王崧纂 李誠編	臺灣中央研究院傅斯年圖書館古籍線裝書110冊 主題：雲南省方志	道光十五年（1835）刊本
43、《鄭司農年譜》	1卷	補訂增補	孫星衍編	參：楊殿珣《中國歷代年譜總錄》頁45 載：《北京圖書館藏珍本年譜叢刊》：頁6	清阮氏琅嬛仙館刊本，漢學堂叢書本
44、《文選樓詩存》	5卷	著述	──		《文選樓叢書》本
45、《揅經室詩錄》	5卷	著述	──	江堂：「道光十二年（1832）於外舅處見《揅經室詩錄》，分古今體爲五卷，共二百七十餘首，皆選從《琅嬛館詩略》、《文選樓詩存》中擇錄而出，不及《詩略》、《詩存》之半，俟續錄焉。」	《粵雅堂叢書》本 《叢書集成簡編》本
46、《皇清碑版錄》	50卷	著書	──	1、阮亨：「本朝書集百餘家，誌碑狀，皆輯錄之，仿宋人《宛委錄》爲《皇清碑版錄》五十卷，亦略云備矣！」 2、阮元《國朝碑版錄》二十卷：陳偓和輯《揚州叢刻》卷五：經籍。 3、阮元《皇清碑版錄序》：「本朝數年來仿宋子幼武《續錄》及杜大珪《名臣碑傳琬琰錄》之例，闊文集數十百家及碑誌摭本，爲《皇清碑版錄》數十卷。」	《瀛舟筆談》卷7 廣陵古籍刻印社，1980年版。 《揅經室二集》卷8
47、《江蘇詩徵》	183卷	王豫編輯 阮元編刻	阮元序 江藩、許珩、凌曙校正	阮元《江蘇詩徵敘》：「嘉慶（1806~1807）間，歲丙寅、丁卯，伏處鄉里，見翠屏洲王君柳邨儲積國朝人詩集甚多，而江蘇尤備，柳邨飲有所輯，名之曰《江蘇詩徵》，余乃歲資以紙筆鈔胥，柳邨逐益肆力傳詩以於各家小傳詩	道光《焦山海西庵詩徵閣》刊本 《揅經室二集》卷8

編號‧書名	卷數	職務	備註	版本
48、《文選樓藏書記》	6卷	李慈銘編輯校訂	喬衍琯 景印《文選樓藏書記》略事翻閱，以其於每書論說既版選樓藏書記》簡略，敘次又頗凌亂，且諸家書目既未見箸錄，阮元之傳記亦不云有《藏書記》，而文選樓所儲珍本，又不見於藏書。《越縵堂讀書記》亦未言及此書。綜此數端，疑竇滋生。」話先多采擇。——丙子歲（1816）輯成五千四百三十餘家，勒為一百八十三卷，屬余訂之。」	《書目三編：文選樓藏書記》臺灣廣文書局 1969 年2月版
49、《四庫全書簡明目錄》	20卷	阮元恭紀	阮元〈四庫全書簡明目錄附錄〉恭紀：「欽惟我皇上稽古右文，恩教稠疊。乾隆四十七年，四庫全書告成，特命如內廷四閣所藏繕寫全冊，建三閣於江浙兩省。論令士子願讀中祕書者，就閣閱廣為傳寫，所以嘉惠藝林，恩至渥教至周也。四庫卷帙浩繁多，嗜古者未及遍覽，而提要一書，實備載時地姓名，及作者大旨。承學之士，抄錄尤勤，毫楮叢集，求者不給。」	北京‧古典文學出版社，1957年版
50、《清代易說考辨集》	1冊	阮元撰	嚴靈峰編《無求備齋易經集成》冊193臺灣中央研究院傅斯年圖書館藏	
51、《放大周氏盤銘》	12頁	阮元釋	線裝，石印本。	上海‧求古齋書帖局
52、《地球圖說》附補圖	2卷	阮元序刻書補圖　蔣友仁譯	阮元《地球圖說序》：「西洋人言天地之理最精，其實莫非三代以來古法所嘗有。後之學者，喜其新而而宗之，疑其奇而關之，皆非也。言天圓地圓者顯箸於《大戴記》，曾子天員篇。——嘉定少詹事錢大昕以乾隆年間奉旨所譯《西法地球圖說》一書見示，日屬付梓，元讀其書，較熊三拔表度說等書，更為明晰詳備。」	《文選樓叢書》本

書名	數量	輯錄		備註	版本
53、《宛委別藏選》					
54、《珠瑚草堂圖》					
55、《積古齋藏器目》		編	一	王雲五主編《叢書集成初編》本:「此據翁方綱所著《積古圖後記》及《瀛舟筆談》內所載入錄,未據拓本。」	上海·商務印書館1936年版
56、《漢讀考周禮六卷序》	1篇	著述	一	阮元:「先生(段玉裁)說經之書,尚有《毛詩訓故傳微》、《毛詩小學》、《古文尚書撰異》,皆深識大源,不為億必之言,行將益以餉學者云。」	《揅經室一集》卷11
57、《阮氏三家詩補遺》	3卷	撰	陳橋樅	劉肇隅《重刊阮氏三家詩補遺序》葉德輝《阮氏三家詩補遺叙》	《叢書集成續編》本
58、《南北書派論北碑南帖論注》			華人德注		
59、《國史文苑傳稿》	2卷	撰述	趙爾巽		《清史稿》北京·中華書局版
60、《兩浙防護陵寢祠墓錄》		編刻		阮元《兩浙金石志序》:「余任浙山大川,久遊浙之名,久遊浙人之詩數千家,成《兩浙輶軒錄》,始遍錄浙人之詩數千家,成《兩浙輶軒錄》,訪兩浙帝王賢哲之陵墓,加以修護,成《防護錄》,刻之。」	《兩浙金石志》本《揅經室續集》卷3
61、《文選樓叢書》	32種	輯刊	阮亨彙印	阮亨:「余於文選樓積古齋諸處所書版,皆加收檢,其中家兄(阮元)所刊書者亦有;門下士暨余歷年所刊者,久不墨印,恐漸零落,印書人請以各種彙為零種叢書而印之,亦可行也。因列其書目三十二種如右。」	《文選樓叢書》本
62、《山左詩課》	4卷	手訂	一		

序號·書名	卷數	類型	作者	內容	版本
63、《王文端公年譜》	1卷	編著	一	黃秀文《中國年譜辭典》所編，主門人阮元所編，于嘉慶二十年輯成。年譜內容簡略，述及譜主家事、受業、科第、仕歷等內容。其中記載譜主仕歷經過載詳。載《北京圖書館藏珍本年譜叢刊》105	《揅淳閣集》前附清嘉慶二十年版
64、《十三經經郭》	未印	著書	陳壽祺	阮亨：「子篇帙浩繁，皆自起凡例，擇友人弟子分任之，而親加朱墨，改訂甚多。」	《瀛舟筆談》卷7
65、《衡文瑣言》	1卷	著述	一	阮亨：「子兄前後為山東、浙江學使。嘉慶四年(1799)，命總裁己未會試。當于會試闈中，未閱卷之前，隨筆記數條自抒所見，亦以自儆，名曰《衡文瑣言》。以欲通俗求易曉也。」	《瀛舟筆談》卷7
66、《溉亭述古錄》	2卷	序錄刻書	錢塘著	阮元：「錢塘、字學原，號溉亭、江南嘉定縣人。乾隆庚子(1780)進士。江寧府教授，博涉經史、實事求是、精心朗識、超軼群倫、所學九經、小學、天文、地理、靡不綜覈、尤長樂律。蔡邕荀勗，庶其近之。錄《述古錄》2卷。」 主題：經部·總義類	《文選樓叢書》本
67、《周無專鼎銘考》	1卷	記	一	阮元：「焦山周無專鼎鼎也，然不能定爲何代鼎，鼎銘之考釋者，世亦無微不搜矣！」	《文選樓叢書》本
68、《愚溪詩稿》	1卷	序	張肇楩	清詩別集，疑非阮元作。	《文選樓叢書》本
69、《閩縣陳文誠公神道碑》	1卷	撰述	何紹基書	《皇清誥授光祿大夫刑部尚書陳公神道碑銘》並序：「公諱若霖，字宗覲，一字望坡……公早負用世志，古今經世之書，莫不淹貫而	上海·商務印書館版

編號・書名	卷數	類型	作者	備註	版本
70、《鐘鼎款識》	59器	考釋摹刻藏編	王復齋／厚之	究其利病，度其宜不宜，謂學期有用，徒守詞章，無當也成。乾隆丁未進士，改庶吉士，校書文淵閣、散館、改刑部。」（香港大學馮平山圖書館藏） 1、臺灣中央研究院傅斯年圖書館古籍線裝書 2、香港大學馮平山圖書館藏 主題：鐘鼎題跋	清嘉慶七年阮氏積古齋摹刻宋拓本
71、《兩廣鹽法志》	35卷	修			
72、《粵東金石略》	18卷	撰	翁方綱		光緒《廣州石經堂書局》本
73、《江浙詩存》	6卷	合編	秦瀛		
74、《孝經義疏》／《孝經義疏補》	不分卷／10卷	撰	阮福		《文選樓叢書》本
75、《化州橘記》／《橘中人語》	1卷／1卷	撰	—		
76、《浙江詩課》	10卷	選	—		
77、《梧門先生年譜》	1卷	編	—	黃秀文《中國年譜辭典》前有一八一六年編者序：「編者為譜主門人。」云此譜乃據譜主之子錄寄雜稿成者，亦加刪定。載《北京圖書館藏珍本年譜叢刊》119	法式善著《存素堂詩續集》卷首
78、《康熙己未詞科掇錄》		修	—		

書名	卷數	類別	編者	備註	出處
79、《石渠寶笈》《石渠寶笈續編》	44卷	修	紀昀 王杰 董誥	《清朝野史大觀》卷1:「乾隆九年,詔編石渠寶笈四十四卷,內府所藏書畫及款識題跋,與曾邀奎章寶顧者一一臚載。」	乾隆九年 線裝石印本
80、《浙江圖考》	1卷	著述	—	1、陳恆和《揚州叢刻》卷5。 2、阮亨:「《說文》浙江二水分晰甚明,後篇即以說江爲浙江。子兄以爲浙江即岷江,即《禹貢》所云浙江,而與漸江穀水無與焉。博引群書,疏通證明之,復據《尚書後案》等書,誤認鄭氏三江注之非,作《浙江圖考》一冊。」 3、阮元《揅經室一集》卷12、13、14。	《瀛舟筆談》卷7
81、《海運考》	2卷	著述	—	1、陳恆和《揚州叢刻》卷5。 2、阮亨:「海運,非待已之事。自嘉慶八年(1803年)十一月奉上諭爲預籌海運一事,兄即與僚屬悉心集議。外訪之人,內稽之古,博據人告。嗣後得我皇上洞燭機宜,河流漸亦順軌,其議得以遂寢,然未雨綢繆,古人不廢,冗因整理其說,爲《海運考》。」 3、阮元撰〈海運考跋〉。	《瀛舟筆談》卷4
82、《海塘圖考》	16卷		陳壽祺	陳恆和《揚州叢刻》卷5	《揅經室二集》卷8
83、《詞科掌錄》	16卷			陳恆和《揚州叢刻》卷5	
84、《瀛舟書記》	6卷	著書		阮元撰〈瀛舟書記序〉 陳恆和《揚州叢刻》卷5	《揅經室二集》卷8

序號、書名	卷數	類型	撰修	備註	出處
85、《味餘書室隨筆》	2卷	讀書隨筆	清仁宗撰	阮元《恭注御撰味餘書室隨筆進呈後跋》:「臣元伏讀《味餘書室隨筆》,乃于御製文之外別成一書者,其中發經史之至理,持政教之大端,憎切肫誠,非唐太宗《帝範》所能企及。」	《揅經室一集》卷10
86、《道光重修儀徵縣志》	50卷	鑑定	王檢心監修 劉文淇 張安保總纂	阮元撰《道光重修儀徵縣志序》	
87、《性命古訓》	1卷	著述	一		
88、《山東學政阮芸台示童生書目》					
89、《阮文達公致仕後家書》					
90、《重修阮氏族譜》					
91、《呻吟語選》	2卷	選本			
92、《阮氏家廟藏器四種》	1冊	輯			
93、《揅經室文集》	18卷	著述		參李靈年、楊忠《清人別集總目》	
94、《文選樓詩草》	1卷	著述		參李靈年、楊忠《清人別集總目》	
95、《國史賢良傳》	2卷	撰		參王紹曾編《清史稿藝文志拾遺》	
96、《國史循吏傳》	1卷	撰		參王紹曾編《清史稿藝文志拾遺》	
97、《經籍纂要》	1卷	撰		參王紹曾編《清史稿藝文志拾遺》	
98、《阮氏鐘鼎補遺》	2卷	撰		參王紹曾編《清史稿藝文志拾遺》	
99、《阮氏積古齋漢銅印得》	不分卷	輯		參王紹曾編《清史稿藝文志拾遺》	
100、《文選樓鑑藏碑目》	不分卷	撰		參王紹曾編《清史稿藝文志拾遺》	
101、《小琅嬛仙館敘錄書》	6卷	編		參王紹曾編《清史稿藝文志拾遺》	

第十節　阮元著述年表

公　元	年　歲	著　述
1764	1 歲	
1787	24 歲	著《考工記車制圖解》2 卷；元二十四歲寓京師時所撰，撰成即刊之。 爲惠半農撰〈惠半農先生禮說序〉。
1788	25 歲	《考工記車制圖解》付刻； 爲孫梅撰〈四六叢話後序〉。 丁未、戊申間，元在京師，見任侍御，相問難爲尤多，阮元撰〈任子田侍御弁服釋例序〉。 冬月，撰〈鬼谷子跋〉。
1789	26 歲	阮元撰〈王實齋大戴禮記解詁序〉：「元從北平翁覃溪先生得識王君（王聘珍）。」 《揅經室四集詩卷一》
1790	27 歲	恭進〈宗經徵壽說〉文冊。
1791	28 歲	修《石渠寶笈》。 乾隆五十六年冬十一月，起居注日講官、文淵閣直閣事、南書房翰林、國史館纂修、詹事府詹事，臣阮元奉詔充石經校勘官。臣元校得《儀禮》十七篇。
1792	29 歲	乾隆五十七年六月十三日，阮元撰〈儀禮石經校勘記序〉。
1793	30 歲	修《山左金石志》； 南書房行走、詹事阮元撰《石渠隨筆》8 卷； 阮元撰〈乾隆癸丑仲冬上丁祭曲阜孔廟文〉。 爲桂馥撰〈晚學集序〉。
1794	31 歲	修《山左金石志》；撰〈武虛谷徵君遺事記〉； 爲孔廣森撰〈大戴禮記補注序〉。
1795	32 歲	乾隆六十年，阮元以是年冬，奉命督學浙江，入觀展拜，樂觀厥成，阮元撰〈重修表忠觀記〉； 始修《經籍纂詁》； 刻《儀禮石經校勘記》成； 阮元序《淮海英靈集》； 阮元督學浙江，撰〈吏部左侍郎謝公墓誌銘〉； 秋八月，阮元撰〈重修高密鄭公祠碑〉； 龍集單閼，七月庚戌朔，起居注日講官、文淵閣直閣事、詹事府

		詹事、提督山東學政、儀徵阮元遊登歷山，勒銘樂石，阮元撰《歷山銘》。 《揅經室四集詩卷二》
1796	33 歲	嘉慶元年丙辰，阮元視學至吳興，撰〈胡朏明先生易圖明辨序〉； 刻《山左金石志》24 卷； 撰〈刻七經孟子考文並補遺序〉：「元督學兩浙，偶于清暑之閒，命工寫刊小板，以便舟車，印成卷帙，諗于同志，用校經疏，可供采擇。」 阮元撰《小滄浪筆談》； 徵刻《淮海英靈集》； 爲陳鱣撰〈論語古訓序〉； 爲段玉裁撰〈周禮漢讀考序〉。
1797	34 歲	始纂《疇人傳》；修《經籍纂詁》106 卷； 選《兩浙輶軒錄》，得詩三千餘家；注《曾子》十篇。 嘉慶二年冬十月，儀徵阮元序《山左金石志》； 八月上已按部於越，阮元撰〈蘭亭秋禊詩序〉； 移治兩浙，以詩示元，阮元撰〈謝蘇譚詠史詩序〉。 《揅經室四集詩卷三》 命范氏子弟編〈天一閣書目〉； 爲李斗撰〈揚州畫舫錄序〉。
1798	35 歲	〈曾子十篇注釋序〉嘉慶三年，阮元錄敘於浙江使院。 嘉慶戊午，阮元撰〈泰山志序〉； 修《淮海英靈集》七輯成。 撰《小滄浪筆談》成；嘉慶三年春，儀徵阮元序於浙江學署定香亭中； 秋九月三日，武進臧鏞堂撰〈經籍纂詁後序〉於浙學使院之撰詁齋。 秋七月，阮元撰〈二老重逢圖跋〉。 《揅經室四集詩卷四》 撰《兩浙輶軒錄》成； 爲顧炎武撰〈肇域志跋〉。
1799	36 歲	撰《廣陵詩事》成；夏六月，鄉人阮元記于京邸之白圭詩館。 刻《經籍纂詁》；嘉慶四年夏六月，嘉定錢大昕、高郵王引之序《經籍纂詁》；儀徵阮元伯元手訂《經籍纂詁 補遺凡例》。 《疇人傳》46 卷刊行；10 月，經筵講官、南書房行走、戶部左侍郎兼國子監算學、揚州阮元撰〈疇人傳序〉。 阮元撰〈張皋文儀禮圖序〉：「予舉于鄉，與編修爲同榜，其舉進士，乃予總裁會試所取，予知之也久，故序而論之。」

		阮元撰〈嘉慶四年己未科會試錄後序〉； 嘉慶己未夏，山中各寺僧以松江陳通判韶所錄《方外志》求序於余，阮元撰〈重訂天台山方外志要序〉； 嘉慶四年歲次己未，阮元撰〈重修揚州會館碑銘〉； 己未秋日，借邸于京師衍聖公賜第，阮元撰〈落日餘霞銘〉。 阮元作《衡文瑣言》； 爲焦循撰〈里堂學算記序〉。
1800	37 歲	訂《定香亭筆談》4 卷成；嘉慶五年長至日揚州阮元序《定香亭筆談》；揚州阮氏琅嬛仙館版。 立《緝匪章程》七則。 《經籍纂詁》106 卷刊行。 嘉慶五年，阮元撰〈王考琢庵太府君行狀〉。 嘉慶歲星次庚申，巡撫阮元來拜廟下，以考其成，阮元撰〈重修會稽大禹陵廟碑〉。 《揅經室四集詩卷五》
1801	38 歲	撰〈兩浙輶軒錄序〉；《兩浙輶軒錄》40 卷刊行； 嘉慶六年阮元撰。 編《經籍纂詁補遺》成。 《廣陵詩事》10 卷刊行、《兩浙防護陵寢祠墓錄》刊行。 《詁經精舍文集》清嘉慶刻本成；許宗彥撰序。 爲錢大昕撰〈三統術衍序〉。
1802	39 歲	嘉慶七年，阮元撰《浙江圖考》于杭州使院。 《小滄浪筆談》4 卷刊行。 撰〈皇清碑版錄序〉。 刻《詁經精舍文集》14 卷。 嘉慶七年季秋月，阮元撰《焦山定陶鼎考》。 壬戌臘日，阮元撰〈積古齋記〉。 嘉慶壬戌夏五月，蓮水歸秣陵，訂《春雨樓詩》，爲書數語于卷首，阮元撰〈孫蓮水春雨樓詩序〉。 冬月，爲李述來撰〈讀通鑑綱目條記序〉。 爲程瑤田撰〈儀禮喪服足徵記序〉。
1803	40 歲	刻朱珪《知足齋集》，撰〈知足齋詩集後序〉。 《車制圖解》跋：「嘉慶八年阮元識于浙江節院，時年四十。」 嘉慶八年秋，阮元撰〈晚鐘山房記〉； 嘉慶八年，阮元撰〈杭州紫陽書院觀瀾樓記〉； 嘉慶八年秋八月，浙江巡撫臣阮元觀帝於巒，九月，臣歸浙，紀帝恩命刊銘古斛鐘，永寶用之，阮元撰〈古斛鐘銘〉。 《揅經室四集詩卷六》

1804	41 歲	撰《積古齋鐘鼎彝器款識》10 卷成；及序。 輯《海運考》2 卷；輯《兩浙金石志》。 修〈海塘志〉成；手定《經郛》條例。 嘉慶九年，歲星次甲子，元撫浙五年矣； 阮元撰〈揚州阮氏家廟碑〉。 嘉慶九年，阮元撰《雙歧秀麥圖跋》。 甲子、乙丑間，僑居揚州，勒所得詩爲一卷，曰《邗上集》，阮元 撰〈邗上集序〉。 《揅經室四集詩卷七》 爲錢大昕撰〈十駕齋養新錄序〉。 爲邵晉涵撰〈南江邵氏遺書序〉。
1805	42 歲	嘉慶十年，阮元撰〈海運考跋〉。 修《兩浙金石志》成。 嘉慶十年，阮元撰〈湘圃府君顯妣一品夫人林夫人行狀〉。 冬，阮元撰〈揚州隋文選樓銘〉。 上元日，阮元撰〈嘉慶九年重濬杭城水利記〉。
1806	43 歲	纂刻《十三經注疏校勘記》243 卷。 注釋嘉慶帝《味餘書屋隨筆》某些章節。 嘉慶丙寅、丁卯間，奉諱家居，亦常至北湖，孝廉出《北湖小志稿》示余，余讀而題之；爲焦循撰〈揚州北湖小志序〉。 嘉慶丙寅，阮元首捐錢，屬秋雨庵僧構屋三楹，拾男女之骨別而藏之，阮元撰〈秋雨庵埋骸碑記〉。 嘉慶十一年，阮元在雷塘墓廬，撰〈甘泉山獲石記〉。 重修《皇清碑版錄》； 編《瀛舟書記》；重刻《石鼓文》。
1807	44 歲	撰〈隋文選樓銘〉。 嘉慶十二年冬，阮元撰《曲江亭記》。 丁卯二月，阮元撰《瀛舟書記序》。 丁卯秋，阮元撰《重修郝太僕祠記》； 丁卯秋日，阮元撰《二郎廟蔬圃獲石記》。 嘉慶十二年，阮元撰《修隋煬帝陵記》。 嘉慶十二年秋，阮元於揚州舊城，撰〈重修旌忠廟記〉。 阮元撰〈杭州揚州重摹天一閣北宋石鼓文跋〉。 嘉慶丁卯，阮元撰〈南宋淳熙貴池尤氏本文選序〉； 阮元撰〈送楊忠愍公墨蹟歸焦山記〉。 嘉慶十二年，阮元在揚州，入西山酒城，拜外祖林榮祿公墓，撰〈六合縣冶山祇洹寺考〉。

		《揅經室四集詩卷八》 進《四庫》未收書六十種。 爲江永撰〈禮書綱目序〉。
1808	45歲	《琅嬛仙館詩》5卷，阮元手定紅格底稿本，起自嘉慶五年（1800）， 　迄於嘉慶十三年（1808），存詩一百四十餘首。 歲戊辰，元復來撫浙，阮元撰〈海塘攬要序〉。 撰〈四元玉鑑細草序〉。 爲張肇瑛撰〈愚溪詩稿序〉。 撰〈寧波范氏天一閣書目序〉。
1809	46歲	嘉慶十四年，阮元撰〈杭州靈隱書藏記〉。 揚州阮氏屬吳門吳國寶摹刻，與重摹泰山殘字石同置于北湖祠 塾，阮元撰〈摹刻漢延熹華嶽廟碑跋〉。 爲張惠言撰〈茗柯文編序〉。
1810	47歲	自編錄《十三經經郭》。 嘉慶十五年夏六月，阮元撰〈儀禮喪服大功章傳注舛誤考〉。 輯錄《國史・儒林傳》； 寫定《疇人傳》。 嘉慶十五年，阮元撰〈漢延熹華嶽廟碑整拓本軸子二跋〉。 《揅經室四集詩卷九》
1811	48歲	宋咸熙於嘉慶辛未入都，以所著《惜陰日記》相質，阮元撰〈惜 陰日記序〉。 阮元撰〈葉氏盧墓詩文卷序〉。 編《漢延熹西嶽華山碑考》4卷。 編《四庫未收書目提要》，成。 《經郭》成，未付刻。 辛未、壬申間，阮元在京師，賃屋于西城阜成門內之上岡，撰〈蝶 夢園記〉。 嚴杰（厚民）從阮元在京師，阮元撰〈錢塘嚴氏京邸祖墓圖記〉。 辛未夏，阮元在京師，撰〈連理玉樹堂壽詩序〉。
1812	49歲	歲壬申，阮元奉命總督淮、揚，駐淮安府； 阮元撰〈淮安大河阮氏世系記〉。 壬申八月，漕運總督阮元交出〈擬儒林傳稿凡例〉，前在翰林院侍 講任內撰稿。
1813	50歲	《華山碑考》4卷刊行。 嘉慶十八年，阮元督四千餘船，運粟四百萬石于江淮間，因作〈江 鄉籌運圖跋〉。 嘉慶十八年春，阮元轉漕于楊子江口，焦山詩僧借庵巨超翠屏洲

		詩人王君柳村豫來瓜洲舟次，論詩之暇，陳藏書事，遂議於焦山亦立書藏，阮元撰〈焦山書藏記〉。 嘉慶十八年，癸酉春相會于楊子江上，同訂《詩徵》(《江蘇詩徵》)，已四千餘家，王君復出《柳邨詩選》屬序之，阮元撰〈王柳邨種竹軒詩序〉。 《揅經室四集詩卷十》 夏五月，爲陳啓源撰〈毛詩稽古編序〉。
1814	51歲	撰〈是程堂集序〉。
1815	52歲	嘉慶二十年，阮元撰〈王伯申經義述聞序〉。 阮元至江西，武寧盧氏宣旬讀余《校勘記》而有慕于宋本，南昌給事中黃氏中傑亦苦毛板之朽，因以元所藏十一經至南昌學堂重刻之，且借校蘇州黃氏丕烈所藏單疏二經重刻之，近鹽巡道胡氏亦從吳中購得十一經，其中有可補元藏本中所殘缺者，於是宋本注疏可以復行於世，豈獨江西學中所私哉。 (阮元撰〈江西校刻本宋本十三經注疏書後〉)
1816	53歲	嘉慶二十一年丙子歲，阮元撰《江蘇詩徵序》。 夏四月，阮元撰〈焦氏雕菰樓易學序〉。 阮元撰〈江西改建貢院號舍碑記〉。 十二月，阮元撰〈恭進十三經注疏校勘記摺子〉。 刻《宋本十三經注疏》成。 阮元《重刻宋版（十三經）注疏總目錄版於南昌學堂。
1817	54歲	嘉慶二十二年，阮元奉命來制全楚。秋九月，閱兵至湖南東南路衡、永各營，撰〈置湖南九谿衛祠田記〉。 阮元撰〈武昌節署東箭亭記〉。 《揅經室四集詩卷十一》 爲王伯申撰〈經傳釋詞序〉。
1818	55歲	撰〈綠天書舍存草序〉。 奏纂《廣東通志》。 歲戊寅除夕，阮元撰〈國朝漢學師承記序〉于桂林行館。 戊寅六月，阮元撰〈洋程筆記序〉。
1819	56歲	嘉慶二十四年，余歲五十有六，駐於桂林，阮元撰〈桂林隱山銘並序〉。 歲在己卯處暑，撰〈圜天圖說序〉。
1820	57歲	立學海堂，以經古學課士。 爲吳騫撰〈拜經日記序〉。
1821	58歲	《江蘇詩徵》183卷刊行； 刻《皇清經解》1400卷。 道光元年，阮元撰〈新建南海縣桑園圍石工碑記〉。

1822	59 歲	道光二年閏三月，阮元撰〈重修廣東省通志序〉。 夏六月，阮元撰〈改建廣東鄉試闈舍碑記〉。 《四庫未收書目提要》5 卷問世（即《揅經室外集》）； 阮福謹記〈四庫未收書提要〉。 為馮登府撰〈石經補考序〉。
1823	60 歲	《揅經室集》5 集刻成； 道光三年，歲在癸未，阮元自序《揅經室集》。 阮元撰〈平樂府重建至聖廟碑記〉。 阮元撰〈摹刻詒晉齋華山碑全字跋〉。 《揅經室續集卷五》即《文選樓詩存第十二》
1824	61 歲	道光四年，阮元撰〈學海堂集序〉。 甲申冬日，阮元撰〈四書文話序〉。 夏五月望日，阮元書〈兩浙金石志序〉于嶺南節院之定靜堂。 刻焦循《雕菰樓集》成。 《揅經室續集卷六》即《文選樓詩存第十三》
1825	62 歲	撰〈堯典四時東作南偽西成朔易解〉。 輯刻《皇清經解》。 《學海堂初集》16 卷刊行。 撰〈易之象解〉。 《學海堂初集》，清道光五年啟秀山房刻本； 太子太保、兵部尚書、右都御史、兩廣總督阮元序。 道光五年，阮元撰〈重建肇慶總督行臺并續題名碑記〉。
1826	63 歲	撰〈平樂府重建至聖廟碑記〉。 道光六年秋，阮元撰〈英清峽鑿路造橋記〉（廣東英德、清遠兩縣峽江）。 阮元於粵西閩邊，移節滇黔，得詩數十首，為一卷，錄寄揚州，題曰《萬里集》。 《揅經室續集卷七》即《文選樓詩存第十四》
1827	64 歲	著〈塔性說〉。 《揅經室續集卷八》即《文選樓詩存第十五》為馮柳東撰〈三家詩異文疏證序〉。
1828	65 歲	道光八年春，粵中學人寄《學蔀通辨》來滇請序，阮元撰〈學蔀通辨序〉；撰〈書東莞陳氏學蔀通辨後〉。 撰〈傳經圖記〉。
1829	66 歲	刻成《皇清經解》1400 卷； 道光九年九月，夏修恕序《皇清經解》。 己丑春，子青子以詩集寄滇南，元於東園暇日，往復披讀，如見

		久別之友，且益慨然於其才與遇也； 阮元撰〈金子青學蓮詩集序〉。 《揅經室續集卷九》即《文選樓詩存第十六》
1830	67 歲	
1831	68 歲	阮元於滇撰〈碧雞臺記〉。 《揅經室續集卷十》即《文選樓詩存第十七》
1832	69 歲	道光十二年，揚州阮元序《石畫記》于滇南節署石畫軒； 《石畫記》5 卷（收《學海堂叢刻》第一函）。 壬辰孟春，阮元撰〈節性齋主人小像跋〉。 為江藩撰〈經解入門序〉。
1833	70 歲	《揅經室詩錄》5 卷問世。
1834	71 歲	《石畫記》4 卷成。 《揅經室續集卷十一》即《文選樓詩存第十八》 道光十四年，節性齋老人書于滇池，時年七十有一，阮元撰〈揚州畫舫錄跋〉。
1835	72 歲	道光十五年春，重修之，阮元撰〈重修滇省諸葛武侯廟記〉。 為張成孫撰〈武進張氏諧聲譜序〉。
1836	73 歲	《詩書古訓》序於集賢院直廬。 為梁章鉅撰〈退庵隨筆序一〉。
1837	74 歲	丁酉九月，阮元撰〈揚州水道記序〉。 丁酉六月，阮元撰〈詩有馥其馨馥誤椒記〉。 丁酉九月，阮元撰〈汪容甫先生手書跋〉。
1838	75 歲	《學海堂二集》22 卷刊行。 大清道光十八年二月癸卯朔，阮元撰〈齊陳氏韶樂罍銘釋〉 於節性齋，時年七十有五。 道光十八年春，孔繡峰先生以稿本見示，將付梓人，屬序其事，亦祖庭之掌故也；阮元撰〈闕里孔氏詩鈔序〉。 戊戌多，阮元撰〈移建安淮寺碑〉。 道光十八年，阮元撰〈齊侯罍拓篆卷跋〉。 為梁章鉅撰〈文選旁證序〉。
1839	76 歲	道光十九年，歲次己亥，節性齋老人阮元自識，撰〈揅經室續集自序〉。 九月，撰〈算學啟蒙序〉。 多至日，阮元撰〈揚州畫舫錄跋〉。 黃右原以門下晚生來謁，己亥後，屢問學； 院元撰〈高密遺書序〉。

		《揅經室再續集卷五》即《文選樓詩存第十九》 十二月，爲麟慶撰〈鴻雪因緣圖記序〉。
1840	77 歲	道光二十年，撰〈項羽都江考跋〉。 爲羅士琳撰〈續疇人傳序〉。 自訂《揅經室再續集》。 爲柳興恩撰〈鎮江柳孝廉春穀梁傳學序〉。 《文選樓叢書》：收阮元著作 14 種，其他 16 種 （刊於 1790～1840 年，有阮亨（元堂弟）《瀛舟筆談》12 卷； 阮福（元子）《小琅嬛叢記》、《孝經義疏補》9 卷等）
1841	78 歲	道光二十一年辛丑四月立碑， 阮元撰〈元大德雷塘龍王廟碑記〉。 道光辛丑年十二月，阮元撰〈雷塘壽壙孔夫人先葬記〉。 撰〈詩書古訓序〉。 撰〈羅兩峰畫方氏兄弟孝廉春風並轡圖跋〉。
1842	79 歲	壬寅歲春暮，元北居道橋之桑榆別業，新綠滿林，獨坐聽鶯，未 攜多書，客有送高郵茆魯山明經所輯十種古書來覽者，阮元撰〈高 郵茆氏輯十種古書序〉。 阮元題『夕陽樓』句成，略識於後。 爲俞希魯撰〈至順鎮江志序〉。
1843	80 歲	道光二十三年，阮元年亦八十，撰〈嵇文恭公家訓墨蹟跋〉。 癸卯四月，阮元與嘉興張廷濟不見者四十餘年矣，癸卯四月來選 樓相見，阮元撰〈張廷濟眉壽圖說〉。 道光癸卯閏月乙未，阮元撰〈重刻舊唐書序〉。 《揅經室再續集卷六》即《文選樓詩存第二十》 撰〈焦山周無專鼎序〉。
1844	81 歲	《三月十日，約儀徵兩儒學，重游泮宮采芹，拜聖賢于欞星門犀下》 并序跋，（謝東墅師、林椒生）撰〈自題近稿詩〉。
1845	82 歲	撰〈京師慈善寺西新立顧亭林先生祠堂記〉。
1846	83 歲	爲梁章鉅撰〈師友集序〉。
1847	84 歲	爲阮先撰〈揚州北湖續志序〉。
1848	85 歲	道光二十八年二月，爲蔣寶素撰〈醫略序〉。
1849	86 歲	爲王檢心撰〈道光重修儀徵縣志序〉。 道光二十九年十月十三日，阮元病卒。

第四章　阮元學術思想綜論

第一節　阮元的學術淵源

一、阮元推崇的古代學者

　　「博學淹通」、「學問淵博」的阮元，除了受父親阮承信，母親林夫人的教誨外，他的學術淵源於何人何書，座師業師是誰，哪一位思想家對他有較大的影響，一連串的問題亦頗值得探討。現依時代先後為序，舉述對阮元學術有深遠影響的學人如下：

（一）孔子

　　阮元認為「百世學者皆取法孔子」〔註1〕，「孔子為百世師」〔註2〕「六經皆周，魯所遺古典，而孔子述之，傳於後世。孔子集古帝王聖賢之學之大成，而為孔子之學。孔子之學於何書見之最為醇備歟？則《孝經》、《論語》是也。《孝經》、《論語》之學，窮極性道天道而不涉於虛，推極帝王治法而皆用乎中，詳論子臣弟友之庸行而皆歸於實，所以周秦以來子家各流皆不能及，而為萬世之極則也。」〔註3〕

　　歷代帝皇都有祭孔的盛典，士大夫對儒家的禮、樂及教化功能大都深表認同。由春秋時代下迄清末，儒學確實起了一種穩定社會和諧的作用，以異

〔註1〕阮元：〈曾子十篇注釋序〉，《揅經室集》（北京：中華書局，鄧經元點校本，1993年5月），頁46。

〔註2〕阮元：〈論語論仁論〉，《揅經室集》，頁176。

〔註3〕阮元：〈石刻孝經論語記〉，《揅經室集》，頁237～238。

族入主中原的清代皇帝，亦深深明白祭孔的意義和作用。阮元在 1793 年爲乾隆帝撰〈祭曲阜孔廟文〉，讚頌孔子云：「於戲孔子，傳道帝躬。用治斯世，斯道乃隆。堯，舜賢遠，文軌大同。帝敬孔子，禮備儀崇。」〔註4〕於此可見阮元對待孔子及其儒家學說的尊崇。

（二）孟子

阮元說：「萬世之學，以孔孟爲宗；孔孟之學，以《詩》《書》爲宗；學不宗孔孟，必入於異端。——孟子最重性善，性善推本于孔子。」〔註5〕元又說：「孟子之學，純於孔子，堯、舜之道，漢，唐，宋以來儒者無間言也。今七篇之文具在，試總而論之。」〔註6〕可證阮元對《孟子》七篇的學說，遙深契之。孟子的學說，對東瀛的儒生也有一定之影響力，阮元撰〈刻七經孟子考文並補遺序〉云：「《四庫全書》新收日本人山井鼎所撰《七經孟子考文》並《物觀補遺》共二百卷，元在京師僅見寫本，及奉使浙江，見揚州江氏隨月讀書樓所藏，乃日本元版治紙印本，攜至杭州，校閱群經，頗多同異。」〔註7〕

（三）曾子

阮元以爲在孔子眾多的學生之中，顏子、曾子、子游、子夏四人道、藝相兼〔註8〕，其中曾子之學，因他「修身愼行，忠實不欺，而大端本乎孝」，頗得阮元的心折；阮元說：「元不敏，于曾子之學身體力行未能萬一，惟熟復曾子之書，以爲當與《論語》同，不宜與記書雜錄並行。爰順考十篇之文，注而釋之，以就正有道。竊謂從事孔子之學者，當自曾子始。」〔註9〕阮元除了教士人熟讀《孝經》、《論語》外，《春秋》亦是一部儒生必讀之書，芸台引〈孝經緯〉曰：「孔子曰：『吾志在《春秋》，行在《孝經》』此八字實爲至聖之微言，實有傳授，非緯書家所能撰托。蓋《春秋》以帝王大法治之于已事之後，《孝經》以帝王大道�之于未事之前，皆所以維持君臣，安輯家邦者也。

〔註4〕阮元：〈乾隆癸丑仲冬上丁祭曲阜孔廟文〉，《揅經室集》，頁749。
〔註5〕阮元：〈詩書古訓序〉，《揅經室續集》卷1，頁40～42。
〔註6〕阮元：〈孟子論仁論〉，《揅經室集》，頁195。
〔註7〕阮元：《揅經室集》，頁43。
〔註8〕阮元：〈擬國史儒林傳序〉，「孔子以王法作述，道與藝合，兼備師儒，顏曾所傳，以道兼藝，游夏之徒，以藝兼道，定哀之間，儒術極醇，無少差繆者，此也。」《揅經室集》，頁36。
〔註9〕阮元：〈曾子十篇注釋序〉，《揅經室集》，頁46。

君臣之道立，上下之分定，于是乎聚天下之士庶人而屬之君卿大夫，聚天下之君卿大夫而屬之天子，上下相安，君臣不亂，則世無禍患，民無傷危矣。」〔註10〕至於曾子如何實踐孔子之學呢？阮元說：「曾子之學，孔子曰：『吾道一以貫之。』曾子曰：『夫子之道，忠恕而已矣。』忠恕者，子臣弟友自天子至於庶人之實政實行。故曾子曰：『忠者，其孝之本歟！』《孝經》之學，兼乎君卿士庶，以及天下國家。《曾子》十篇皆由此出。其實皆盡人所同之庸行，忠恕而已。」〔註11〕

在阮元的心目中，「春秋時學行惟《孝經》、《春秋》最爲切實正傳。」士人求學，應先熟讀《春秋》、《論語》、《孝經》、《國語》等書，因爲「考列國時孔、曾、游、夏諸聖賢及各國君卿大夫之德行名言，載在《三傳》、《國語》、《孝經》、《論語》者，皆爲處世接物之庸行，非如禪家遁于虛無也。即如仁義，禮讓，孝弟，忠順等語，與《孝經》各章事事相通，語語相合。」〔註12〕

在後世的經學家之中，阮元最推崇東漢的經學家，他認爲「東漢人經說最爲平正純實。」試以解《論語》一例爲證，阮元云：

「『君子務本，本立而道生』者，『本立而道生』一句，乃古逸詩句也。『君子務本，本立而道生。孝弟也者，其爲仁之本與！』此一節四句乃孔子語也。……《後漢書》《延篤傳論》曰：『夫仁人之有孝，猶四體之有心腹，枝葉之有根本也。聖人知之，故曰：「夫孝，天之經也，地之義也，人之行也。君子務本，本立而道生。孝弟也者，其爲仁之本與！」』觀此，延篤以此節十九字與《孝經》十四字同引爲孔子之言，其爲兩漢人舊說，皆以爲孔子之言矣。延篤後漢人，博通經傳，寬仁恤民，其論仁孝也，語質而義明，足爲《論語》此章注解，不似後人求之太深而反失聖人本意。」〔註13〕

（四）何休

何休爲阮元推崇的東漢經學家之一，阮元說：「昔者何邵公學無不通，進退忠直，聿有學海之譽，與康成並舉。」〔註14〕元又說：「唐，宋人每輕視漢，魏，六朝人，以爲無足論。無論宋，齊疏義，斷非唐以後人所能爲，即如邵

〔註10〕阮元：〈孝經解〉，《揅經室集》，頁47～48。
〔註11〕同註3。
〔註12〕阮元：〈詁經精舍策問〉，《揅經室集》，頁237。
〔註13〕阮元：〈論語解〉，《揅經室集》，頁51。
〔註14〕阮元：〈學海堂集序〉，《揅經室集》，頁1076。

公之爲人，絕無可議，其學如海，亦非後人所能窺，《公羊》之學與董子《繁露》相表裏，今能通之者有幾人哉？不能通之而一概掃之，可乎？試爲漢何邵公贊。」〔註15〕何休在東漢經師中以通《公羊》著稱，對何休的公羊學，阮元評論云：「故公羊之學，兩漢最勝。雖劉歆，鄭眾，賈逵謂公羊可奪，左氏可興，而終不能廢也。然說者既多，至有倍經任意者，任城何君起而修之，覃精竭思，閉門十有七年，乃有成書，略依胡毋生條例而作解詁，學者稱精奧焉。六朝時何休之學猶盛行於河北，厥後左氏大行，《公羊》幾成絕響矣！」〔註16〕

（五）許慎

阮元撫浙，遂以昔日修書之屋五十間，選兩浙諸生學古者讀書其中，題曰詁經精舍。……奉許（慎），鄭（玄）木主于舍中，群拜祀焉。此諸生之志也……許，鄭集漢詁之成者也，故宜祭祀。〔註17〕可見許慎，鄭玄兩經師在阮元心目中的地位。阮元云：「諸生謂周，秦經訓至漢高密鄭大司農集其成，請祀於舍，孫君（淵如）曰：『非汝南許洨長，則三代文字不傳於後世，其有功于經尤重，宜並祀之。』」〔註18〕

（六）鄭玄

阮元云：「元昔充督學齊，魯，修鄭司農祠墓，建通德門，立其後人，是鄭君有祀而許君之祀未有聞，今得並祀于吳，越之間，匪特諸生之志，亦元與王（昶），孫（淵如）二君之志。」〔註19〕只要讀一讀阮元〈重修高密鄭公祠碑〉這一段文字：「元嘗博綜遺經，仰述往哲，行藏契乎孔，顏，微言紹乎游，夏，則漢大司農高密鄭公其人矣。公當炎祚陵夷，清流沈錮，泊然抱道，邃情墳典，卻謝車服，隱德彌修，所學《易》、《書》、《詩》、《禮》、《春秋》、《論語》、《孝經》箋注百餘萬言，石渠會議無以逮其詳貫，扶風教授不足擬其旨趣，又嘗比核算數，甄極愆緯，兩京學術，用集大成，天下師法，久而爾篤固，不以齊，魯域焉。」〔註20〕阮元對鄭康成在經學取得的成就，深表仰慕，元之鑽研經學，鄭康成之於他，也有一定程度的啓發。

〔註15〕阮元：〈學海堂策問〉，《揅經室集》，頁 1068。
〔註16〕阮元：〈春秋公羊通義序〉，《揅經室集》，頁 246。
〔註17〕阮元：〈西湖詁經精舍記〉，《揅經室集》，頁 547～548。
〔註18〕同前註。
〔註19〕同註 14。
〔註20〕阮元：《揅經室集》，頁 732。

綜合上文所述，阮元熟讀的先秦典籍包括：《論語》、《孟子》、《曾子十篇》、《孝經》、《春秋》、《國語》、《說文解字》、《公羊傳》、《易經》、《詩經》、《尚書》、《小戴禮記》等。此外，阮元勸人多讀的文獻還有：《大戴禮記》，四書的〈大學〉、〈中庸〉、十三經等。

對阮元學術思想有深遠影響的學人則包括：孔子、孟子、曾子、何休、許慎、鄭玄、等六人。

二、阮元推崇的清代前輩學者

清學史的論著，對阮元（1764～1849）的學術師承，幾乎異口同聲地說，芸臺一生的學術取向，都是戴東原（1723～1777）漢學的餘緒。事實也無可辯駁，東原治經說：「經之至者道也，所以明道者其詞也，所以成詞者字也。由字以通其詞，由詞以通其道，必有漸。」〔註21〕芸臺治經亦說：「古書之最重者莫逾於經，經自漢、晉以及唐、宋，固全賴古儒解注之力，然其間未發明而沿舊誤者尚多，皆由於聲音文字假借轉注未能通徹之故。」〔註22〕東原雖專門漢學，然其傳世之作《孟子字義疏證》實主義理，他說：「故訓明則古經明，古經明則賢人聖人之理義明，而我心之所同然者，乃因之而明。賢人聖人之理義非它，存乎典章制度者是也。」〔註23〕而芸臺治經，雖主師承漢學，但亦不貶宋學，調和漢宋，他說：「是故兩漢名教得儒經之功，宋明講學得師道之益，皆於周孔之道得其分合，未可偏譏而互誚也。」〔註24〕

胡適（1891～1962）在 1923 年 12 月寫成《戴東原的哲學》一書，把洪榜、程晉芳、段玉裁、章學誠、翁方綱、姚鼐、凌廷堪、焦循、阮元、方東樹等十人列舉為戴學的反響，而更推崇阮元「是戴震的一個最有力的護法。」〔註25〕

錢穆（1895～1990）《中國近三百年學術史》也論述「可證當時惠（棟）、戴（震）論學固無差岐，以古訓發明義理而取徑於漢儒，兩家意見實相一致，芸臺則聞其風而起者。今觀其集中如〈論語論仁論〉、〈孟子論仁論〉、

〔註21〕戴震：〈與是仲明論學書〉，《戴震文集》（北京：中華書局，1990 年 12 月），頁 140。

〔註22〕阮元：〈王伯申經義述聞序〉，《揅經室集》（北京：中華書局，1993 年 5 月），頁 120。

〔註23〕同註 21，〈題惠定宇先生授經圖〉，頁 168。

〔註24〕阮元：〈擬國史儒林傳序〉，《揅經室集》，頁 36。

〔註25〕胡適：《戴東原的哲學》（臺北：遠流出版公司，1986 年 7 月），頁 100。

〈性命古訓〉諸巨篇，皆所謂以古訓明義理之作也。」〔註26〕不知道是不是胡適、錢穆二人在學術史的影響力太大的緣故，此後的學術史論著，給人的印象就是：阮元的學問，就算不是直接師承自戴震，但總是和戴震扯上關係。例如：

曹聚仁（1900～1972）「揚學二談」：「阮元從事於總結歷代科學成就，曾編成《疇人傳》，這是第一部科學家傳。他們把戴東原的哲學思想加以發展，如汪中、焦循、阮元，對宋元以來理學家所堅持的曲說、玄解，作了比較深刻的批判。」〔註27〕

侯外廬（1903～1987）：「如果說焦循是在學術體系上清算乾嘉思想，則阮元是在編纂上總結乾嘉成果，他不但是一位戴學的繼承者，而且是一位根據漢學家的精神而倡導學風的人。——然而我們讀破芸臺的《揅經室集》除了接受東原的一些思想外，絲毫找不出他的自己哲學思想。」〔註28〕

楊向奎（1910～　　）：「（漢學家）樹漢幟而拔宋幟，段（玉裁）與二王（念孫、引之）的學風即如此。但阮元則是顧（炎武）與戴（震）的傳統發揮者……」〔註29〕

張舜徽（1911～1992）：「（阮元）平生研究經學，也不以惠棟一派墨守漢儒為然。抱著實是求是的精神，走戴震的道路。」〔註30〕

學術史上雷同的看法，俯拾即是，似乎也沒有人提出異議。事實是不是這樣的呢？筆者翻檢了《阮元年譜》及《東原先生年譜》，可以肯定的說，戴震長阮元四十一歲，芸臺一生與東原可謂緣慳一面，阮元實為戴震之再傳弟子（戴震——王念孫——阮元）。近三百年學術史論著，有關阮芸臺的學術淵源，一般都較為忽略。茲草就本文，談談阮元的學術師承，清代中葉學術史上一些陳陳相因的迷霧，或可廓而清之焉。

（一）王念孫

王念孫（1744～1832）長阮元 20 歲。

念孫為清代訓詁學大師，龔自珍（1792～1841）曾賦詩推崇王氏一門四

〔註26〕錢穆：《中國近三百年學術史》（北京：中華書局，1989 年 9 月），頁 480。
〔註27〕曹聚仁：《中國學術思想史隨筆》（北京：三聯書店，1986 年 6 月），頁 294。
〔註28〕侯外廬：《近代中國思想學說史》（上海：生活書店，1947 年 5 月），頁 536～537。
〔註29〕楊向奎：《清儒學案新編》第 5 卷（濟南：齊魯書社，1994 年 3 月），頁 399。
〔註30〕張舜徽：《清儒學記》（濟南：齊魯書社，1991 年 11 月），頁 444。

傑（王安國、念孫、引之、壽昌），同爲極享盛名的大儒。〔註31〕

　　阮元亦稱譽：「高郵王氏一家之學，海內無匹。」（《王石臞先生墓誌銘》）

　　徐世昌《清儒學案》石臞學案，亦指出「先生初從學休寧戴氏東原，受聲音文字訓詁，其治經，熟於漢學之門戶。」〔註32〕故王念孫師承戴東原，應無異議；而王念孫確實爲阮元的老師，有下列三條的佐證：

1、阮元《王伯申經義述聞序》：「昔余初入京師，嘗問字於懷祖先生，先生頗有所授。」〔註33〕（筆者按：懷祖，念孫字。劉盼遂《高郵王氏父子年譜》：「先生姓王氏，名念孫，字懷祖，號石臞，又作石渠，江蘇高郵州人也」。）

2、阮元《王石臞先生墓誌銘》：「元于先生爲鄉後學，乾隆丙午入京謁先生。先生之學精微廣博，語元，元能知其意，先生遂樂以爲教；元之稍知聲音文字訓詁，得于先生也。」〔註34〕

3、張鑑《雷塘庵主弟子記》：「1786，乾隆五十一年，元23歲條：十一月十九日，抵京師，寓前門內西城根，因得見餘姚邵二雲、高郵王懷祖、興化任子田三先生。」〔註35〕

　　王念孫師承戴東原，阮元一生或未親授東原的教益，但芸臺確爲東原之再傳弟子，則可無疑。對於王念孫的師承，阮元《王石臞先生墓誌銘》亦明言：「先生初從東原戴氏，受聲音文字訓詁，遂通《爾雅》、《說文》，皆有撰述矣！……綜其經學納入《廣雅》，撰《廣雅疏證》二十三卷，凡漢以前倉雅古訓，皆搜括而通證之，謂訓詁之旨本于聲音，就古音以求古義，引伸觸類，擴充于爾雅說文之外，似乎無所不達。」

　　阮元論王念孫的學術成就，綜而言之，包括下列各個方面：

1、訓詁本于聲音；

2、分古韻爲21部；

3、長于校讎：著《讀書雜誌》82卷。

〔註31〕劉逸生：《龔自珍編年詩注》己亥雜詩148首，道經嘉興，拜訪王念孫之孫、王引之長子、嘉興府知府王壽昌（字子仁）。賦詩贊王氏祖孫四代，一門四傑：「一脈靈長四葉貂，談經門祚郁岩堯。儒林幾見傳苗裔？此福高郵冠本朝。」（浙江古籍出版社，1995年12月），頁635。

〔註32〕徐世昌：《清儒學案》二，卷100（北京：中國書店，1990年9月），頁831。

〔註33〕阮元：《揅經室集》，頁120。

〔註34〕阮元：《揅經室續二集》，（《文選樓叢書》本），頁4。

〔註35〕張鑑：《阮元年譜》（北京：中華書局，1995年11月），頁7。

看看王念孫交往的朋友，其實大多亦即是阮元問學的先輩。他們包括：

「早年居鄉，與李君惇、賈君田祖、汪君中、劉君台拱、程君瑤田，以古學相示，極一時之盛。」〔註36〕而在這一班前輩學人之中，王念孫最得阮元的傾心和推重。阮元在《答友人書數則》云：「若江都汪容甫之博聞強記，高郵王懷祖之公正通達，寶應劉端臨之潔淨精核，興化任子田之細密詳贍，金壇段若膺之精銳明暢，皆非外間所可及也。大約王為首，段次之，劉次之，汪次之，任次之，此後吾輩尚可追步塵躅也。──元自出門以來，于前輩獲見，程劉王任錢數君子；于同輩獲見，江藩、孫星衍、朱錫庚、李賡芸、凌廷堪數君，皆捧手有所授焉，餘不必計也。」〔註37〕

由此看來，阮元在乾嘉樸學大師之中，並非師承自戴震，而是師承戴震的弟子──王念孫。

（二）戴東原

戴震（1723～1777）長阮元41歲。

只要排比一下《阮元年譜》及《戴東原先生年譜》〔註38〕，終阮元一生，有沒有機會和戴震見面，答案是很顯明的：

	張鑑《阮元年譜》	楊應芹《東原年譜訂補》
乾隆 29 年 1764	元 1 歲，生於揚州。	東原 42 歲
乾隆 30 年 1765	2 歲	43 歲，定《水經》1 卷，是年入都過蘇。
乾隆 31 年 1766	3 歲	44 歲，入都會試不第，居新安會館。
乾隆 32 年 1767	4 歲	45 歲，客冬至京師。
乾隆 33 年 1768	5 歲，移居新城花園巷。林太夫人教識字。	46 歲，是年應直隸總督方恪敏公之騁，修直隸河渠書 111 卷，未成。
乾隆 34 年 1769	6 歲，始就外傅。	47 歲，入都會試不第。
乾隆 35 年 1770	7 歲	48 歲
乾隆 36 年 1771	8 歲	49 歲，是年會試不第，後修《汾陽縣志》。

〔註36〕同註34。

〔註37〕阮元：〈阮芸臺答友人書數則〉載《國粹學報》，第 3 年第 4 號，第 29 期，（1907年 5 月），撰錄，頁 1～2。

〔註38〕同註35，戴震：《戴震全書》六（合肥：黃山書社，1995 年 10 月），頁 675～688。

乾隆 37 年 1772	9 歲，從喬書西先生學。	50 歲，是年自汾陽入京，會試不第。
乾隆 38 年 1773	10 歲	51 歲，主講浙東金華書院。
乾隆 39 年 1774	11 歲，始學文。	52 歲，是年 10 月，先生校《水經注》成，恭上。
乾隆 40 年 1775	12 歲	53 歲，是年會試不第，奉命與乙未貢士一體殿試，賜同進士出身，授翰林院庶吉士。
乾隆 41 年 1776	13 歲，復從封公移居花園巷。	54 歲，是年秋，新任陝西巡撫畢沅，在離都前登門拜訪戴震。
乾隆 42 年 1777	14 歲	55 歲，五月二十七日，先生卒。

　　由上表觀之，芸臺自幼在揚州生活，而東原的晚年則在京師寄居，芸臺一生，確實未遇東原。戴東原在他住在京師的晚年，屢試不第，知不知道在揚州城中，卻有一位黃毛小子，日後竟然成為三朝閣老，九省疆臣，兼且弘揚他的學術呢？東原雖然失意於仕途，但「生平無嗜好，惟喜讀書」〔註39〕儼然成為清代漢學之巨人；芸臺卻平步青雲，為乾隆皇帝所賞識，領袖群倫，其影響力及於他同時代及日後的士人。一窮通，一顯貴，命運之於人，委實難料！

　　儘管阮元早歲亦未曾親領戴震的教益，可是，在芸臺的心中，東原依然是他心嚮往之的通儒。阮元在《傳經圖記》自述其一生學問的取向，乃受通儒之影響，而戴震便是其中的一個。芸臺說：「何謂通儒之學？篤信好古，實事求是，匯通前聖微言大義而涉其藩籬，此通儒之學也。元當弱冠後，即樂與當代經師游，若戴君東原，孔君巽軒，孫君淵如，皆與元為忘年交，與元教學相長，因得略窺古經師家法。」〔註40〕一句忘年之交，便正好為我們解釋了阮元私淑戴震的意向，是何等明顯了。

（三）任大椿

　　任大椿（1738～1789），長阮元二十六歲。

　　據江藩《國朝漢學師承記》，「子田與東原同舉於鄉，於是習聞其論說，究心漢儒之學。」〔註41〕在一大班同鄉先輩中，阮元向這位曾任《四庫全書》

〔註39〕江藩：《國朝漢學師承記》卷5，（北京：中華書局，1983 年 11 月），頁 86。
〔註40〕〈跋阮芸臺傳經圖記〉，《左盦題跋》，劉師培：《劉申叔先生遺書》（寧武南氏校印版，1936 年），頁 11。
〔註41〕張鑑：《阮元年譜》，頁 97。

館纂修官的任子田先生，請益的次數最多。芸臺說：「元居在江淮間，鄉里先進多治經之儒，若興化顧進士文子九苞、李進士成裕惇、劉廣文端臨台拱、任侍御子田大椿、王黃門石臞念孫、汪明經容甫中，皆耳目所及，或奉手有所受。丁未、戊申間，元在京師，見任侍御，相問難爲尤多。」〔註42〕據《阮元年譜》載：丁未（1787年），元二十四歲，會試下第，留館京師。夏，女荃生。所著《考工記車制圖解》成。戊申（1788年），元二十五歲，以所著《車制圖解》付梓。又據芸臺『南江邵氏遺書序』：「歲丙午（元二十三歲），元初入京師，時前輩講學者，有高郵王懷祖，興化任子田，暨先生（邵晉涵）而三，元咸隨事請問，捧手有所授焉。」〔註43〕

由上述兩段芸臺自述與任子田的交往紀錄看，芸臺見大椿，是在大椿48歲至51歲的晚年，而在眾鄉里先進中，芸臺請教最多的便是任大椿先生。徐世昌《清儒學案》，對這位精研禮學的經師，把他附錄在東原學案之後，只有寥寥數行的記載：「任大椿，字幼植，又字子田，江蘇興化人，少工文辭，既乃專究經史傳注。乾隆己丑二甲一名進士，授禮部主事，充四庫全書纂修官，游歷郎中，遷御史，與東原同鄉舉，習聞其論說，淹通於禮，尤長名物。初欲薈萃全經，久之，知其浩博難罄，因即類以求，著《弁服釋例》《深衣釋例》《釋繒》諸篇，皆博綜群籍，衷以己意，又有《易象大意》《小學勾沈》《字林考逸》《吳越備史注》。」〔註44〕

阮元言禮，云「理必出於禮也。古今所以治天下者禮也，五倫皆禮，故宜忠宜孝即理也。」（『書東莞陳氏學蔀通辨後』），和他師承自任大椿的禮學，應該是有跡可尋的。

（四）汪容甫

汪中（1744～1794）與王念孫同年出生，皆長阮元20歲。

阮元於乾隆47～48年（1782～1783）在揚州初晤汪中，當時阮元爲一19～20歲的年青小伙子，而汪中已屆39歲，正步入中年。江藩對這位苦學成材的通人，有一段頗爲感人的記載：「君生七歲而孤，家夙貧，母鄒絪屢以繼饔餐。冬夜藉薪而臥，且供爨給以養親。力不能就外傳讀，母氏授以小學、四子書。及長，鬻書於市，與書賈處，得借閱經史百家。於是博綜典籍，諳究

〔註42〕阮元：《任子田侍御弁服釋例序》，《揅經室集》，頁243。
〔註43〕阮元：《揅經室集》，頁544。
〔註44〕同註32，《清儒學案》（二），頁413。

儒墨，經耳無遺，觸目成誦，遂爲通人焉。」〔註45〕

　　阮元在他 74 歲時，即道光十七年，在《汪容甫先生手書跋》一文，詳細地交待了他和汪中、孟慈父子二人的交往：「元於乾隆四十七八年間識先生于揚州，常與凌仲子先生諸人同泛舟平山，先生議論經史，風發泉涌。又曾得見先生校大戴記初稿。入京後遂不相見。及元赴浙江督學時，先生已卒。……元老入京師，孟慈亦常相見，孟慈之學，大得父教，而其不諧于俗，亦略有父風。」〔註46〕由此得知，阮元向汪中問學，剛剛是阮元「屏去舊作詩詞時藝。始究心於經學」之時（《阮元年譜》19 歲條）；阮元於乾隆五十一年（1786）十一月十九日抵京，易言之，他自從 23 歲入京之後，再沒有見過汪中。而他們這一段師生之誼，爲時只有短短的三數年。不過，汪中對阮元的影響，只要看看阮元對汪中作品的評價，便可知其大概了。茲錄列如下：

　　阮元《述學序錄》：「汪中，字容甫，孤秀獨出，凌轢一時。心貫九流，口敝萬卷。鴻文崇論，上擬漢唐。劉焯劉炫，略同其概。」〔註47〕

　　阮元《容甫先生遺詩跋》：「汪中，字容甫，江都人，乾隆丁酉拔貢生，多聞強識，舉所誦書若流水，雄於文，鎔鑄漢唐，成一家言。詩學盛唐，參以金元，好金石。」〔註48〕

　　阮元《傳經圖記》：「吾鄉有汪君容甫者，年長於元，壽止五十。聞汪君壯年，從朱竹君侍郎，畢秋帆制軍游，於海內經師，咸與之上下。其議論所著，有述學內外篇，如釋三九，釋明堂數篇，皆匯萃古訓，疏通證明，而其所最精者，則在周官經，左氏傳；嘗作《春秋左氏釋疑》、《周禮徵文》二篇，以證二經之非僞。」〔註49〕

　　阮元《擬儒林傳稿》：「汪中，字容甫，江都拔貢生。好古博學，長於經義，於詩古文書翰，無所不工。著《周官徵文》《左氏春秋釋義》，皆依據經證，箴砭俗學，並見《述學》內外篇。」〔註50〕

　　據此而知芸臺一生，對汪中在詩、賦、文及經學考證各個方面，無不折

〔註45〕同註 39，頁 97。
〔註46〕阮元：《揅經室續集》卷 3，頁 23。
〔註47〕分見：古直箋：《汪容甫文箋敘錄》（臺北：世界書局，1962 年 10 月），頁 3；〈汪氏學行記〉卷 4，陳乃乾：《江都汪氏叢書》之八，九，頁 4。
〔註48〕《容甫先生詩選題詞》，《述學　容甫遺詩》（臺北：世界書局，1962 年 10 弓），頁 1。
〔註49〕同註 40。
〔註50〕同註 47，《汪氏學行記》卷 3，頁 1。

服。阮元刊刻海內學問之士著述，《述學》、《明堂通釋》等汪中的大作，自然亦包括在內。

（五）劉端臨

劉台拱（1751～1805）長阮元十三歲。

劉台拱既是阮元的鄉里先進，亦是他的姻親，原來台拱妾生二子：源岷和源嶓，女三，長女（繁榮，字潤芳）適阮元長子常生。《揚州畫苑錄》記載這位阮文達公媳婦：「工詩善畫，嘗摘取揅經室詩句，分寫十六幀，清疏濃厚，各極其能。」〔註 51〕而劉台拱的大孫女，亦適阮常生的兒子阮恩海。

芸臺與台拱的交往情誼，從台拱《清芬外集》阮文達致書三扎中可想見〔註 52〕：

1、台拱 41 歲，文達致書云：「吾鄉言學者尚多，求其精確而公明者，惟先生與懷祖先生，足為師法也。——素諗先生於《禮經》之學，尤為深邃，其於經文訛誤，訂正必多，字畫偏旁，不少更正；務祈賜一詳札，俯言之。……至段若膺先生，金輔之先生，元亦各具書問之。」

2、台拱 46 歲，文達致書云：「前曾有徵刻《淮海英靈集》之啟。今晤程中之兄，知寶應文獻，兄處已收羅迨遍，詩稿皆在高齋，不勝欣慰之至。……外附呈近刻文數篇，伏乞指謬。」

3、台拱 50 歲，文達致書云：「承示大作《吉月朝服解》，辨注之誤，抉經之心，簡明的當，曷勝心洽！先生著述甚富，尚望早為付梓，以惠學者。《經籍纂詁》一書，雖已刻成，尚有錯誤脫略之處，今奉上稿本一部，勿示外人。現在已延藏在東兄，另為補遺苦干卷，再為續梓。《山左金石志》，容俟刷印報命耳。」

台拱精研禮學，蒐羅鄉邦文獻，考證經論，對芸臺治學的門徑，或多或少都有一定程度的影響。至於芸臺，他願意把其編刻之書，呈獻給台拱過目，亦間接證明芸臺視端臨為學術的諍友。

嘉慶十年（1805）五月，劉台拱 55 歲，卒於家，葬寶應城北之童溝。由朱彬作《行狀》，台拱的《墓表》，便是出自姻親阮芸臺的手筆。

〔註51〕 劉文興：〈劉端臨先生年譜〉，載國立北京大學：《國學季刊》第 3 卷第 2 號，1932 年 6 月），頁 390。
〔註52〕 同註 51，頁 345，頁 369，頁 379。

在阮元問學的先輩中，劉台拱最可堪注意的，便是他「十歲，心慕理學，嘗於其居設宋五子位，朝夕禮之，出入里閈，目不旁睞，時有『小朱子』之目。年十五，從同里王君雒師學，及見王予中、朱止泉兩先生書，遂篤志程、朱之學。」〔註53〕在《劉端臨墓表》，芸臺視端臨為：

1、父親有疾，日侍湯藥的孝子；

2、居家，教諸弟雖嚴，然怡怡和悅的慈父；

3、宗族有少孤不能讀書，及困苦不能自振者，皆賙給之的好好先生；

4、德盛禮恭，絕口不言人短，終身無疾言遽色的有德之士；

5、生平無嗜好，唯聚書數萬卷及金石文字；生活淡泊的讀書人。

因此，劉端臨在時人心目中，確實享有崇高的學術地位，儼然是當世的大儒。

阮元《墓表》說端臨的治學和交友：「是時，朝廷開四庫館，海內方聞綴學之士雲集，先生所交遊，自大興朱學士筠、歙程編修晉芳外，休寧戴庶常震、餘姚邵學士晉涵、同郡任御史大椿、王給事念孫並為昆弟交。稽經考古，且夕講論，先生齒最少，每發一議，諸老先生莫不折服。先生之學，自天文、律呂、六書、九數、聲韻等事，靡不貫洽。諸經中于三禮尤精研之，不為虛詞穿鑿，故能發先儒所未發，當世儒者撰書，多采其說。」芸臺二十四歲，已撰成《考工記車制圖解》2卷，其禮學的論說淵源自任大椿和劉端臨，也就不言而喻了。

台拱的著述，包括：「所著文集及《論語駢枝》、《荀子補注》、《漢學拾遺》、《儀禮補注》、《經傳小記》，惟稿多零落，僅輯成七卷。」（阮元《劉端臨墓表》）

台拱的學術，江藩評云：「深研程朱之行，以聖賢之道自繩，然與人游處，未嘗一字及道學也。君學問淹通，尤邃於經，解經專主訓詁，一本漢學，不雜以宋儒之說。」〔註54〕江藩對台拱的批評，只一本漢學家的立場，視台拱推尊朱子和宋學而不見，是有欠公允的。

（六）段玉裁

段玉裁（1735～1815），長阮元二十九歲。

戴東原在1777年5月身故後，其文集直至到1792年6月，才由臧在東、

〔註53〕阮元：〈劉端臨先生墓表〉，《揅經室集》，頁399～400。

〔註54〕同註39，頁116。

顧子述二人編成。〔註 55〕《戴東原集》十二卷，序文便是由東原的弟子金壇段玉裁執筆的。段玉裁受東原所傳：「有義理之學，有文章之學，有考核之學。義理者，文章考核之源也。熟乎義理，而後能考核、能文章。」段玉裁則認為：「竊以謂義理、文章，未有不由考核而得者。」〔註 56〕換言之，段氏主張欲明經學中的義理，必先弄清楚文字、音韻、訓詁之學；通小學，義理之學才能彰顯。芸臺亦主張欲通經學，必須從文字、訓詁之學入手：「綜而論之，聖人之道，譬若宮牆，文字訓詁，其門徑也。門徑苟誤，跬步皆岐。安能升堂入室乎！」〔註 57〕

　　作為段玉裁的晚輩，芸臺和他的交往，既有來書請益，亦由於芸臺財力雄厚的關係，段玉裁的著述，要靠芸臺替他刊刻出版。下面是《段玉裁先生年譜》中，他們二人的交往紀錄：

1791 年，玉裁 57 歲，阮元奉詔校勘石經儀禮，來函商問疑難之處。

1796 年，玉裁 62 歲，5 月，阮元為先生作《周禮漢讀考序》。

1801 年，玉裁 67 歲，5 月，先生到杭州，12 日，阮元招先生同孫淵如、程易疇，雅集於詁經精舍之第一樓，淵如有詩紀之。西湖上詁經精舍設許叔重主，題曰漢洨長太尉南閣祭酒許公，先生非之，與阮梁伯書，以為應書太尉南閣祭酒前洨長可也。

1804 年，玉裁 70 歲，是年有與王石臞第一第二兩書，第二書略云：弟春夏多病，秋冬稍可權讀書，而欠精力；數年以文章而兼通財之友，唯藉阮公一人，拙著《說文》，阮公為刻一卷，曾由邗江寄呈，未知已達否？能助刻一二否？

1805 年，玉裁 71 歲，與阮芸臺書論阮氏湘圃府君行狀中謬誤。

　　而據劉盼遂的考證，世人以為《十三經注疏校勘記》出自阮元手筆，但按由集中（《經韻樓集》）十三經注疏校勘記序，春秋左傳校勘目錄及與劉端臨，王石臞兩公書觀之，可知阮氏書成於先生之手。〔註 58〕段玉裁對阮元這位晚輩，曾兩次致書給他，暢談如何考證《儀禮》和校正《唐詩》的版本文

〔註 55〕劉盼遂：〈段玉裁先生年譜〉，《段玉裁遺書》（臺北：大化書局，1977 年），頁 1161～1187。

〔註 56〕趙玉新點校：《戴震文集》，段玉裁：〈戴東原集序〉（北京：中華書局，1990 年 2 月），頁 1。

〔註 57〕阮元：《揅經室集》，頁 37。

〔註 58〕同註 55。

字〔註 59〕。因此，阮元漢學的考證方法，或多或少，總會受到段玉裁一定程度的啓發。而阮元在《漢讀考周禮六卷序》一文〔註 60〕，表揚段玉裁《說文解字註》一書，有功於天下後世，我們便不會感到奇怪了。

（七）邵晉涵

邵晉涵（1743～1796）長阮元 21 歲。

江藩筆下的邵晉涵，又是一名經史兼通、實事求是的讀書人。《國朝漢學師承記》載：「邵晉涵，字與桐，號二雲，餘姚人也。……君生而穎異，少多疾，左目微眚，然讀書十行並下，終身不忘。——於書無所不讀，而非法之書不陳於側。」〔註 61〕阮元年僅 23 歲時，即「1786 年 11 月，入都，謁先生，時有請問。」〔註 62〕獲益自然不少。阮元 27 歲才授職編修，遷寓外城揚州會館，這四年京城的讀書生活，所見的又是前輩學者如王念孫、任大椿和邵二雲等人，芸臺學問的增長，相信這一段寓居京師期，在他的學術生命來說，會是一個起步的關鍵。

打從 1786 年起，直至到邵晉涵於 1796 年辭世爲止，芸臺，晉涵二人也無緣再一見了。而邵二雲的學術，可幸有他的兩個兒子替他傳承接續。

阮元《定香亭筆談》卷二：「浙東西兄弟皆才者，二洪之外，則有丁小雅、杰二子，邵二雲學士之二子秉衡、秉華，並傳家法，兼通經史。」

嘉慶九年（1804）距邵二雲之卒已八年，阮元爲二雲的著述《南江邵氏遺書》撰序，對這位「以醇和廉介之性，爲沈博邃精之學，經學史學，並冠一時」的老師，作了一次最後的敬禮。阮元由衷地說：「元既心折於先生之學行，又喜獲交於令子秉華，能輯先生之書，俾元受而讀之，得聞先生未罄之緒論也。謹記數言，以諗同學者。」〔註 63〕

（八）孔廣森

孔廣森（1752～1786），長阮元十二歲。

孔廣森爲山東曲阜孔子六十八代孫，與阮元爲姻親。佐證有二：

〔註 59〕段玉裁：〈與阮芸臺書〉、〈與阮芸臺書校唐詩三條〉《段玉裁遺書・經韻樓集》卷 3，卷 8，（臺北：大化書局，1977 年 5 月），頁 1014～1015。

〔註 60〕阮元：《擘經室集》，頁 241。

〔註 61〕同註 39，頁 95～96。

〔註 62〕黃雲眉：〈邵二雲先生年譜〉，《史學雜稿訂存》（齊魯書社，1980 年 4 月），頁 73。

〔註 63〕阮元：《擘經室集》，頁 545。

1、阮元說：「元爲聖門之甥，陋無學術，讀先生此書，始知聖志之所在，因敬敘之。」（《春秋公羊通義序》）

2、據阮元母親〈林夫人行狀〉：「不孝元，林夫人出，娶江氏，歙縣候選州同知振箕公女，即祖妣之孫姪也。繼娶孔氏，曲阜衍聖公昭煥公孫女，誥封衍聖公，世襲翰林院五經博士憲增公女。」（《誥封光祿大夫戶部左侍郎顯考湘圃府君顯妣一品夫人林夫人行狀》）〔註64〕

清代中葉孔氏一門，學術家輩出，他們包括：

1、孔廣林：字叢伯，廣森弟，博雅好古，治經專治鄭學。年二十六，即絕意進取，閉門著述，共132卷，凡44萬5000餘言。阮文達嘗謂海內治經之士無其專勤云。〔註65〕廣林自編《溫經樓年譜》，有清稿本，現藏北京圖書館。（來新夏《近三百年人物年譜知見錄》頁113）

2、孔廣森：字眾仲，一字撝約，先生乾隆辛卯進士，授翰林院檢討，年少入官，翩翩華冑，一時爭與之交，然性恬淡，耽著述，裏足不與要人通謁，告養歸，不復出，及居大母與父喪，竟以哀卒，時乾隆五十一年，年三十有五。（《清儒學案》卷一百九）

又廣森年譜，失錄藏家，待訪。（謝巍《中國歷代人物年譜考錄》頁469）

3、孔昭虔：字元敬，號荃溪，廣森子。早成進士，入翰林，歷官至貴州布政使，屢掌文衡，愛士若渴，博通經史，能讀父書。〔註66〕阮文達稱其能，以詞章世其家學。

4、孔廣廉：別名靜吾，廣森弟，出爲季父繼涑後，廣森遺書，纂輯寫定，率出先生手。有《校刊公羊春秋通義徼略》一篇。（嚴文郁《清儒傳略》頁31）

孔廣森精研公羊學，阮元《揅經室集》收序廣森文二篇，一爲《大戴禮記補注序》，一爲《春秋公羊通義序》，可證芸臺對春秋公羊學，早已不感到陌生，廣森與何休公羊學不同者有四〔註67〕。阮元說：「（廣森）又謂左氏之

〔註64〕阮元：《揅經室集》，頁247，頁373。

〔註65〕桂文燦：《經學博采錄》，卷5（臺北：明文書局，1992年8月），頁147。

〔註66〕同註65。

〔註67〕阮元：〈春秋公羊通義序〉，「其不同於解詁者，大端有數事焉。謂古者諸侯分土而守，分民而治，有不純臣之義，故各得紀年於其境內。而何邵公猥謂唯王者然後改元立號，經書元年爲託王於魯，則自蹈所云，反傳違戾之失矣，其不同一也。謂春秋分十二公而爲三世，舊說所傳聞之世，隱、桓、莊、閔、僖也，所聞之世，文、宣、成、襄也，所見之世昭、定、哀也。顏安樂以爲

事詳，公羊之義長，春秋重義不重事。是可謂好學深思，心知其意者矣。」(《春秋公羊通義序》)芸臺自弱冠後，便樂於與廣森這位經師交遊，且承認與他為忘年之交。故芸臺稱譽廣森：「思述祖志，則從事於公羊春秋者也。先生幼秉異資，長通絕學，凡漢宋以來之治春秋者不下數百家，靡不綜覽。」〔註68〕與伯牙鼓琴，鍾子期聽之的遺風，相去不遠。

(九) 程瑤田

程瑤田（1725～1814），長阮元三十九歲。

阮元問學先輩率多博學通人，程瑤田也可算是其中一個典型。

支偉成《清代樸學大師列傳》區分清代樸學大師為吳派經學及皖派經學兩大類，由於頗為牽強，章太炎（1869～1936）也曾經提出一些不同的看法。〔註69〕

《清代樸學大師列傳》皖派經學家列傳第六敘目：「自戴震崛起安徽，皖派經師，頭角嶄露。顧其同學及弟子，率長于禮，獨程瑤田兼通水地、聲律、工藝、穀食之學。」程瑤田之博學，和他讀書之勤是分不開的。

支偉成是這樣寫瑤田的：「程瑤田，字易田，又字易疇，安徽歙縣人。……比長，與戴震、金榜俱學於江永，學乃大進。平居雞鳴即起，然鐙達旦，夜分就寢，數十年如一日。——先生自少迄老，篤志著述，其學長於涵泳經文，得其真解，不屑依傍傳注。所撰《通藝錄》十九種，附錄七種，凡義理、訓詁、制度、名物、聲律、象數，無所不賅。」〔註70〕

徐世昌（1855～1939）稱讚瑤田：「讓堂說經，長於旁搜曲證，不屑依傍

襄公二十三年，邾婁鼻我來奔，云邾婁無大夫，此何以書？以近書也；又昭公二十七年，邾婁快來奔，傳云邾婁無大夫，此何以書？以近書也；二文不異，同宜一世，故斷自孔子生後，即為所見之世，從之，其不同二也。謂桓十七年，經無夏，二家經皆有夏，獨公羊脫耳。何氏謂夏者陽也，月者陰也，去夏者，明夫人不繫於公也，所不敢言，其不同三也。謂春秋上本天道，中用王法，而下理人情。天道者，一曰時，二曰月，三曰日；王法者，一曰譏，二曰貶，三曰絕；人情者，一曰尊，二曰親，三曰賢。此三科九旨。而何氏文證例云，三科九旨者，新周，故宋，欲春秋當新王，此一科三旨也；又云，所見異辭，所聞異辭，所傳聞又異辭，二科六旨也；又內其國而外諸夏，內諸夏而外夷狄，是三科九旨也。其不同四也。」《揅經室集》，頁246。

〔註68〕阮元：《揅經室集》，頁246。

〔註69〕〈章太炎先生論訂書〉，支偉成：《清代樸學大師列傳》（岳麓書社，1986年3月），頁1～13。

〔註70〕同註69，頁152。

傳注，而融會貫通，確有心得，凡考訂名物，往往繪圖列表，以明其眞，所以裨益經學，啓迪後人，非淺鮮也，述讓堂學案。」〔註71〕

楊向奎也深契瑤田說：「在清代漢學家中而兼通理學者，戴東原外則爲程瑤田。……據此我們可以看出程瑤田的哲學思想，卻有可稱道處。」〔註72〕

阮元、程瑤田二人論學內容，多圍繞名物考證，輿地知識方面。程瑤田《考工創物小記》有：《答阮中丞論磬股端向人面書》、《奉答阮中丞寄示李尙之鄭注磬圖又推論磬股直縣書》及《與阮梁伯論戈戟形體橫直名義書》；《禹貢三江考》有：《奉答阮中丞寄示浙江圖考書》。〔註73〕阮元《揅經室集》收：《與程易疇孝廉方正論磬直縣書》及《浙江圖考》上中下〔註74〕

（十）錢大昕

錢大昕（1728～1804）長阮元三十六歲。

錢大昕是史學家王鳴盛（1722～1797）的妹婿，在乾嘉學人中，錢大昕學博精微，戴震也稱譽他說：「當代學者，吾以曉徵爲第二人。」江藩則推許這位漢學家「不專治一經而無經不通，不專攻一藝而無藝不稽。——若先生學究天人，博綜群籍，自開國以來，蔚然一代儒宗也。」〔註75〕

阮元也承認，大昕爲他自出門以來，於前輩之中獲見的數君子之一。（其他爲：程瑤田、劉端臨、王懷祖、任子田等人）據錢大昕的曾孫錢慶曾校注的《錢辛楣先生年譜》載，芸臺和大昕二人的交往：

嘉慶四年（1799）：已屆 72 歲的大昕爲芸臺的《經籍纂詁》撰序；

嘉慶五年（1800）：二月，大昕游西湖，與中丞阮公、臬使秦公、暨梁山舟曜北、陳曼生諸先生唱詠，流連旬日而去；

嘉慶六年（1801）：阮宮保爲刊《三統術衍》；

嘉慶九年（1804）：大昕 77 歲，十月十二日，晨起盥洗，展閱一編，飯後更衣薙髮，校《養新錄》刊本數葉，案頭有中丞新詩屬公評定者，公循誦再三，謂所作有關名教，非僅詩人能事，手書小箋報之。——適有

〔註71〕阮元：《揅經室集》，頁 465。

〔註72〕同註 29，頁 47。

〔註73〕引自王有三：《清代文集篇目分類索引》（臺灣：國風，1965 年 6 月），同註29，頁 92。

〔註74〕阮元：《揅經室集》，頁 118～119，頁 265～346。

〔註75〕同註 39，頁 50。

門人孫公延晤談，見公神色異於平常，往告監院，監院遽達中丞，中丞曰無妨也，頃接手書，精神不減，豈墨瀋未乾，而遽有變耶！即命駕詣公榻前，見公閉目危坐，急命左右灌以熱湯，竟不復蘇。時爲申正也，先祖輩適於數日前回家，中丞即令屬差役速報。——近年儀徵阮氏、江寧汪氏、海鹽吳氏，復有《恆言錄》、《四史朔閏考》、《聲類》、《疑年錄》之刻。〔註76〕

可見芸臺與大昕及其家人的交情不淺。

錢大昕《經籍纂詁序》說：「有文字而後有詁訓，有詁訓而後有義理，訓詁者，義理之所由出，非別有義理出乎訓詁之外者也。」〔註77〕也正正是阮元治經先通訓詁的主張。

錢大昕《山左金石志序》云：「文籍傳寫，久而踏訛唯吉金樂石，流傳人間，雖千百年之後，猶能辨其點畫而審其異同，金石之壽，實大有助於經史焉。」〔註78〕阮元自認一生用力於金石者：「有十事焉」《金石十事記》〔註79〕，換言之，他是同意大昕吉金可以考證歷史的道理的。

在錢大昕的眼中，阮元確爲振興實學的儒士，他稱讚芸臺：「少司農儀徵阮公以懿文碩學，受知九重，揚歷八座，累主文衡，首以經術爲多士倡，謂治經必通訓詁。」又譽芸臺「公研覃經史，撰述等身。」〔註80〕

對這位後輩，大昕是愛護有加的。

而阮元對大昕這位前輩，也佩服得五體投地。嘉慶九年（1804）芸臺自稱揚州後學，爲大昕的《十駕齋養新錄》作序。阮元是這樣評價大昕的：「國初以來，諸儒或言道德，或言經術，或言史學，或言天學，或言地理，或言文字音韻，或言金石詩文，專精者固多，兼擅者尚少，惟嘉定錢辛楣先生，能兼其成。——先生所著書，若《廿二史考異》、《通鑑注辨正》、《元史藝文志》、《三統術衍》、《金石跋尾》、《潛研堂文集》，久爲海內學者所讀矣。」〔註81〕

〔註76〕錢大昕：《十駕齋養新錄》上（臺北：世界書局，1963 年 4 月），頁 53～54。
〔註77〕錢大昕：《潛研堂集》（上海古籍出版社，1989 年 11 月），頁 392。
〔註78〕同註 77，頁 416。
〔註79〕阮元：《揅經室集》，頁 645。
〔註80〕同註 77，頁 393，頁 417。
〔註81〕楊寶霖，孫香蘭：《清代史部序跋選》（天津古籍出版社，1992 年 4 月），頁 258。

　　阮元的學術淵源，筆者用一句「轉益多師」來形容，是最貼切不過的了。本文論述的學人，只限於較阮元年長的乾嘉諸儒，而與阮元交往最密切者為限。

　　阮元的同輩，例如焦循（1763～1620）、凌廷堪（1755～1809）、孫淵如（1753～1818）、江藩（1761～1831）、張惠言（1761～1802）、洪頤煊（1765～1833）、王引之（1766～1834）、顧廣圻（1766～1835）、臧庸（1767～1811）、陳壽祺（1771～1834）、方東樹（1772～1851）等人，對阮元的學術影響也不少，但限於篇幅，只可有待另文探討。

　　阮元的父親阮承信、母親林夫人、以及少年時代的老師喬書酉、李道南、胡西琴三位先生，與阮元的學術淵源，關係亦不淺，筆者在此也不再饒舌了。

　　阮元的座師朱珪、謝墉、同僚王昶三人，與阮元也少不免有學術的交往，三人的傳記，《揅經室集》也有收錄，讀者可參看。

　　本文論述了影響阮元學術思想發展的十位乾、嘉漢學大師。若按支偉成先生的分類：戴東原、王念孫、任大椿、劉端臨、段玉裁、孔廣森、程瑤田等七人屬皖派；錢大昕、汪容甫二人屬吳派；邵晉涵則歸史學、小學派。

　　不過，阮元的學風，亦不能簡單地以吳皖二派來區分；因此，以地域來劃分學人的治學特色，意義也不太大。

　　阮元的學術思想，其實已吸收了吳學「專」、皖學「精」二派的樸學特色，而走揚州學——「通」的一途。張舜徽先生說：「揚州學風，可謂能見其大，能觀其通。」〔註82〕而阮元別創揚州學派，「不惑於陳言，以知新為主」〔註83〕；王章濤說：「芸臺是揚州學派的集大成者」〔註84〕本節也可以算是一篇適當的註腳了。

第二節　阮元對清代前期學術的評論

　　對於清代前期的學術，阮元在嘉慶九年，為錢大昕的《十駕齋養新錄》撰序時云：「學術盛衰，當於百年前後論升降焉。元初學者，不能學唐宋儒者之難，惟以空言高論，易立名者為事；其流至於明初五經大全易極矣。中葉

〔註82〕張舜徽：〈清代揚州學記〉（上海人民出版社，1962年10月），頁11。
〔註83〕同註69，頁145。
〔註84〕王章濤：〈阮元與揚州學派〉載《揚州研究——江都陳軼群先生百齡冥誕紀念論文集》（臺北：聯經出版事業公司，1996年8月），頁299～335。

以後，學者漸務於難，然能者尚少。我朝開國，鴻儒碩學，接踵而出，乃遠過乎千百年以前。乾隆中，學者更習而精之，可謂難矣，可謂盛矣。國初以來，諸儒或言道德，或言經術，或言史學，或言天學，或言地理，或言文字音韻，或言金石詩文，專精者固多，兼擅者尚少，惟嘉定錢辛楣先生能兼其成。」〔註85〕撇開稱讚錢大昕學問的說話，阮元對清朝立國以來儒生在學術各方面的成就，以上的一段文字都已經有恰當的概括。

從清朝立國以至有清中葉，阮元在《儒林傳稿》一共收錄了一百數十名儒生。而阮元評論儒生的立場是：「持漢學、宋學之平」。正如阮元說：「臣等備員史職，綜輯儒傳，未敢區分門逕，惟期記述學行。自順治至嘉慶之初，得百數十人，仿《明史》載孔氏於儒林之例，別爲〈孔氏傳〉，以存《史記》〈孔子世家〉之意。」〔註86〕

嘉慶 15 年庚午（1810 年），47 歲的阮元，十月「大人自兼國史館總輯，輯《儒林傳》。嘉慶 17 年壬申（1812），49 歲，八月二十日，將纂辦粗畢之《儒林傳》稿本交付國史館。其《文苑傳》創稿未就。」〔註87〕

根據阮元的〈擬儒林傳稿凡例〉最前四條所載：

　　一、國朝修《明史》，混而一之（筆者案：指儒林傳及道學傳），總名儒林，誠爲盛軌。故今理學各家與經學並重，一併同列，不必分岐，致有軒輊。

　　一、各儒以國初爲始。若明人而貳仕於國朝及行止有可議者，皆不得列入。

　　一、國朝百餘年來，聖化所涵，學人輩出，天下之大，山林之僻，學者萬千，今僅列百數十人，雖示謹嚴，恐有掛漏，如同館諸友所見者，不妨酌補。

　　一、次序以顧棟高爲始者，因高宗純皇帝諭辦《儒林傳》，奉爲緣起也。此外則以年分相次。」

可知，在阮元的心目中，理學家與經學家實在無分軒輊。〔註88〕阮元認爲，國初的理學名儒，爲了矯正明末空談心性之病，他們的學術主張大多有『務

〔註85〕錢大昕：《十駕齋養新錄》，（江蘇古籍出版社，2000 年 5 月），頁 1 序。
〔註86〕阮元：〈擬國史儒林傳序〉，《揅經室集》頁 38。
〔註87〕張鑑：《阮元年譜》，（北京：中華書局，1995 年 11 月，黃愛平點校本），頁 97～102。
〔註88〕阮元：〈擬儒林傳稿凡例〉，《揅經室集》頁 1023。

實』、『篤實』、『躬行』、『實行』、『實用』、『實際』等經世致用的主張。

　　筆者現據阮元的《儒林傳稿》〔註89〕、《儒林集傳錄存》〔註90〕、與及《國史文苑傳稿》〔註91〕，排列阮元評論清代前期學人的名字，以方便讀者檢尋：

《儒林傳稿》44 篇正傳	《儒林傳稿》附傳 50 餘人	《儒林集傳錄存》1 卷 52 人	《儒林集傳錄存》附傳	《國史文苑傳稿》2 卷
顧棟高（1679～1759）				ˇ 卷二上
	陳祖范（1675～1753）			ˇ 卷二上
	吳鼎			ˇ 卷二上
	梁錫璵			ˇ 卷二上
孫奇逢（1585～1675）				ˇ 卷一下
	魏一鼇（？～1692）			
	耿介（1618～1688）			ˇ 卷一下
李顒（1627～1705）				ˇ 卷一下
	王心敬（1656～1738）			ˇ 卷一下
	李因篤（1631～1692）			ˇ 卷一下
黃宗羲（1610～1695）				ˇ 卷一下
	黃宗炎（1616～1686）			ˇ 卷一下

〔註89〕阮元：〈儒林傳稿四卷〉載《續修四庫全書》537　史部　傳記類（上海：古籍出版社，1995），頁 617～683。

〔註90〕阮元：〈儒林集傳錄存一卷〉，載周駿富輯：《清代傳記叢刊》學林類 10，冊 1，頁 27。

〔註91〕阮元：〈國史文苑傳稿二卷〉載周駿富輯：《清代傳記叢刊》學林類 13，冊 143，頁 429。

王夫之 （1619～1692）				v　卷一下
	陳大章（-）			v　卷一下
	劉夢鵬			v　卷一下
高愈				v　卷一下
	顧樞 （1602～1668）			v　卷一下
	刁苞 （1603～1669）			v　卷一下
	彭定求 （1645～1719）			
謝文洊 （1615～1681）				v　卷一下
	彭任			v　卷一下
顧炎武 （1613～1682）		v		v　卷二上
	張弨 （1625～1694）			v　卷二上
	吳任臣 （1628～1689）			v　卷二上
胡渭 （1633～1714）				v　卷二上
	顧祖禹 （1631～1680）			v　卷二上
惠周惕				v　卷一下
	惠士奇 （1671～1741）			v　卷一下
	惠棟 （1697～1758）			v　卷一下
	江聲 （1721～1799）			余蕭客 （1729～1777）
閻若璩 （1636～1704）		v		v　卷一下
	李鎧			v　卷一下
		朱彝尊 （1629～1709）		v　卷一上

毛奇齡 （1623～1716）		ˇ		ˇ 卷二下
	陸邦烈		ˇ	
應撝謙 （1615～1683）				ˇ 卷一下
陸世儀 （1611～1672）				ˇ 卷一下
			盛唐	
			王錫（-）	
	沈昀 （1617～1680）			ˇ 卷一下
			章大來	
	張履祥 （1611～1674）			ˇ 卷一下
	沈國模 （1575～1656）	ˇ		
嚴衍 （1575～1645）				ˇ 卷一下
			韓孔當 （1599～1671）	劉汋 （1613～1664） 卷一下
萬斯大 （1633～1683）				ˇ 卷一下
	萬斯同 （1638～1702）			ˇ 卷一下
	萬斯選 （1629～1694）			ˇ 卷一下
			邵曾可 （1609～1659）	
			勞史 （1655～1713）	
			桑調元 （1695～1771）	
			汪鑒 （1688～1747）	

潘天成 （1654～1727）				˅　卷一下
	顏元 （1635～1704）			˅　卷一下
曹本榮 （1621～1664）				˅　卷一下
李塨 （1659～1733）			˅	˅　卷一下
梅文鼎 （1633～1721）				˅　卷一下
	王錫闡 （1628～1682）			˅　卷一下
	談　泰	˅		
薛鳳祚 （1628～1680）				˅　卷二上
陳厚耀 （1648～1741）				˅　卷二上
王懋竑 （1668～1741）				˅　卷二上
張爾岐 （1612～1677）				˅　卷二上
	馬驌 （1620～1673）			˅　卷二上
	桂馥 （1733～1805）	˅		
錢澄之 （1612～1693）		˅		
	方中通 （1634～1698）	˅		
			方以智 （1611～1671）	
			方中履	
沈彤 （1688～1752）				˅　卷二上
	蔡德晉			˅　卷二上

	盛世佐 （1718～1755）			ˇ 卷二上
朱鶴齡 （1606～1683）		ˇ		ˇ 卷二上
	陳啓源 （？～1689）	ˇ		
臧琳 （1650～1713）				ˇ 卷二上
	臧庸 （1767～1811）	ˇ		
			臧禮堂 （1776～1805）	
劉源淥 （1619～1700）				ˇ 卷二上
	閻循觀 （1724～1768）	ˇ		
范鄐鼎 （1626～1705）			韓夢周 （1729～1799）	
邵廷采 （1648～1711）			ˇ	ˇ 卷二上
	邵晉涵 （1743～1796）			ˇ 卷二上
	周永年 （1730～1791）			
徐文靖 （1667～1756）				ˇ 卷二上
	任啓運 （1670～1744）			ˇ 卷二上
李光坡 （1651～1723）				ˇ 卷二上
	李鍾倫 （1663～1706）			ˇ 卷二上
全祖望 （1705～1755）				ˇ 卷二上
江永 （1681～1762）				ˇ 卷二上

	汪紱 （1692～1759）	∨		∨　卷二上
				胡匡衷 卷二上
	金榜 （1735～1801）	∨		
朱筠 （1729～1781）				∨　卷二上
錢大昕 （1728～1804）				∨　卷二上
	錢塘 （1735～1790）			∨　卷二上
	王鳴盛（1722～ 1797）	∨		
戴震 （1723～1777）				∨　卷二上
	凌廷堪 （1755～1817）			∨　卷二上
盧文弨 （1717～1795）				∨　卷二上
	孫志祖 （1737～1801）			∨　卷二上
	丁杰 （1738～1807）	∨		
武億 （1745～1799）				∨　卷二上
任大椿 （1738～1789）		∨		
	李惇 （1734～1784）	∨		
	劉台拱 （1751～1805）	∨		
	汪中 （1744～1794）	∨		
孔廣森 （1752～1786）		∨		

張惠言 （1761～1802）		v		
孔興爕		v		
	孔毓圻		v	
	孔傳鐸 （？～1735）		v	
	孔廣棨		v	
	孔昭煥		v	
	孔憲培		v	
	孔繼涵 （1739～1784）		v	
	顏光猷		孔繼溥	
			孔憲增	
			孔慶鎔 （1787～1841）	
			顏光敏	
			顏光教	
				陳維崧 （1625～1682） 卷二下
				傅山 （1605～1685） 卷二下
				趙執信 （1662～1744） 卷二下
				查慎行 （1650～1727） 卷二下
				厲鶚 （1692～1752） 卷二下
				劉大櫆 （1698～1779） 卷二下

				蔣士銓 （1725〜1785） 卷二下
				姚鼐 （1732〜1815） 卷二下
				姚範 （1702〜1771） 卷二下

　　阮元對國初以至有清中葉的某些大儒，評價頗高，阮元說：「國初講學，如孫奇逢、李顒等，沿前明王（陽明）薛（瑄）之派；陸隴其、王懋竑等，始專守朱子，辨僞得眞；高愈、應撝謙等，堅苦自持，不愧實踐；閻若璩、胡渭等，卓然不惑，求是辨誣；惠棟、戴震等，精發古義，詁釋聖言；近時孔廣森之於公羊春秋，張惠言之於孟虞易說，亦專家孤學也。且我朝諸儒，好古敏求，各造其域，不立門戶，不相黨伐，束身踐行，闇然自修。嗚呼！周魯師儒之道，我皇上繼列聖而昌明之，可謂兼古昔所不能兼者矣！」〔註92〕

　　阮元自幼接觸的揚州大儒，包括以下各人：「元居在江，淮間，鄉里先進多治經之儒，若興化顧進士文子九苞、李進士成裕惇、劉廣文端臨台拱、任侍御子田大椿、王黃門石臞念孫、汪明經容甫中，皆耳目所及，或奉手有所受。」〔註93〕細心分析阮元對清代前期學人的評論，我們較難從地域的觀念來區分他們。試舉例言之：錢大昕、王鳴盛、劉台拱、汪中、李惇屬吳派，他們也屬於漢學派；王念孫、劉台拱、任大椿屬揚州學派，但同時他們也屬於皖派；若據劉聲木的《桐城文學淵源考》〔註94〕所引錄的文學淵源，錢大昕、王鳴盛、孔廣森、張惠言、程瑤田等人也可入桐城學派，我們少不免會感到迷惑了。

　　因此，對清代前期學術的評論，阮元以道德、經術、史學、天學、地理、文字、音韻、金石、詩文等各個治學範疇來區分學人的成就，是較爲符合清代學術思想史的眞實面貌的。

〔註92〕同註6，頁013〜002。
〔註93〕阮元：〈任子田侍御弁服釋例序〉，同註5，頁243。
〔註94〕劉聲木：《桐城文學淵源撰述考》，（合肥：黃山書社，1989年12月），目錄。

第三節　阮元對漢、宋之爭的態度

　　清代經學史上的漢、宋之爭（又名漢、宋之辨；漢學、宋學之爭），究其實，亦即是訓詁和義理之爭、尊德性及道問學之辨，這一件舊公案，一直都是研治清代學術史的學人經常著意和留心的課題。由明入清，清初諸大儒如黃宗羲（1610～1695）、顧炎武（1613～1682）、顏習齋（1635～1704）等人，都有由王（陽明）返朱（熹）的歸趨，學術的趨向明顯是去虛就實。及至乾隆、嘉慶時代，漢學風靡於一時，「家家許（慎）、鄭（玄），人人賈（逵）、馬（融）」，學術界彌漫著一股回歸經典漢學考據（又稱樸學、考據學）的風氣；及至道光、咸豐以後，常州今文學派興起，上追西漢，標舉微言大義之學；當時學者好言經世致用，以圖富強，厭棄考證，以為無用。〔註95〕有清二百多年的經學歷史，據皮錫瑞（1850～1908）的考查：「國朝經學凡三變。國初，漢學方萌芽，皆以漢學為根柢，不分門戶，各取所長，是為漢、宋兼采之學。乾隆以後，許、鄭之學大明，治宋學者已少。說經者主實證，不空談義理，是為專門漢學。嘉（慶）、道（光）以後，又由許、鄭之學導源而上，易宗虞氏以求孟義，書宗伏生、歐陽、夏侯，詩宗魯、齊、韓三家，春秋宗公（羊）、穀（梁）二傳。漢十四博士今文說，自魏、晉淪亡千餘年，至今日而復明。實能述伏（勝）、董（仲舒）之遺文，尋武（漢武帝）、宣（漢宣帝）之絕軌，是為西漢今文之學。」〔註96〕按照皮鹿門所言，清初經學大師皆以漢學為根柢，不分門戶、學兼漢、宋；清中葉則漢學大盛，宋學似乎給人遺忘；嘉慶、道光以後，今文經學復興。但奇怪的事實是；當我們細心翻檢和閱讀清人的文集或論著時，漢、宋之辨的痕跡卻並不明顯；由明末清初以至晚清，在學術界有影響力的儒生，大都沒有門戶之見。

　　清儒讀書或治學，門戶及地域之見深不深？黨同伐異、同室操戈的現象普遍不普遍？下文試圖逐一加以解答。地域之見方面，1924 年 2 月，梁啟超（1873～1929）撰〈近代學風之地理的分布〉一文，按梁氏所云：「全文專以研究學者產地為主」；其意亦在「欲舉國青年讀之而知所興焉：各自按其籍貫

〔註95〕參考下列文章：1、鄧實：〈國學今論〉載（《國粹學報》第 1 年第 5 號第 5 期（1905 年 6 月），頁 1～5。2、齊思和：〈魏源與晚清學風〉載馮天瑜：《中國學術流變——論著輯要》（武漢：湖北人民出版社，1991 年 10 月），頁 482。
〔註96〕皮錫瑞：《經學歷史》第十章〈經學復盛時代〉（北京：中華書局周予同注釋本，1989 年 9 月），頁 341。

以尋其鄉先輩之遺風。」〔註97〕一般清代學術思想史的論著多以清代有吳（江蘇）、皖（安徽）、揚（揚州）、浙（浙東）四個學術門派之分〔註98〕。門戶之見方面，清代中葉的史學家——章學誠（1738～1801）云：「學者不可無宗主，而必不可有門戶，故浙東浙西，道並行不悖也；浙東貴專家，浙西尚博雅，各因其習而習也。」〔註99〕錢穆（1895～1990）先生卻認為：「蓋清儒治學，始終未脫一門戶之見。其先爭朱（熹）、王（陽明），其後則爭漢、宋。其於漢人，先則爭鄭玄、王肅，次復爭西漢、東漢，而今古文之分疆，乃由此起。」〔註100〕

　　大底學者在治學的過程中，很多時都會囿於門戶或地域的限制，對其他的學人少不免產生偏見，無謂之紛爭亦因此而起。章氏從一史學工作者的態度立論，教學人不可有門戶之見，自是他的卓識；錢氏論清儒治學，始終未脫門戶之見，筆者卻不大苟同，原因是：清代學人好交結師友，相互切磋，門戶之見並不深；故漢學、宋學，亦非對立而不相容。

一、阮元的漢、宋之辨

　　阮元（1764～1849）可說是乾、嘉漢學名臣最後一重鎮，他的治學主張卻是『不立門戶』，訓詁及義理兼容。以下略舉數言以證之：

　　其一，阮元說：「我朝儒者，束身修行，好古敏求，不立門戶，不涉二氏，似有合于實事求是之教。」〔註101〕芸臺又說：「我朝列聖，道德純備，包涵前古，崇宋學之性道，而以漢儒經義實之，聖學所指，海內嚮風。御纂諸經，兼收歷代之說，四庫館開，風氣益精博矣。……且我朝諸儒，好古敏求，各

〔註97〕梁啓超：〈近代學風之地理的分布〉載《中國近三百年學術史參考資料四編》（香港：崇文書店，1973 年 3 月），頁 126～159。

〔註98〕參考：1、林慶彰編：《乾嘉學術研究論著目錄》（1900～1993）（臺北：中央研究院中國文哲研究所籌備處，1995 年 5 月），頁 30～33；2、漆永祥：〈論乾嘉考據學派別之劃分及相關諸問題〉，載《國學研究》第 5 卷（北京大學中國傳統文化研究中心，1998 年 4 月），頁 303～329；3、戴逸：〈吳、皖、揚、浙——清代考據學的四大學派〉，載楊晉龍：〈海峽兩岸清代揚州學派學術研討會紀實〉，（《中國文哲研究通訊》，第 10 卷第 4 期（2000 年 12 月），頁 239。

〔註99〕章學誠：〈浙東學術〉，《章學誠遺書・文史通義》（北京：文物出版社，1985 年 8 月），頁 15。

〔註100〕錢穆：〈兩漢經學今古文平議〉自序，引自余英時：〈錢穆與新儒家〉載《中國文化》第 6 期（香港：中華書局，1992 年 9 月），頁 2。

〔註101〕阮元：〈惜陰日記序〉，《揅經室集》（北京：中華書局，1993 年 5 月），頁 687～688。

造其域，不立門戶，不相黨伐，束身踐行，闇然自脩。」〔註102〕於此可見阮元不止一次說：清儒不立門戶，儒生不相黨伐，漢、宋兼容。

其二，阮元說：「兩漢學行醇實，尚近於春秋列國之時。漢末氣節甚高，黨禍橫決，激而爲放達，流而爲老、莊，爲禪、釋。宋儒救之，取學術中最尊者爲性理。至明儒，學案紛紛矣。……蓋春秋時學行，惟孝經、春秋最爲切實正傳。近時學者，發明三代書數等事，遠過古人，于春秋學行，尚未大爲發明。」〔註103〕深究斯言，其實阮元希望者，是詁經精舍的學生，能夠孳習漢人古經，以之發明《春秋》的學行。

其三，阮元說：「兩漢經學所以當尊行者，爲其去聖賢最近，而二氏（老莊、釋氏）之說尚未起也。……吾固曰：兩漢之學純粹以精者，在二氏未起之前也。」〔註104〕我們亦可以看到，漢學家自責其學，不爲釋佛之說所染，而阮元也沒有例外。

其四，阮元爲莊存與（1719～1788）的《味經齋遺書》撰序云：「闡抉奧旨，不專爲漢宋箋注之學，而獨得先聖微言大義于語言文字之外。」〔註105〕阮元稱讚莊方耕者，是不爲漢宋注疏所圍，並且在詁訓之外而兼有義理的闡發，易言之，阮元之於漢學或宋學，並沒有偏執之見。而在嘉慶年間，阮元亦間接開啓漢、宋兼容的學風。

阮元對漢、宋之爭的態度，和當時朝廷對這個問題的取向，是否相同呢？

答案明顯是頗爲一致的。曾任四庫全書館總纂官的紀昀（1724～1805）在《四庫全書總目》經部總序云：「國初諸家，其學徵實不誣，及其弊也瑣。要其歸宿，則不過漢學、宋學兩家互爲勝負。夫漢學具有根柢，講學者以淺陋輕之，不足服漢儒也。宋學具有精微，讀書者以空疏薄之，亦不足以服宋儒也。消融門戶之見，而各取所長，而私心祛而公理出，公理出而經義明矣。蓋經者非他，即天下之公理而已。」〔註106〕

足見紀昀有消融門戶之見的態度，而身處朝廷高位的阮元，和四庫館臣對漢宋學態度的吻合，我們亦無需感覺到奇怪了。

〔註102〕阮元：〈擬國史儒林傳序〉，《揅經室集》，頁37。
〔註103〕阮元：〈詁經精舍策問〉，《揅經室集》，頁237。
〔註104〕阮元：〈國朝漢學師承記序〉，江藩：《漢學師承記》（北京：中華書局鍾哲整理本，1983年11月），頁1。
〔註105〕引自湯志鈞：〈清代經今文學的復興〉，載氏著：《經學史論集》（臺北：大安出版社，1995年6月），頁5。
〔註106〕永瑢：《四庫全書總目》（北京：中華書局，1987年7月），頁1上。

二、儀徵學派諸儒的漢、宋之辨

讀一讀阮元的弟子及其後學對漢、宋之辨的言論，他們和芸臺的立場，基本上並沒有甚麼不同：主張漢、宋兼容、義理和詁訓相通。例如：

江藩（1761～1831）：與阮元為同里同學，亦是阮元幕僚的江藩，撰有《國朝漢學師承記》八卷及《國朝宋學淵源記》二卷。表面看來，他推崇漢學，其實他亦不廢宋學。在《經解入門》一書，江藩說：「何謂漢學？許、鄭諸儒之學也。何謂宋學？程、朱諸儒之學也。二學何以異？漢儒釋經皆有師法……宋儒不然，凡事皆決於理，理有不合，即舍古訓而妄出以己意──此漢宋二家之所以異，而經家之所以不取宋儒也──學者治經宗漢儒，立身宗宋儒，則兩得矣。」〔註107〕

梁章鉅（1775～1849），阮元的弟子──梁章鉅說：「治經者不拘漢學宋學，總以有益身心，有裨實用為主。否則無論漢學無益，即宋儒亦屬空談，說經者亦期於古聖賢立言之旨，愈闡而愈明，方於學者有益。……紀文達師曰：漢儒說經，以訓詁專門；宋儒說經，以義理相尚；似漢學粗而宋學精；然不明訓詁，義理何自而知？」〔註108〕梁章鉅治經不拘漢宋的觀念，和阮元的漢宋觀，並無二致。

丁晏（1794～1875）亦是阮元的門生，丁氏說：「余謂漢學、宋學之分，門戶之見也。漢儒正其詁，詁定而義以顯；宋儒析其理，理明而詁以精，二者不可偏廢，統之曰經學而已。」〔註109〕

陳澧（1810～1882）：曾擔任學海堂學長數十年的陳東塾，在《自述》一文談及他的治學心得：「讀後漢書，以為學漢儒之學，尤當學漢儒之行。讀朱子書，以為國朝考據之學，源出朱子，不可反詆朱子。……又著漢儒通義七卷，謂漢儒善言義理，無異於宋儒。宋儒輕蔑漢儒者，非也；近儒尊漢儒，而不講義理，亦非也。」〔註110〕由此而看出，蘭甫的學術，有漢宋兼容的主張。茲條列《東塾雜俎》卷11〈國朝讀書記〉數條如下：

〔註107〕江藩：《經解入門》卷3〈漢宋門戶異同〉（天津古籍出版社，1990年6月），頁73。

〔註108〕梁章鉅：《退庵隨筆》卷14讀經一（江蘇廣陵古籍刻印社，1997年12月），頁347。

〔註109〕丁晏：〈讀經說〉1卷，載氏著《頤志齋叢書》（同治元年，六藝堂藏版），頁2。

〔註110〕陳澧：《東塾讀書記（外一種）》，錢鍾書，朱維錚編：中國近代學術名著（北京：三聯書店，1998年6月），頁355～356。

戴東原著孟子字義疏證，程易田著論學小記，凌次仲著復禮，阮文達著性命古訓、論語論仁論、孟子論仁論，講經學者未嘗不講性理也。

故專言漢學，不治宋學，乃真人心世道之憂。

阮文達公詩云：「淺儒襲漢學，心力每浮躁」：顧千里云漢學者正心誠意而讀書者是也；宋學者正心誠意而往往不讀書者是也；俗學者不正心誠意而尚讀書者是也；是故漢人未嘗無俗學，宋人未嘗無漢學也。

本朝諸儒考據訓詁之學斷不可輕議，恐後來者因而廢棄之則成荒陋矣，況近日講考據訓詁者已少乎，但當以義理補其偏耳。

姚姬傳云世稱漢儒之考證，宋儒之義理，其尤善者固也，然漢儒說義理未嘗無精當之語，宋以後考證，又未始無過越漢說者。〔註111〕

正如龔書鐸（1929～　）所言：「鴉片戰爭以後，漢宋學兼綜會通更為盛行。尤其是一些名家、名臣，對漢宋學也都兼綜會通，影響很大。如嶺南著名學者陳澧，被認為是開漢宋學會通之先的。」〔註112〕

俞樾（1821～1907）：曾主持杭州詁經精舍長達三十餘年的俞曲園，治學亦主張義理和詁訓兼容。俞樾〈重建詁經精舍記〉云：「西湖孤山之陽，有屋一區，阮文達公視學兩浙時，嘗于其地集通經之士，成經籍纂詁一書。推文達之意，通經必從訓詁始，訓詁之不通，如名物何？名物之不識，如義理何？事有先後，固如是也。及文達撫浙，遂即其地創建詁經精舍，而奉漢儒許、鄭兩師栗主于其中。使學者讀許、鄭之書，通曉古言，推明古制，即訓詁名物以求義理，而微言大義存其中矣。」〔註113〕

三、清代其他學人的漢、宋之辨

清代的漢學家和宋學家會不會互相漫罵？從翻檢清人的文集來看，清代學人多好結交師友，相互切磋問難，他們之間，漫罵的情況並不多見，門戶之見並不深。

〔註111〕陳澧：《東塾雜俎》《敬躋堂叢書之一》（北京：中國書店，癸未春刊成古學院藏版），卷11，頁15～17；頁25。

〔註112〕龔書鐸：〈晚清儒學論略〉載《中華文化的過去現在和未來——中華書局成立八十周年紀念論文集》（北京：中華書局，1992年4月），頁305～306。

〔註113〕陳谷嘉、鄧洪波：《中國書院史資料》中冊（浙江教育出版社，1998年5月），頁1392。

歸納清代學人對漢、宋門戶之見的論說，筆者把他們劃分為下列各組：

其一、士人當求實學，讀書之目的在通經以致用，理宜無分漢學、宋學。黃宗羲（1610～1695）、方以智（1611～1671）、顧炎武（1613～1704）等清初學人屬之。〔註114〕

其二、專言漢學考證，但不忘義理之學的漢學家。閻若璩（1636～1704）、程晉芳（1718～1784）、戴震（1723～1777）、錢大昕（1728～1804）、段玉裁（1735～1815）、焦循（1763～1831）等人屬之。〔註115〕其中的朱一新（1846～1894），尤為值得注意。他為張之洞所賞識，並延之主講廣雅書院，一生敦崇實學。朱一新云：「漢學家之言曰訓詁名物，治經之塗徑，未有入室而不由徑者……故欲為學案，則當仿國史儒林傳之例，漢學宋學各以類從，無論習齋、恕谷，不當遺棄，即臺山、尺木，亦可附存，塗徑既分，得失自見也。」〔註116〕朱氏〈無邪堂答問跋〉又云：「若漢學，若宋學，皆求道之資，分茅設蕝，既已隘其耳目，而似是而非者亂焉，好為新異者復亂焉。」

要想挽救乾嘉諸儒支離瑣碎，和明末諸儒放誕空疏的流弊，朱一新提出一個折衷的辦法：「漢學必以宋學為歸宿，斯無乾嘉諸儒支離瑣碎之患；宋學必以漢學為始基，斯無明末諸儒放誕空疏之弊。」（《佩弦齋雜存》卷上）〔註117〕

其三、主張義理之學，但亦講究名物訓詁的宋學家。朱次琦（1807～1882）、桂文燦（1823～1884）、劉師培（1884～1919）、錢穆（1895～1990）等人屬之。〔註118〕其中之一的方東樹（1772～1851），因排斥漢學，企圖轉移

〔註114〕參見：黃宗羲：〈留別海昌同學序〉，沈善洪編：《黃宗羲全集》第十冊（浙江古籍出版社，1993年10月），頁627；方以智：〈通雅 自序〉，侯外廬編：《方以智全書》第一冊（上海古籍出版社，1988年9月），頁3；顧炎武：〈與友人書三〉，《顧亭林詩文集》（北京：中華書局，1983年5月），頁91。

〔註115〕參見：閻若璩：〈潛邱劄記〉，賀長齡、魏源：《清經世文編》上冊（北京：中華書局，1992年4月），頁98；程晉芳：〈正學論一〉，《清經世文編》上冊，頁66；戴震：〈與方希原書〉，《戴震文集》（北京：中華書局，1990年12月），頁144；戴震：〈題惠定宇先生授經圖〉，張岱年編：《戴震全書》六（黃山書社，1995年10月），頁505；焦循：〈里堂家訓〉，吳丙湘：《傳硯齋叢書》（臺灣：文史哲出版社，1971年5月），頁374。

〔註116〕朱一新：〈國朝學案小識書後〉，《無邪堂答問》卷1（光緒21年，廣雅書院刊本），頁27～28。

〔註117〕引自何佑森：〈朱一新對清代學術人物的批評〉載《臺靜農先生八十壽慶論文集》（臺北：聯經出版公司，1981年），頁956。

〔註118〕參見：簡朝亮編：《朱九江先生集》（臺灣：文海出版社，近代中國史料叢刊

那個時代的學術風氣，而廣受注目。

　　堅決站在宋學家立場，撰《漢學商兌》以攻擊漢學家的方東樹，是不是盲目地否定漢學的價值呢？方植之對漢、宋學是否有太深的門戶成見呢？揆諸《漢學商兌》，答案卻是否定的。

　　1826 年 4 月，東樹撰〈漢學商兌序例〉云：「近世有爲漢學考證者，著書以闢宋儒，攻朱子爲本，首以言心言性，言理爲屬禁。……自是以來，漢學大盛，新編林立，聲氣扇和，專與宋儒爲水火。」〔註 119〕東樹指出者，實爲當時社會的學術風氣，全爲漢學所籠罩。漢學的流弊，東樹認爲是：「歷觀諸家之書，所以標宗旨，峻門戶，上援通賢，下聾流俗，眾口一舌，不出於訓詁、小學、名物、制度。棄本貴末，違戾詆誣，於聖人躬行求仁，修齊治平之教，一切抹殺。名爲治經，實則亂經；名爲衛道，實則畔道。」〔註 120〕

　　但只要讀者細心閱讀《漢學商兌》全書，我們便會發現，方東樹並沒有盲目地否定漢學的價值：「考漢學諸人，於天文、術算、訓詁、小學、考證、輿地、名物、制度，誠有足補前賢，裨後學者。」〔註 121〕漢學可以作爲學人的根柢之學，而宋學亦需兼顧義理和考證，方東樹的論據，究其實，是學者對漢學、宋學，都不容有偏：「竊以訓詁、名物、制度、實爲學者所不可闕之學，然宋儒實未嘗廢之。但義理、考證，必兩邊用功始得。若爲宋學者，不讀漢、魏儒傳注，則無以考其得失，即無以知宋儒所以或用其說或易其說之是。而漢學諸人，又全護漢儒之失，以爲皆得，則亦用罔而悍然不顧而已。」〔註 122〕不過，東樹攻擊漢學的立論，卻未曾令時人有太大的迴響。

　　其四、漢宋兼容及漢、宋調和論者。凌廷堪（1755～1809）、龔自珍（1792

127），頁 56；郭則澐：〈經學博采錄序〉，桂文燦：《經學博采錄》（臺灣：明文書局，1992 年 8 月），頁 3；劉師培：〈近儒學案序〉，《劉申叔先生遺書》（寧武南氏校印版，1936 年），頁 2；〈清儒得失論〉，《劉師培辛亥前文選》（北京：三聯書店，1998 年 6 月），頁 164～176；〈漢宋學術異同論〉，《劉師培辛亥前文選》（北京：三聯書店，1998 年 6 月），頁 408～428；錢穆：〈中國近三百年學術史 自序〉，錢氏著：《中國近三百年學術史》（北京：中華書局，1989 年 9 月），頁 1。

〔註 119〕方東樹：《漢學商兌》（臺灣：廣文書局，1963 年 1 月），頁 1～2。
〔註 120〕同前註 25。
〔註 121〕江藩：《漢學師承記》（外二種），錢鍾書，朱維錚編：中國近代學術名著（北京：三聯書店，1998 年 6 月），頁 403。
〔註 122〕同前註書，頁 405。

～1841）、曾國藩（1811～1872）、伍崇曜（1819～1863）等人屬之。〔註123〕其中的張之洞（1837～1909），尤值得後人的注意。

十九世紀末葉，教懂士子讀書、治學的門路者，不能不提張之洞的《書目答問》一書。張之洞治學，和其他清儒如出一轍，主張由經學入手。張之洞云：「由小學入經學者，其經學可信；由經學入史學者，其史學可信；由經學史學入理學者，其理學可信；以經學史學兼詞章者，其詞章有用；以經學史學兼經濟者，其經濟成就遠大。」〔註124〕張之洞讀書的心得，見其《輶軒語》三篇，上篇語行，中篇語學，下篇語文。茲條列語學第二各條，證明他有『讀書宗漢學，制行宗宋學』的學術主張：

> 宜講漢學：漢學者何？漢人注經講經之說是也。——漢學所要者二，一音讀訓詁，一考據事實。
>
> 宋學書宜讀近思錄。
>
> 爲學忌分門戶。近代學人，大率兩途：好讀書者宗漢學，講治心者宗宋學。逐末忘源，遂相詬病，大爲惡習。夫聖人之道，讀書治心，誼無偏廢，理取相資。詆諆求勝，未爲通儒。甚者，或言必許鄭，或自命程朱。夷考其行，則號爲漢學者，不免爲貪鄙邪刻之徒；號爲宋學者，徒便其庸劣巧詐之計。是則無論漢宋，雖學奚爲？要之，學以躬行實踐爲主，漢宋兩門，皆期於有品有用：使行誼不修，臨官無用，楚固失矣，齊亦未爲得也。若夫欺世自欺之人，爲漢儒之奴隸，而實不能通其義，爲宋儒之佞臣，而並未嘗讀其書，尤爲大謬，無足深責者矣。
>
> 愚性惡聞人詆宋學，亦惡聞人詆漢學，意謂好學者即是佳士。無論眞漢學未嘗不窮理，眞宋學亦未嘗不讀書，即使偏勝，要是誦法聖賢，各適其用，豈不勝於不學者？乃近人著書，入主出奴，互相醜

〔註123〕 參見：凌廷堪：〈與胡仲敬書〉，《校禮堂文集》（北京：中華書局，1998 年 2月），頁 203；龔自珍：〈江子屏所著書序〉，夏田藍：《龔自珍全集類編》（中國書店，1994 年 12 月），頁 24；龔自珍：〈與江子屏牋〉，夏田藍：《龔自珍全集類編》，頁 212；曾國藩：〈聖哲畫像記〉，馮天瑜：《中國學術流變——論著輯要》（武漢：湖北人民出版社，1991 年 10 月），頁 29；曾國藩：〈與劉孟容書〉載《曾文正公全集》，龐樸主編：《中國儒學》第 2 卷（上海：東方出版中心，1997 年 1 月），頁 3；伍崇曜：〈宋學淵源記跋〉，江藩：《國朝漢學師承記》（北京：中華書局，1983 年 11 月），頁 191。

〔註124〕 張之洞：《書目答問》姓名略（吷縣潘爵翻雕版），頁 1。

詆，一若有大不得已者，而於不學者則絕不訾議。是誠何心？良可怪也。近年士人，既嫌漢學讀書太苦，又嫌宋學律身太拘，五經幾於廢閣、名文亦嫌披覽。但患其不學耳，何暇慮及學之流弊哉？

士生今日，若肯讀書，真可不廢無益之精神，而取益身心，坐收實用。據漢學之成書，玩宋學之義理，事半古人，功必倍之。

讀書期於明理，明理歸於致用。近人往往以讀書明理，判為兩事，通經致用，視為迂談。淺者為科舉，博洽者著述取名耳。——隨時讀書，隨時窮理，心地清明，人品自然正直，從此貫通古今。推求人事，果能平日講求，無論才識長短，筮仕登朝，大小必有實用。

〔註 125〕

筆者深信，士子生於今日功利之世，倘若三復張氏斯言，學人必有所獲。

四、『漢、宋之辨』歷史的考察——民國至今

『漢、宋之辨』這件發生在清朝的公案，經歷了清代無數學人的討論後，下迄民國以至今天，仍然有很多學者繼續熱烈討論，似乎事不尋常。但細察其探究的內容，我們亦不能不承認：訓詁和義理、考據和義理、尊德性抑道問學，很自然會成為經學史或學術史永恆不變的課題，因此，其有悠久的生命力，一點也不會感到奇怪。下文排比民國至今，一些學人對『漢、宋之辨』的思考，筆者相信對弄清楚事情的來龍去脈，仍然別具意義。

1925 年 8 月，胡適（1891～1962）以哲學史的眼光，寫成了《戴東原的哲學》一書。胡適說：「阮元纂輯經籍纂詁，更把一切古訓詁都搜集排列，看作有同等的參考作用。搜集古訓詁來作治古書的根據，這是清儒的一個基本方法。迷信說文固是可笑；但輕視古訓詁而空談義理，更是可笑了。方東樹最愛談義理，但他自己實在不明白他所謂「義理」是什麼東西。義理應該分兩層說：一是古經的意義，一是後人的見解。清代學者略有點歷史的眼光，故能指出宋儒用主觀見解來說古經的毛病。我們也應該認清楚：治古書是要依據古訓詁的；古訓詁有不完全之處，我們應該用精密的歸納比較，求出古書的意義。我們不可認後人的主觀見解為古書的義理。」〔註 126〕筆者覺得，

〔註 125〕張之洞：《輶軒語》卷一，《書目答問二種》，錢鍾書、朱維錚編：中國近代學術名著叢書（香港：三聯書店，1998 年 7 月），頁 308～312。

〔註 126〕胡適：《戴東原的哲學》【胡適作品集 32】（臺灣：遠流出版公司，1986 年 7 月），頁 131。

適之先生這一段對義理和詁訓之間關係的詮釋，確實搔到癢處。

1933 年 5 月，周予同（1898～1981）在《中學生》雜誌第 35 號發表了〈「漢學」與「宋學」〉一文，周予同說：「學術思想，到了明末，有非變不可的趨勢。依隋唐義疏派的反動的成例，因印度文化的輸入而有宋學的產生；則因西洋文化的接觸，亦當有新學派的崛起。然而事實上，清代近三百年的學術思想，雖是宋學的反動，但只是漢學的復興，而不是新學的胚始。」〔註 127〕

1934 年，錢穆在北平輔仁大學發表了〈漢學與宋學〉一篇講稿，從其題綱看：一、對於漢學宋學一般的看法；二、現在的問題；三、從歷史上對於漢宋學術之新看法；四、歷史上之所謂漢學；五、歷史上之所謂宋學；六、清學之病態的發展；七、漢宋兩派學者之共同精神。錢氏對漢、宋之辨這個問題的性質交待頗詳。錢穆說：「清代諸儒既反對朱派之不讀古書，復反對王派之不讀古書，逐漸成以下考據訓詁之漢學。……漢學派的精神在通經致用，宋學派的精神在明體達用，兩派學者均注重『用』字。由經學上去求實用，去研究修、齊、治、平的學問，即是從哲學、文學、史學去研究人生問題、家庭問題、政治問題、社會問題。」〔註 128〕

1937 年，張君勱發表〈中國學術史上漢宋兩派之長短得失〉一文，詳細比較了漢宋雙方之主張，可歸納為下列各端：「1、道之所在之異：漢學家以為求孔孟之道，不離乎古經；宋學家以為義理根於心，不必求諸古經。2、道與佛教之關係：漢學家之自責其學，謂其不為佛說所染；宋學家在乎立己立人，故去釋氏甚遠。3、心性為虛為實之爭：漢學家以六藝之文，百王之典為實；宋學家則謂所事切於身心者，方得謂之為實。4、方法之爭：漢學家下手之法，在乎訓詁小學；宋學家則以為義理自義理，不應求諸訓詁文字與典章制度之中。」〔註 129〕

1975 年 2 月，陸寶千發表〈論清代經學──以考據治經之起源及其成就之限度〉一文。陸氏認為：「清儒之學，瑣屑纖細，乃其本色，本無宗旨之可言也。究其本質，是『術』而非『學』。世人徒知乾嘉以降，漢宋互訾，豈知

〔註 127〕朱維錚編：《周予同經學史論著選集》【增訂版】（上海人民出版社，1996 年 7 月），頁 328～329。

〔註 128〕錢穆：〈中國學術思想史論叢〉五，《錢賓四先生全集》22（臺灣聯經，1998 年），頁 571～579。

〔註 129〕王雲五、蔡元培、胡適編輯：《張菊生先生七十生日紀念論文集》（上海：商務印書館，1937 年），頁 1～24。

二者固矛盾之不相當，矢函之不相及哉。……故考據者，術也，非學也。以此治經，求其典章制度名物訓詁，清儒之成績甚偉。求通制作之原，則亭林黎洲而後，甚少措意之者。求作聖之道，尤非其力之所及矣。」〔註130〕換言之，陸氏稱讚清人在考據學獲得之成就，而於清人追求聖賢義理之眞及工夫所造之境界，卻深感失望。

1975 年，10 月，旅居美國的余英時（1930～　）完成了〈清代思想史的一個新解釋〉一文，意謂從「內在的理路」（inner logic）來處理儒學發展史，而非單純用外緣來解釋思想史的發展，其看法在中、港、臺三地都帶來了不同的回響。余氏說：「我說清代思想史的中心意義在於儒家智識主義的興起和發展，我所指的正是這種『道問學』的精神。『智識主義』不過是『道問學』的現代說法而已。其實把清代看作儒家『道問學』的歷史階段並不是我個人的什麼特殊發現，清代學者自己就是這樣說的。段玉裁（1735～1815）的外孫龔自珍（1792～1841）告訴我們：儒家之道不出『尊德性』和『道問學』兩大端，清代的學術雖廣博，但『其運實爲道問學』。」〔註131〕

1978 年 12 月，何佑森（1930～　）發表〈清代漢宋之爭平議〉一文，何氏分從漢學家的人格、虛實之辨、漢人小學與朱子小學等三項來分析漢宋之爭。何氏是這樣平漢、宋之辨的：「宋學可以補漢學之偏，漢學也可救宋學之弊。漢宋相爭最後只會加深門戶之見，彼此相容則可以促成漢宋的合流。……其實漢學與宋學關係極爲密切，惟有深通漢學才知宋學的可貴，也惟有深通宋學才知漢學的可貴。漢學家與宋學家讀的都是經書，講的都是聖學，一是發明聖人之學，一是實踐聖人之學。宋學之所以對漢學有無形的影響，清代的眞正漢學家之所以重視道德實踐而有極高尚的人格，道理就在大家所追求的都是聖人之學。……事實是直到清末，漢宋之爭依然是各持己見，始終是爭辯不出一個是非來。治考據的不講義理，治義理的不講考據。我們往往會有一個錯覺；認爲漢學家重在訓詁考據，走的是道問學的路子，宋學家重在心性修養，走的是尊德性的路子，道問學與尊德性的不同就如漢學與宋學水火不容一樣，於是認爲漢學家欠缺誠意正心的工夫，宋學家欠缺辨音認字的能力。我們所以會有此錯覺，一是我們誤讀了古書，一是我們不了解古人的

<hr>

〔註130〕陸寶千：〈論清代經學——以考據治經之起源及其成就之限度〉載國立臺灣師範大學《歷史學報》第 3 期（1975 年 2 月），頁 1～22。
〔註131〕余英時：《歷史與思想》（臺灣：聯經出版事業公司，1976 年 9 月），頁 154～155。

日常生活與一生行事。」〔註132〕

　　1981 年 10 月，王家儉（1925～　）參加了中央研究院歷史語言研究所舉
辦的第一屆漢學會議，發表了〈清代漢宋之爭的再檢討——試論漢學派的目
的與極限〉一文。王氏認為乾嘉時代的學者，大多「於不知不覺之中向統治
者效忠，而願為之服務。……雖然漢學家苦心孤詣地，對於宋學大加排斥，
企圖取代宋儒而自居儒學的正統，並在實際上一度執學術界之牛耳。但從其
目的來看，卻也未能如願以償。」〔註133〕

　　1988 年 6 月，韋政通（1930～　）編成《中國哲學辭典》一書，其中的
漢宋之爭、漢學、宋學、訓詁明則義理明、尊德性與道問學各條，全引錄自
以上引錄之專著或論文，作為哲學史的工具書，有抄錄之功，而缺乏創見及
新解。

　　1992 年 3 至 6 月，朱維錚（1936～　）撰成〈清學史：漢學與反漢學一
頁〉一文。對於這一段清學史，朱氏是這樣論述的：「熟悉清學史的江藩，既
自居為漢學宗傳，又憂心於漢宋紛爭。他以為漢學家重視禮樂故訓，屬於『教
化之本』，而宋學家不讀漢學家詮釋經傳諸書，也不能闡明性命之理。因此，
他在著漢學師承記之後，又著宋學淵源記。他自稱『藩為是記，實本師說』
那師說，具見於惠棟之父惠士奇手書的書齋楹帖，所謂『六經尊服鄭，百行
法程朱』漢學師承記還曾指名批評方苞。宋學淵源記則對桐城派採取迴避態
度，不僅沒有隻字說到方苞、劉大櫆、姚鼐，而且沒有隻字提及陰受桐城義
法的陽湖派惲敬、陸繼輅等人。——漢學商兌表明，方東樹的智商平平。他
好作反漢學的激進之言，便使漢學商兌甫出版，即贏得了讚賞。……江藩的
漢學師承記，屬於緬懷過去光榮而不悟衰勢將至的那種類型。」〔註134〕

　　1992 年 12 月，陳祖武（1943～　）參加臺灣中央研究院中國文哲研究所
籌備處主辦的清代經學國際研討會時，發表〈關於乾嘉學派的幾點思考〉，其
中的第五點為漢宋之爭與乾嘉學派的衰微。陳氏認為：「清代的漢宋學術之
爭，承襲宋明遺風而來。乾隆末、嘉慶初，漢學日過中天，盛極將衰，不惟

〔註132〕何佑森：〈清代漢宋之爭平議〉載國立臺灣大學《文史哲學報》，第 27 期（1978
　　　　　年 12 月），頁 1～2。
〔註133〕王家儉：〈清代漢宋之爭的再檢討——試論漢學派的目的與極限〉載氏著《清
　　　　　史研究論藪》（臺北：文史哲出版社，1984 年 7 月），頁 75。
〔註134〕朱維錚：〈清學史：漢學與反漢學一頁〉（上）（下）載《復旦學報》（社會科
　　　　　學版），1993 年第 5 期，頁 54～61；1993 年第 6 期，頁 75～79。

宋學中人詆斥其病痛無異詞，而且漢學中人於自家學派積弊亦多所反省。……江藩的以漢宋兩家將儒學判然中分，心存軒輊，揚漢抑宋，雖得封疆大吏阮元為後盾，但漢學頹勢已成，不可逆轉。」〔註135〕

1992 年末，徐洪興（1954～　）發表〈論方東樹的漢學商兌〉一文。徐氏從一較廣闊的層面來討論漢宋之爭，他認為：「漢學與宋學之爭，實際并非始於清代，儒家內部本來就有所謂的學統和道統之爭。從今天的角度來看，漢學、宋學實是儒學不可或缺的兩翼，兩者在中國學術思想史上各有自己的研究對象、研究方法，以及各自的歷史演變和學術價值。漢學以文字音韻、章句訓詁、名物制度為主要研究對象，以考證為主要研究方法，它可以歸屬於廣義上的歷史學。——就宋學而言，它以心性理欲為主要研究對象，以思辨為主要研究方法，實質就是我們今天所說的哲學。」〔註136〕

1995 年 1 月，中國社會科學院在海南省海口市舉辦了中國國際漢學研討會，姜廣輝（1948～　）發表了〈乾嘉漢學再評價——兼評方東樹對漢學的回應〉一文。姜氏認為：「一般的觀點認為，漢、宋學之分乃在解經方式的不同，即漢學主于故訓，宋學主于義理。這種看法是極為表面的。實質上，漢宋學的區別乃在對人生意義的不同認識，宋明儒者和清代儒者各受其時代思潮影響，對人生意義和價值有著不同的取向，他們解經的方式與方向皆受其價值取向的影響。概括言之，宋明儒者普遍地以內在的道德精神作為人的本質，因而其治學目標則在于對心性本體的體認，以求得精神的安頓。……後來的學者不單要反問：難道只有用心于內，追求超越才是人生的意義嗎？乾嘉漢學關於人生哲學不像宋明理學那樣成為一種系統的理論，但他們有一種共識，有一個基本的解決方向，即認為人的本質並不在自心中呈現，而是投射於人們的相互關係當中，並通過行事與活動體現出來。」〔註137〕

1995 年 5 月，陳少明（1958～　）發表〈擺脫漢宋輪迴〉一文。陳氏主張：「從漢宋學術同現代文化保守主義關係的分析入手，從方法論上探討傳統

〔註135〕陳祖武：〈關於乾嘉學派的幾點思考〉載江日新編：《清代經學國際研討會論文集》（臺北：中央研究院中國文哲研究所籌備處印行，1994 年 6 月），頁 257～259。

〔註136〕徐洪興：〈論方東樹的漢學商兌〉，香港：學峰國學研究所編：《清儒治學與清代學術》（1995 年 1 月），頁 230～231。

〔註137〕姜廣輝：〈乾嘉漢學再評價——兼評方東樹對漢學的回應〉載中國社會科學院歷史研究所編：《華夏文明與傳世藏書：中國國際漢學研討會論文集》（北京：中國社會科學出版社，1996 年 11 月），頁 578～579。

學術的得失，並引入馬克斯・韋伯的方法論爲坐標，力圖通過比較，爲現代的儒學或其它傳統學術提供可選擇的新路標。」〔註138〕

1997 年，陳居淵（1952～　）發表〈晚清儒學的漢宋兼采〉一文。陳氏說：「漢宋兼采作爲晚清儒學的重要特徵之一，曾給瀕臨頹勢的傳統經學塗上了新的色彩。——從經學史的角度考察，它是清代乾嘉漢學由考據形式和宋學義理詮釋儒家原典不同學術取向的融通。若從思想史的視角加以評判，它體現了宋明以來儒學自身發展的必然態勢。」〔註139〕

2000 年 5 月，李學勤（1933～　）在清華大學思想文化研究所演講，講題是〈清代學術的幾個問題〉。李氏對宋學的評價是：「清代的學術成就巨大，但其不足處是講門戶。清代學術是從否定宋明理學開始的。這是對的，但也拋掉了宋學很多好的方面，如講修養，入世精神，和做人的骨氣，甚至對社會都有影響。……宋學是在漢朝整理文獻走到盡頭，經過唐朝編《五經正義》，隨後轉向義理之學，於是產生宋學。後發展到極端，空談性理，逐漸引起有識之士的反對，到清代又回到漢學的道路。我們對清代學術的看法多襲自晚清，這需要重新考慮。」〔註140〕

2000 年 12 月，高翔 的著述——《近代的初曙：18 世紀中國觀念變遷與社會發展》在北京出版。高翔說：「漢學家內部，對理學的看法也不盡相同。然而，雖說漢學的產生與宋學密不可分（一定程度上甚至可以說它脫胎于宋學）但它畢竟是一門獨立的學問……而漢學出現本身，也以雄辯的事實證明：宋學並不是認識儒家真理的唯一途徑，宋學壟斷真理的時代已經一去不返了。……世界上從來就不存在沒有思想的學問。漢學不是不講義理，而是主張通過實證的方法尋求義理。」〔註141〕

2001 年 9 月，汪學群發表了〈關於清前期學術思想的爭論〉一文。汪氏亦認同阮元有漢、宋兼采的主張，他分析阮元的漢、宋之辨：「漢學側重在儒家經典，以研究學問爲本，宋學重在師道，闡述道理心性。前者側重經書本

〔註138〕陳少明：〈擺脫漢宋輪回〉載陳平原、王守常、汪暉編：《學人》第 7 輯（1995年 5 月），頁 601。

〔註139〕陳居淵：〈論晚清儒學的漢宋兼采〉，載中國孔子基金會編：《孔子研究》，1997年第 3 期，頁 40。

〔註140〕李學勤：〈清代學術的幾個問題〉，載劉東主編：《中國學術》2001 年總第六輯（北京：商務印書館，2001 年 5 月），頁 238～239。

〔註141〕高翔：《近代的初曙：18 世紀中國觀念變遷與社會發展》（北京：社會科學文獻出版社，2000 年 12 月），頁 242～243。

文的訓詁考據，後者則發揮經書本文中的微言大義，他實際上把學統與道統結合起來。」〔註142〕

總結由民國至今對漢、宋之辨的歷史考察，我們可分從下述三個時期得到一些粗淺的印象：

20世紀30年代，漢、宋之辨經過周予同、錢穆和張君勱三人提出論辨的核心問題後，問題的定位才較清晰，若干的觀念亦得到適當的澄清。

20世紀70年代，臺港學者論漢、宋之辨者較多，例如陸寶千、余英時、何佑森、王家儉等人，問題的深度亦提高至一較廣闊的層面。

下至20世紀90年代，中國大陸的學者對漢、宋之爭的討論和回應較多，例如朱維錚、陳祖武、徐洪興、姜廣輝、陳居淵等學人，而其中的陳少明更引入外國的新說，從一全新的角度去分析這件舊公案。

踏入二十一世紀，中國大陸的學者，例如李學勤、高翔等人，仍然試圖對漢、宋之爭提出一些新見解。最新的論著是葛兆光（1950～　）的大作《中國思想史》第二卷，其中的第四節「重建知識世界的嘗試：十八、十九世紀之際考據學的轉向」〔註143〕，葛氏從思想史的角度去分析這個老問題，讀者可以參閱。

筆者亦相信，通過上文對漢、宋之辨的歷史考察，對我們理解這個經學史的課題，間接也會起到深化的作用。

五、幾點結論

傳統儒生研治經學時，是否只是局限於漢學與宋學兩個大範疇？中國儒學的發展史也曾經歷了漢、宋兩個時代。時至今日，漢、宋之辨是不是仍然具有時代的意義？

清代儒生對漢、宋學之態度，除了與其師承有關之外，與自己治學之範圍、做人之宗旨，不無關係。他們的治學，似乎並沒有為漢、宋兩個範疇所規限，跌落非此則彼、單向一元的困局；而是大多傾向兼采漢、宋，且調和貫通兩個學派之所長。故此，筆者引梁啓超（1873～1929）所說：「其實清儒

〔註142〕汪學群：〈關於清前期學術思想的爭論〉，載中國社會科學院歷史研究所明清史研究室編：《清史論叢》2001年號（中國廣播電視出版社，2001年9月），頁212。

〔註143〕葛兆光：《七世紀至十九世紀中國的知識、思想與信仰：中國思想史》第二卷（復旦大學出版社，2000年12月），頁499～628。

最惡立門戶，不喜以師弟相標榜；凡諸大師皆交相師友，更無派別可言也。」〔註144〕以反駁錢穆先生所謂清人治學有門戶之見的說法。

阮元對漢、宋之爭的態度是開放的。無可否認的事實是：阮元確是一位漢學家、一位經學考證的能手。阮元的治學，無疑是繼承了皖派漢學家——戴震由文字音韻通詁訓的特點，阮元同時亦不忘義理的闡發。宋代大儒的立身、行事及如何處世、待人，在阮元的日常生活之中，亦具體呈現出來。君子尊德性而道問學，貴為封疆大吏的阮元，其德性和學問，是和他的「不立門戶，不相黨伐」的立說相吻合的。不可忽略的事實：阮元對漢、宋之爭的態度，和當時清代官方的立場是相一致的。

阮元的弟子及學生（儀徵學派）對漢、宋之辨的態度，他們調和漢宋之立場，與阮元的主張，是無分二致的。讀者試回頭讀一讀江藩、梁章鉅、丁晏、陳澧、俞樾等學人的論據，便可以得到證明。

清代其他學人對漢、宋之辨的態度，可包括下列各類學人：

1、清初諸大儒，治學不拘漢、宋，通經以致用。

2、主張通訓詁，專言漢學考證，而不忘義理的漢學家。

3、主張明義理，兼治名物訓詁的宋學家。

4、漢、宋兼采的調和論者。

正如張君勱在〈中國學術史上漢宋兩派之長短得失〉的結論所云：「吾所欲為國人告者，漢學宋學之性質，非對立而不相容，如清儒所想像焉。若但就狹義言之，以考證為漢學家之事，以義理為宋學家之事，此兩派各有其不可動搖之地位。」〔註145〕我們試翻檢清人的論著時，漢、宋之辨的痕跡並不明顯。總的來說，清人大多沒有門戶之見。

最後，談談儒生的人格問題。有些學者指出，清代真正的漢學家都有極高尚的人格；也有另外一種意見，指摘清代不少的漢學家品格卑下者多。眾說紛紜，莫衷一是。問題似乎不會有肯定的答案。我們要問的問題是：

讀書有什麼目的？治學有什麼方法？讀書人的腦海中經常有此兩問，我們再去閱讀清人的著作時，便不會為其漢、宋的框框所迷惑了。

筆者在此再引錄一位漢學家，一位宋學家的說話，漢學家汪喜孫（1786～1847）〈國朝漢學師承記跋〉：

〔註144〕梁啟超：《清代學術概論》二（臺灣：水牛出版社，1971 年 5 月），頁 9。
〔註145〕同前註35，頁 22。

「自後儒以讀書爲玩物喪志，義理典章區而爲二，度數文爲，棄若弁髦，箋傳注疏，束之高閣。」〔註146〕換言之，汪中（1744～1794）之子喜孫要求讀書人義理及詞章不可分，學子更不應該把讀書視作玩物喪志。

宋學家羅澤南（（1808～1856）〈答劉孟容書〉：

> 所示諸生，持守涵養之說，誠爲學者良劑。士人讀聖賢書，不徒以之資口耳，實以之範身心。持守不固，涵養不深，雖日談仁義，終是一場鶻突。古人之學，言與行合而爲一者也。——況涵養不深，則省察不密；省察不密，則舉動必乖；舉動既乖，則言語必謬，其病相因，而其害無窮。〔註147〕

羅澤南要求讀書人要做到「窮理居敬，直須並進，」因爲「不居敬，無以立窮理之本；不窮理，無以明居敬之功。」從羅澤南身上，我們可以體現漢、宋學精神的融和。

當代大陸學人——王元化（1920～　）說：

> 另一方面，我認爲我們的研究工作也不能止於乾嘉學派，那就是絕不逾越前人的考據訓詁之學，甚至在治學方法上也亦步亦趨，墨守成規。……事實上，自清末以來，如王國維，梁啓超等，他們一面吸取了前人考據訓詁之學，一面也超越了前人的界線，在研究方法上開拓了新境界。〔註148〕

王元化所言，不啻爲學術思想史的研究者，帶來一些新的啓示。就讓讀者在閱讀本文後，在研究方法上走出漢、宋的輪迴，並且超越考據和訓詁的牢籠吧！

第四節　阮元的義理之學

清初的學術家，上承晚明諸儒遺老，極力挽救自王陽明（1472～1529）後學以來「束書不觀，游談無根」的學風，王船山（1619～1692）、顧亭林（1613

〔註146〕汪喜孫：〈國朝漢學師承記跋〉，《國朝漢學師承記》（北京：中華書局，1983年11月），頁134。

〔註147〕萬士濂輯：《清代經世文續編》卷一學術原學（中央研究院計算中心網上檢索版），2001年。

〔註148〕王元化：〈回到乾嘉學派〉，《思辨隨筆》（上海文藝出版社，1994年10月），頁162。

～1682）、顏習齋（1635～1704）、黃梨洲（1610～1695）、傅青主（1607～1684）
等大儒，在這個「天崩地解」的時代，先後撰寫了一系列光輝的學術著作。

　　及至乾隆（1736～1795）、嘉慶（1796～1820）年間，士子為逃避文網，
相率走上回歸經典考據的道路，訓詁考訂的專著，接踵而出；漢學家的成就，
有目共睹。而宋儒講求身心性命的義理之學，清人好像不多言說似的。一時
之間，經學史上的漢、宋之辨便成為學人不能不要面對的命題。錢穆（1895
～1990）先生指出這個時期有「治漢學者必以詆宋學為門面」〔註149〕的風氣，
而阮元（1764～1849）便是嘉慶、道光（1821～1850）年間正統漢學派的代
表人物。芸臺的學說，究竟有沒有高揚漢學，而醜詆宋學呢？

　　嘉慶二十三年（公元1818年）的除夕，在廣西桂林的行館，55歲的阮元，
為他的同鄉兼同學——江藩（1761～1831）的《國朝漢學師承記》撰寫序言。
《漢學師承記》全書八卷，阮元的序文說：「讀此可知漢世儒林家法之承授，
國朝學者經學之淵源。」〔註150〕正由於芸臺只為《漢學師承記》寫了序言，
而沒有向人推介江藩的另一本經學史專著：《國朝宋學淵源記》〔註151〕，學術
史家便大多錯誤地認為：阮元是清代正統漢學派的大旗手，而看不出芸臺有
調和漢、宋二派的主張。

　　道光六年（公元1826年）四月，祖籍桐城的方東樹（1772～1851），以
「近世有為漢學考證者，著書以鬭宋儒，攻朱子為本，首以言心言性言理為
屬禁。」〔註152〕為口實，寫成《漢學商兌》一書；由此掀起了漢學、宋學之
辨的論爭。

　　方東樹發難攻擊的漢學家，矛頭直接或間接，都是指向阮元。〔註153〕難
得的是，阮元容忍了這位幕僚對他冷嘲熱諷的攻擊。

　　阮元對宋代的義理之學，持有甚麼態度？面對漢學或宋學，他的立場如

〔註149〕錢穆：《中國近三百年學術史》上冊自序（北京：中華書局，1989年9月），
　　　　頁2。
〔註150〕江藩：《國朝漢學師承記》序文（北京：中華書局，1983年11月），頁1。
〔註151〕同註2，《國朝宋學淵源記》，（道光二年　長白　達三序），頁150～152。
〔註152〕方東樹：《漢學商兌》序例（臺灣：廣文書局，1963年1月），頁1。
〔註153〕可參考：1、徐洪興：〈論方東樹的《漢學商兌》〉載《清儒治學與清代學術》
　　　　（香港：學峰文化，1995年1月），頁217～233；2、朱維錚：〈漢學與反漢
　　　　學——江藩的《漢學師承記》《宋學淵源記》和方東樹的《漢學商兌》〉載朱
　　　　氏著：《求索真文明——晚清學術史論》（上海古籍出版社，1996年12月），
　　　　頁13～43。

何？以下從《揅經室集》中略舉數例，以佐說明。

1937 年 1 月左右，史家傅斯年（1896～1950）寫成了《性命古訓辨證》一書，在傅先生的引語中，他極力推許阮元的《性命古訓》：「故是書實爲戴震《原善》《孟子字義疏證》兩書之後勁，足以表顯清代所謂漢學家反宋明理學之立場者也。……夫阮氏之結論固多不能成立，然其方法則足爲後人治思想史者所儀型。其方法惟何？即以語言學的觀點解決思想史中之問題是也。」〔註154〕阮元《性命古訓》說：「古性命之訓雖多，而大旨相同，試先舉《尙書‧召誥》、《孟子‧盡心》二說以建首，可以明其餘矣。」〔註155〕阮元訓釋性命二字，認爲「性與命相互而爲文」，「《召誥》所謂命，即天命也。……故《孟子‧盡心》亦謂口目耳鼻四肢爲性也。性中有味、色、聲、臭、安佚之欲，是以必當節之。古人但言節性，不言復性也。」〔註156〕由上文可證，阮元主張「節性」，阮元說：「所以性必須節，不節則性中之情欲縱矣。惟其仁、義、禮、知、聖爲命，所以命必須敬德，德即仁、義、禮、知、聖也。」〔註157〕阮元主張人們要「節性」、「敬德」，和宋儒所講「存天理」「去人欲」，不是如出一轍嗎？

阮元自述求學門徑說：「元少爲學，自宋人始，由宋而求唐、求晉、魏、求漢，乃愈得其實。」〔註158〕今本《揅經室集》，我們見不到阮元大力宣揚程（程頤、程灝）、朱（熹）之道，不過，周（敦頤）、張（載）等理學家的著作，阮元明顯不會感到陌生。尤其是運用這種「要把一個時代的思想歸還給那一個時代」的治學方法，治清學史的大師──胡適（1891～1962），也極之欣賞。〔註159〕試看看下列一張阮元治學成績的清單：

1、論仁：人與人相偶而仁乃見（《論語論仁論》）

2、論孝：曾子修身愼行，忠實不欺，而大端本乎孝。（《曾子十篇注釋序》）；《孝經》：「卿大夫之孝，以保守其家之宗廟祭祀爲孝。」知此爲孝，則不敢作亂，則不敢不忠、不仁、不義、不慈。（《孝經解》）

〔註154〕傅斯年：《性命古訓辨證》引語，中央研究院歷史語言研究所單刊乙種之五（臺北：商務印書館，1992 年 12 月），引語，頁 1。

〔註155〕阮元：《揅經室集》（北京：中華書局，1993 年 5 月），頁 211。

〔註156〕同註7。

〔註157〕同註7，頁 212。

〔註158〕阮元：〈西湖詁經精舍記〉，《揅經室集》，頁 547。

〔註159〕胡適：《戴東原的哲學》（臺灣：遠流出版公司，1986 年 7 月），頁 117。

3、論學：「學而時習之」者，學兼誦之、行之。（《論語解》）

4、論一貫：以「行事」訓貫，則聖賢之道歸于儒。（《論語一貫說》）

5、論格物：然則物者，即身家國天下之事，即五倫之事，即誠正之事，即德財之事。（《大學格物說》）

6、論孔子之道在於《孝經》：夫孝，天之經也，地之義也，人之行也，君子務本，本立而道生，孝弟也者，其爲人之本與！（《論語解》）

　　讀者一望而知，芸臺和宋儒的立論，何其相似。宋儒的義理之學，無非要求每人所學，務在切於人倫日用，使人人可以身體力行。阮元的立論，就是要推闡古聖賢訓世之意。〔註160〕

　　人怎樣去認識宇宙、萬事、萬物的本源？朱熹（1130～1200）之學，著重「格物致知」「即物窮理」的讀書法，和明代大儒王陽明（1472～1529）主張的「致良知」「心即理」的內省法，判然有別。漢學家的阮元，對朱子學的態度又是如何？以下試從《揅經室集》，條列阮元對朱子的評價：

1、《杭州紫陽書院觀瀾樓記》：「朱子之言，聖道大而有本，學者漸乃能至。」

2、《書東莞陳氏學蔀通辨後》：「朱子中年講理，固已精實，晚年講禮，尤耐繁難，誠有見乎理必出于禮也。古今所以治天下者禮也，五倫皆禮，故宜忠宜孝即理也。」

3、《學蔀通辨序》：「此書專辨朱、陸異同，推尊朱子。──元於東園清暇，重加披閱，遵《提要》之旨，手將『病狂失心』等語加以刪削而還之。蓋除此所刪，則皆表彰正學之要言，即有過激之論，無非欲辨朱子之誣。」

　　由此得知，阮元不只推崇朱子，發揚禮學，兼且作爲朱子論學的諍友，要世人認識清楚朱子學的真義。在《擬儒林傳稿凡例》的條例中，阮元說：「曾（子）、孟（子）、程（頤）、朱（熹）、後人有名而多著述者，未得其人，應俟加訪。」可證芸臺不單沒有貶低程、朱，更要當時的史家，訪求推尊朱子學的清儒，以免因著作失傳而給後世所遺忘。而「守晦菴（朱子）之正傳」〔註161〕，亦成爲學海堂讀書人一生讀書、求學的楷模。

〔註160〕引自張鑑：《阮元年譜》，〈賜諡文達原任太傅大學士阮公鄉賢錄事實〉：「故官學問淵博，實事求是。自經史，小學以及金石，詩文，鉅細無所不包，而尤以發明大義爲主。所著〈性命古訓〉〈論語孟子論仁論〉〈曾子十篇注釋〉，推闡古聖賢訓世之意，務在切於日用，使人人可以身體力行。」（北京：中華書局，1995 年 1 月），頁 242。

〔註161〕阮元：〈學海堂集序〉，《揅經室集》，頁 1077。

給人以漢學家形象的阮元，究竟有沒有醜詆宋學呢？答案是否定的。阮元說：「是故兩漢名教得儒經之功，宋、明講學得師道之益，皆於周孔之道得其分合，未可偏護而互詆也。我朝列聖，道德純備，包涵前古，崇宋學之性道，而以漢儒經義實之，聖學所指，海內嚮風。」〔註162〕又說：「兩漢學行醇實，尚近於春秋列國之時。漢末氣節甚高，黨禍橫決，激而為放達，流而為老、莊，為禪、釋。宋儒救之，取學術中最尊者為性理。……即如仁義、禮讓、孝弟、忠順等語，與《孝經》各章事事相通，語語相合。孔子曰：『吾志在《春秋》，行在《孝經》。』此二語實為聖門微言。」〔註163〕從上引文，可見清代二百多年的學術風氣，宋儒身心性命的義理之學，仍然受到讀書人的重視，且認為應賴之以安身立命，而非一般人的見識：清儒只講考證，恥談義理。

阮元一生，經歷了乾隆、嘉慶、道光三個朝代，享壽八十六歲。他在政治上的影響力不太大，而在教育和學術兩方面的貢獻，卻彰彰於後世。因此，後人不應只著眼於芸臺的漢學考證，而忽略其宋學觀，尤其是芸臺的學術觀念，深深地影響了詁經精舍和學海堂的士人和後學。在芸臺看來，「尊漢學者，或昧言性；悟性道者，妄斥許（慎）、鄭（玄）」〔註164〕，這二種態度都不可取。阮元又認為：「近人考證經史小學之書愈精，發明聖賢言行之書甚少。否則專以攻駁程朱為事，于顏（子）曾（子）純篤之學，未之深究。」〔註165〕故此，他並沒有心存門戶之見，而主張漢學、宋學可兼采，二者亦可兼容。

清代著名學者——桂文燦《經學博采錄》序言：「學之區漢、宋者，俗說也。」〔註166〕徐珂《清稗類鈔》群經精義之發明：「要知漢儒之訓詁，宋儒之義理，相須而行，闕一不可，其激而互有勝負者，皆末流之失也。」〔註167〕二氏所言，和阮元的主張，正正不謀而合。

筆者最後引用兩條文獻資料來總結阮元的義理之學。

其一，阮元《節性齋主人小像跋》：

> 余講學不敢似學案立宗旨。惟知言性則溯始《召誥》之節性，迄于

〔註162〕阮元：〈擬國史儒林傳序〉，《揅經室集》，頁37。
〔註163〕阮元：〈詁經精舍策問〉，《揅經室集》，頁237。
〔註164〕阮元：〈誥授光祿大夫刑部右侍郎述庵王公神道碑〉，《揅經室集》，頁425。
〔註165〕阮亨：《瀛舟筆談》卷7，引家兄（阮元）語，頁2。
〔註166〕桂文燦：《經學博采錄》郭則澐序（臺灣：明文書局，1992年8月），頁3。
〔註167〕徐珂：《清稗類鈔》第8冊 經術類（北京：中華書局，1986年8月），頁3801。

孟子之性善；不立空談，不生異説而已。〔註168〕

其二，阮元《學海堂學博生徒皆有圖詠送別題答一律》詩：

講學是非須實事，讀書愚智在虛心。〔註169〕

節性，即宋儒所講的「去人欲」、「存天理」；不立空談，即虛心問學，亦是宋儒讀書、修養的要訣。

第五節　阮元的經世思想和實學觀

一、阮元的經世思想

阮元的學術思想，我們可分從『經世』或『實學』兩個角度來分述。本節先談阮元的經世思想，下節則從《揅經室集》來看阮元的實學思想。首先看看阮元心目中『經世』的含義，芸臺說：「明末諸儒多留心經世之務，顧亭林先生所著有天下郡國利病書及肇域志，故世之推亭林者，以爲經濟勝於經史。」〔註170〕芸臺又說：「四庫書提要論亭林之學，經史爲長，然則徒以經濟贊頌者，非篤論也。夫經世之務，必由於學。」〔註171〕由此可證阮元心目中的「經世之具」，乃相對於「空虛之學」來說，舉凡經濟、地理、經學、史學、方志、天文、曆算、數學、教育、武備、西洋技藝等皆屬於「經世」的範疇；而阮元更認爲：欲成就經世之具，最重要的是在日常生活中注意學習。下文試分從以上所提及的範疇，以印證阮元的經世思想。

數學方面，阮元說：「數爲六藝之一，而廣其用，則天地之綱紀，群倫之統系也。天與星辰之高遠，非數無以效其靈。地域之廣輪，非數無以步其極。世事之糾紛繁頤，非數無以提其要。通天地人之道曰儒，孰謂儒者而可以不

〔註168〕阮元：《揅經室再續集》卷1（文選樓叢書，原刻影印百部叢書集成，臺灣藝文版），頁3。

〔註169〕阮元：《揅經室續集》卷7，同註7，頁1118。
又《阮元年譜》大人訓福云：「此二語乃實學，空學之關鍵，最爲要緊。不能實學者，先入之見填滿於胸，不虛心求是非，終于愚而已。」（北京：中華書局，1995年11月），頁154。

〔註170〕阮元：〈顧亭林先生肇域志跋〉《揅經室集》（北京：中華書局，1993年5月），頁673。

〔註171〕阮元：〈京師慈善寺西新立顧亭林先生祠堂記〉載《國粹學報》第一年第六號（1905年7月）撰錄，頁1。

知數乎！」〔註172〕換言之，儒生必須通曉數學才可有經世之具，才不會予人有「喜空談而不務實學」之譏笑。

天文算學方面，阮元自述爲疇人撰傳的原因：「元早歲研經，略涉算事。——爰掇拾史書，薈萃群籍，甄而錄之，以爲列傳，自黃帝以至于今，凡二百四十三人，附西洋三十七人，大凡二百八十人，離爲四十六卷，名曰疇人傳，綜算氏之大名，紀步天之正軌，質之藝林，以詒來學，俾知術數之妙，窮幽極微，足以綱紀群倫，經緯天地，乃儒流實事求是之學，非方技苟且干祿之具，有志乎通天地人者，幸詳而覽焉。」〔註173〕可見在阮元的心目中，儒生也要有天文算學的經世才具。

史學方面，阮元概述學者欲言經世，需讀一些甚麼典籍，阮元說：「古之學者秋學禮，冬讀書，書即今之史也。楚語曰教之春秋以聳善而抑惡，教之世以昭德而廢昏，教之故志使知廢興而戒懼，蓋皆讀書之事也。內則序幼學之次，始于誦詩而不及書，書蓋與計數方名並而習之，所謂日知所無多，識前言往行以畜其德，即朱子教幼學者日記故事之義，今之史足以彷彿乎！」〔註174〕史學經世之義，讀者可得而知之了。

方志學方面，阮元說：「山經、地志，史家之書也。」〔註175〕，阮元先後在 1799 年，撰〈重訂天台山方外志要序〉；1806 年，爲焦循撰〈揚州北湖小志序〉；在 1818 年，奏纂《廣東通志》，而於 1822 年撰〈重修廣東省通志序〉；1847 年，爲阮先撰〈揚州北湖續志序〉；1849 年，爲王檢心撰〈道光重修儀徵縣志序〉；又曾修纂《浙江通志》、《雲南通志稿》等；依照阮元的理解，方志大可作爲地方掌故，而帶有經邦濟世的作用。

地理學方面，阮元「博引群書，爲圖說一卷」〔註176〕，撰成《浙江圖考》三卷；爲李斗的《揚州畫舫錄》撰序及二篇跋；又爲劉文淇〈揚州水道記〉撰序，而有「凡地理書，須以圖明之。」〔註177〕的主張。爲申明歷史地理的重要，阮元說：「自古史傳，人事與地理相爲經緯者也。人事月改日易，而終

〔註172〕阮元：〈里堂學算記序〉：同註1，頁681。
〔註173〕阮元：〈疇人傳序〉：楊家駱編：《疇人傳彙編》上（臺灣：世界書局，1982年4月），頁1～2。
〔註174〕阮元：〈讀通鑑綱目條記序〉，載《續修四庫全書》史部編年類342，李述來：《讀通鑑綱目條記》（上海古籍出版社，1995年），頁541。
〔註175〕阮元：〈泰山志序〉：同註1，頁536。
〔註176〕阮元：〈浙江圖考〉上：同註1，頁265。
〔註177〕阮元：〈揚州水道記序〉《揅經室續二集》（文選樓叢書版），頁35。

古不易者，地理也。同一郡縣山川，在漢某年爲治爲亂，在唐某年爲失爲得，賢良之拊循，忠烈之嬰守，災害之利弊，前史具在。修郡志者，是宜專立一門，以備考覽。」〔註178〕

　　西學方面，阮元並不是盲目採取認同的態度，而是有所去取。例如西方天文學的入門書，阮元介紹云：「六朝以來，方外之士能詩文者甚多，爲推步之術者，余撰疇人傳，釋氏時憲法，仿泰西陽瑪諾天問略之例，著爲一書，取元明本朝諸家之說而發明。……欲爲天學者，得是書讀之，天體、地球、恆星、七政、可以了然於心目間。」〔註179〕阮元對西洋技藝及日常用品的製造工藝，表現出的是一種讚嘆之情，72 歲的阮元，詠〈大西洋銅燈〉一詩云：

　　　泰西之人智，製器巧且精。鐘表最利用，其之銅燈檠。高牴一尺許，
　　　譬如人立擎，屯膏於首頸，一臂伸且平。手指撚棉炷，輸膏使火明。
　　　首臂通手指，不泄亦不盈。焦煙不翦剔，其光靜且清，勝於巨燭燄，
　　　一炷澈五更。照我十餘年，不使老眼盲，足酬秀才時，鐙火青熒情。

　　〔註180〕

阮元以詩讚譽西洋工藝，這一首最足以代表之。阮元另有一篇文章，題爲〈自鳴鐘說〉，云：「自鳴鐘來自西洋，其制出於古之刻漏。……此制乃古刻漏之遺，非西洋所能創也。」〔註181〕又同時看到阮元並非一意崇洋，而是極力在我國的傳統文獻之中，找到一些與西學互有關聯的根源。

　　教育方面，阮元認爲：「若夫載籍極博，束閣不觀，非學也。多文殊體，輟筆不習，非學也。」〔註182〕阮元又云：「蓋春秋時學行，惟孝經、春秋最爲切實正傳。近時學者，發明三代書數等事，遠過古人，于春秋學行，尚未大爲發明。本部院拙識所及，首爲提倡，諸生如不鄙其庸近，試發明之，以成精舍學業焉。」〔註183〕詁經精舍及學海堂，便間接成爲推動經世之學的學術大本營。

　　阮元學博精微，他撰寫的文章，處處表現出其經世之才具，試略舉數篇：《記

〔註178〕阮元：〈揚州府志事志氏族表圖說三門記〉：同註 1，頁 581。

〔註179〕阮元：〈圜天圖說序〉：載《藏外道書》第 24 冊（成都：巴蜀書社，1992 年）頁 627～628。

〔註180〕阮元：〈大西洋銅鐙〉：《揅經室續集》卷 11（文選樓叢書版），頁 4～5。

〔註181〕阮元：〈自鳴鐘說〉：同註 1，頁 700～701。

〔註182〕阮元：〈學海堂集序〉：同註 1，頁 1076。

〔註183〕阮元：〈詁經精舍策問〉：同註 1，頁 237。

蝴蝶炮子》，此文可以「廣武備之異聞」〔註184〕《葵考》、《薔薇賦》〔註185〕二文可見植物學的常識。

　　文末，筆者在此交待一下阮元所講的「經世」，和下述三人的看法，不謀而合：

1、李紀祥：「至於經世在訓詁上的泛義，則爲『經國濟世』、『經世濟民』、『濟世』、『淑世』等。」〔註186〕

2、劉廣京、周啓榮：「今日學者泛用經世一詞，指一初有關政治或行政之思想與行爲。」〔註187〕。

3、何佑森：「經世、事功、功利、義理等四個觀念，彼此間同中有異，而又異中有同。」〔註188〕

　　而借用張灝對『經世』一詞的解釋：「『經世』絕不是一個單純的觀念；它至少有三層意義。第一層意義是指儒家入世的『價值取向』，它可以是任何形態的經世思想的前題。『經世』第二層意義含義最廣，相當於宋明儒所謂的『治體』或『治道』。『經世』的第三層意義才是晚清所謂的『經世之學』所彰顯的意思。它包含了西方學者所暸解的『官僚制度的治術』（治法）。」〔註189〕阮元的經世思想有沒有張灝所講的三層意義呢？阮元的義理之學，其實亦即是阮元的心性之學，明顯地指示出阮元的『經世』思想，有著儒家入世的價值取向。阮元主張禮治，有嚴肅的『修己』精神，阮元的事功之學，亦間接說明阮元有『治人』的理想，是一種以人格爲本位的政治觀。易言之，阮元的經世思想，和宋明儒所謂的『治體』和『治道』，內容是相一致的。魏源、賀長齡在《清經世文編》所講治法的內容，包括了如銓選、賦役、鹽務、漕運、河工、水利等，阮元不約而同，對國家種種的實務，都有所陳述。因此，阮元心目中的『經世』，和張灝心目中的『經世』，其內容是不謀而合的。

〔註184〕同註1，頁628。

〔註185〕同註1，頁698，721。

〔註186〕李紀祥：〈「經世」觀念與宋明理學〉載《書目季刊》第23卷第3期，（1989年12月），頁30～40。

〔註187〕劉廣京、周啓榮：〈皇朝經世文編關於「經世之學」的理論〉，載《中央研究院近代史研究所集刊》第15期上冊，（1986年6月），頁33～99。

〔註188〕何佑森：〈清代經世思潮〉：載《漢學研究》第13卷第1期，（1995年6月），頁1～14。

〔註189〕張灝：〈宋明以來儒家經世思想試釋〉，載中央研究院近代史研究所編：《近世中國經世思想研討會論文集》（臺北：1984年4月），頁3～19。

二、從《揅經室集》看阮元的實學思想

（一）引言

我國古代儒生治學的範圍，依據《四庫全書》的分類，包括經、史、子、集四部。打從漢代開始，經學便是我國傳統學術思想的主流，歷經魏晉南北朝、隋唐、宋元明各代，綿延及清，仍然有其悠久的生命力。二千多年以來，無數的讀書人，大多花費他們一生的時間和精力於經學的研習上，從讀經書始，或注疏、或箋釋、或詁訓、或章句、或通釋，也以讀經書終。因此，經學研究的成績，從著作的數量言，委實可以說是汗牛充棟，蔚為巨觀，只要人們翻檢一下《通志堂經解》、《皇清經解》或《皇清經解續編》的目錄，便可知其梗概。

漢靈帝熹平四年（公元 175 年），石刻詩、書、易、儀禮、春秋、公羊傳及論語七經；唐文宗開成二年（公元 836 年），刻九經三傳（周易、尚書、毛詩、周禮、儀禮、禮記、春秋左傳、公羊傳、穀梁傳、論語、孝經及爾雅）於長安；唐代已遍刻十三經（另加《孟子注疏》；而十三經注疏的刻本，傳布最廣者為阮元（字伯元，號芸臺，1764～1849）的刻本。〔註 190〕儒生治經、講經，代有師承和家法，其道德理想就是從師友砥礪，立己立人的過程中實踐「內聖外王」之道。

近年來，儒學研究又成為學術史研究的主要課題，由儒學國際研討會的相繼召開，可見一斑。〔註 191〕陳鼓應、辛冠潔、葛榮晉等學者，大多論定明清儒生重視「經世致用」之學；儒學不僅只是一門「修身」、「為己」之學，它也可以談論經邦、濟世、事功、經濟、治生等，因此也有不少學人認為：在學術史上，明清兩代曾經形成一股「實學」的思潮。〔註 192〕

全盛期的清代思潮，代表人物除了戴段二王（戴震（1724～1777）、段玉

〔註 190〕引自：屈萬里：《古籍導讀》（臺灣開明書店，1984 年 7 月），頁 54～59。

〔註 191〕由下列論文集中可證：1、《儒學國際學術討論會論文集》上下冊，：中國孔子基金會，新加坡東亞哲學研究所，（齊魯書社，1989 年 4 月）；2、《孔子誕辰 2540 周年紀念與學術討論會論文集》，中國孔子基金會，（上海三聯書店，1992 年 5 月）；3、《儒學與現代化——儒學及其現代意義國際學術研討會論文集》中華孔子學會編，（人民教育出版社，1994 年 12 月）。

〔註 192〕可見於下列論著：1、陳鼓應、辛冠潔、葛榮晉合編：《明清實學思潮史》上中下卷：（濟南，齊魯書社，1989 年 7 月）；2、葛榮晉：《中國實學思潮史》上中下卷：（北京，首都師範大學出版社，1994 年 9 月）；3、陳鼓應、辛冠潔、葛榮晉：《明清實學簡史》：（北京，社會科學文獻出版社，1994 年 9 月）。

裁（1735～1815）、王念孫（1744～1832）、王引之（1766～1834））外，梁啓超（1873～1929）先生還說：「阮元、王昶（1725～1807）、紀昀（1724～1805）、畢沅（1730～1797）輩，皆處貴要，傾心宗向，隱若護法，於是茲派稱全盛焉，其治學根本方法，在「實事求是」、「無徵不信」，其研究範圍，以經學爲中心而旁及小學、音韻、史學、天算、水地、典章制度、金石、校勘、輯逸等等。」〔註193〕

　　阮元是清代中葉的經學大師，錢穆、陸寶千二先生皆曾稱譽芸臺爲乾、嘉漢學名臣最後一重鎮。〔註194〕龔自珍（1792～1841）歷數芸臺一生的著述，其成就包括：訓詁之學、校勘之學、目錄之學、典章制度之學、史學、金石之學、九數之學、文章之學、性道之學、掌故之學〔註195〕等，近人唐德剛先生推崇胡適之（1891～1962）爲二十世紀一個「九項全能」的學術宗匠，而根據定盦的歸納：阮元無疑也可譽爲十八至十九世紀中葉一位「十項全能」的儒生。

　　阮元一生歷官乾隆、嘉慶、道光三朝，先後出任山東、浙江學政，浙江，河南，江西巡撫，湖廣、兩廣、雲貴總督，歷兵部、禮部、戶部、工部侍郎，最後拜體仁閣大學士〔註196〕芸臺官運亨通而又學識淵博，又因壽考八十六歲，終其一生著述、輯錄、編刻的書，範圍遍及經、史、子、集四部。〔註197〕《揅經室集》乃阮元的詩文集，是書可見他對學術發展的觀點和立場，筆者現據《揅經室集》，論述阮元的實學思想，以就教大雅君子。

（二）實學即實事求是之學

　　「實學」一詞，在不同的年代或會有不同的涵義。〔註198〕明清兩代的

〔註193〕梁啓超：《飲冰室全集》：（香港：天行出版社，1974年），頁317。
〔註194〕錢穆：《中國近三百年學術史》下冊，「芸臺猶及乾嘉之盛，其名位著述，足以弁冕群材，領袖一世，實清代經學名臣最後一重鎮。」（北京：中華書局，1986年5月），頁478。陸寶千：《清代思想史》，「故芸臺實爲乾嘉經學之最後重鎮，上溯亭林、潛邱由訓詁以明經之說，繩繩相嬗如是。」：（臺北：廣文書局，1978年3月），頁181。
〔註195〕引自：龔自珍：〈阮尚書年譜第一序〉，《龔自珍全集》（上海：人民出版社，1975年2月），頁225～230。
〔註196〕阮元：《揅經室集》：鄧經元點校說明，（北京：中華書局，1993年5月），頁1～2。
〔註197〕張舜徽：《清儒學記》：（齊魯書社，1991年11月），頁446。
〔註198〕可參考：何師佑森：〈明末清初的實學〉「『實學』一詞，在不同的時代，不同的環境中，各有一個特定的涵義；即使在同一個時代，因學問的趨向不同，

實學觀念，往往與「經世」、「經術」、「經邦」等詞語相連。實學是否等同經世之學，儒學可否經世致用等，便成爲學術史或思想史頗值得深思的問題。〔註199〕

　　清宣宗道光三年（公元 1823 年），阮元時年六十，他把自己三十年來說經記事的作品，按經、史、子、集的分類，編成《揅經室集》，芸臺自序說：「室名揅經者，余幼學以經爲近也。余之說經，推明古訓，實事求是而已，非敢立異也。」〔註200〕

　　阮元解經，最終目的是求古訓以明其是，而所謂古訓，用芸臺自己的說話就是：「元少爲學，自宋人始，由宋而求唐，求晉魏，求漢，乃愈得其實。」（西湖詁經精舍記）欲明經的本意，必須由宋代上推至漢代，原因是漢代距孔子年代較近，更接近經的本意，因此，後人研經，唐宋人的著作不如晉魏，而晉魏人的著作又不及漢人。經學史上所謂漢、宋之爭，在阮元看來都是一些無意義的爭辯，〔註201〕他主張調和漢學和宋學，立論才較持平。在阮元的心目中，漢學家讀經，必須身體力行，求所謂「義理」之道；宋學家講學，也要研習經史，明所謂「考據」之理；一者尊德性，一者道問學；究其實，二者都不可偏廢。因此，阮元說：「史、漢始記儒林，宋史別出道學，其實講經者豈可不立品行，講學者豈可不治經史，強爲分別，殊爲偏狹。」（擬儒林

也有幾種不同的解釋。」何師又云：「今天我們所發展的實學，是受了乾嘉之學的影響，不是清初的實學。清初實學所重的是現實歷史中的新事物，乾嘉實學所重的古代文獻中的舊事物，對新舊事物的研究，正反映了清代初、中兩期實學的不同內容。」載國立臺灣大學中國文學系編：《臺大中文學報》第四期，（1991 年 6 月），頁 1～15。

〔註199〕可參考下列學者的文章：1、張灝：〈宋明以來儒家經世思想試釋〉載《近世中國經世思想研討會論文集》（臺灣中央研究院近代史研究所，1984 年 4 月），頁 3～19。2、劉廣京、周啓榮：〈皇朝經世文編關於「經世之學」的理論〉載《中央研究院近代史研究所集刊》第 15 期上冊，（臺北，1986 年 6 月），頁 33～99。3、余英時：〈清代學術思想重要觀念通釋〉，《中國思想傳統的現代詮釋》（臺北聯經出版事業公司，1986 年 3 月），頁 405～486。4、王家儉：〈晚明的實學思潮〉，載漢學研究中心編：《漢學研究》第 7 卷第 2 期，（臺北，1989 年 12 月），頁 279～300。5 何師佑森：〈清代經學思潮〉載臺灣中央研究院中國文哲研究所編：《清代經學國際研討會論文集》（臺北，1994 年 6 月），頁 15～29。

〔註200〕同註 7，阮元：〈揅經室集自序〉。

〔註201〕〈擬國史儒林傳序〉阮福案語：「家大人撰儒林正傳附傳共百數十人，持漢學宋學之平，群書采集甚博，全是裁綴集句而成，不自加撰一字。」：阮元：《揅經室集》：（北京：中華書局，1993 年 5 月），頁 38。

傳稿凡例）

下列兩段文字，可以幫助我們去理解阮元所謂「實事求是」的本意：

1、「我朝賢俊蔚興，人文鬱茂，鴻才碩學，肩比踵接。至於貫徹儒籍，旁通百家，修率情性，津逮後學，則河間紀文達公足以當之。夫山川之靈，篤生偉人，恆間世一出。河間獻縣，在漢爲獻王封國。史稱獻王修學好古，實事求是，所得書皆古文先秦舊書，被服儒術，六藝具舉，對三雍，獻雅樂，答詔策，文約指明，學者宗之。」（紀文達公集序）

2、「《漢書》云修學好古，實事求是。後儒之自遁于虛而爭是非于不可究詰之境也，豈河間獻王竟逆料而知之乎。我朝儒者，束身修行，好古敏求，不立門戶，不涉二氏，似有合于實事求是之教。仁和宋氏咸熙，潛修力學，丙辰、丁巳間，助予纂集經詁，在精舍中爲前一輩學者。嘉慶辛未入都，以所著〈惜陰日記〉相質。其間考訂經史古籍，皆據實以求是，非沈篤澹雅之才，能若是乎！」（惜陰日記序）

原來「實事求是」一詞，語出《漢書》。阮元認爲儒生治學，在考訂經史古籍時，必須據實、徵實，即是要言必有據，絕對不可妄測，妄測則虛。讀書人要做到束身修行，好古敏求，即深思而好學，又不持門戶之見，不涉釋、道二氏，才合乎「實事求是」之教。

從上述文字來看，「實事求是」之學，本指儒學、經學或實學，名稱雖不同，內容則無二致。阮元云：「余以爲儒者之于經，但求其是而已矣，是之所在，從注可，違注亦可，不必定如孔、賈義疏之例也。」（焦里堂循群經宮室圖序）易言之：求眞，求本，不枉從錯誤的注疏，才是讀經最正確的方法。阮元又總結自明朝以來的學術史，認爲毛奇齡出於劉宗周講學之後，提倡經學，實學頓起，芸臺說：「有明三百年，以時文相尙，其弊庸陋諓僷，至有不能舉經史名目者。國朝經學盛興，檢討首出東林、蕺山空文講學之餘，以經學自任，大聲疾呼，而一時之實學頓起。」（毛西河檢討全集後序）明人束書不觀，游談無根，以致學風空疏失實，士子不習經史，以至讀書人不認識經史的書名者，亦大有人在，委實令人嘆惜。也難怪清初學者——顧炎武（1613～1682）指出當時的社會風氣是：「以明心見性之空言，代修己治人之實學」（《日知錄》卷七 夫子之言性與天道條）阮元認爲清代經學復興，實學即是求是之學、辨僞得眞之學、亦是實踐之學。〔註202〕

〔註202〕阮元：〈擬國史儒林傳序〉，「國初講學如孫奇逢、李顒等，沿前明王薛之派。

（三）實學指經史之學

何謂「經」？阮元據〈漢志〉解釋其本意云：『《漢書‧藝文志》曰：「夫孝，天之經，地之義，民之行也。舉大者言，故曰《孝經》。」據此諸古籍，知經之一字，始于此書。自此之後，五經、六經、七經、九經、十三經之名，皆出于此。釋、道之名，其書曰經，亦始襲取于此。』（孝經解）芸臺在《揅經室集》中屢言經書的重要：

> 古書之最重者莫逾於經，經自漢晉以及唐宋固全賴古儒解注之力，然其間未發明而沿舊誤者尚多，皆由於聲音文字假借轉注未能通徹之故。（王伯申經義述聞序）

> 聖賢之道存于經，經非詁不明。（西湖詁經精舍記）

> 經學，史才，詞科，三者得一足以傳，而鄞縣全謝山先生兼之。（全謝山先生經史問答序）

> 嶺南學術，首開兩漢，著作始於孝元，治經肇於黃，董，古冊雖失，佚文尚存，經學之興，已在二千載上矣。（學海堂集序）

經學是一切學問之本源，治經便成為士人進德修業的鑰匙，芸臺也承認自己「余本經生」，又云：「臣幼被治化，肄業諸經，校理注疏，綜核經文，于諸本之異同，見相沿之舛誤，每多訂正，尚未成書。」（恭進十三經注疏校勘記摺子）

阮元的鄉里、同學，大多也是經生，芸臺自述與他們的交誼時云：

> 元與焦君少同遊，長同學，元以服官，愧荒所學，焦君乃獨致其心與力于學。（焦氏雕菰樓易學序）

又云：

> 元居在江淮間，鄉里先進多治經之儒，若興化顧進士文子九苞、李進士成裕惇、劉廣文端臨台拱、任侍御子田大椿、王黃門石臞念孫、汪明經容甫中、皆耳目所及，或奉手有所受。丁未戊申間，元在京師，見任侍御，相問難為尤多。（任子田侍御弁服釋例序）

又云：

> 甘泉江君子屏，得師傳于紅豆惠氏，博聞強記，無所不通，心貫群

陸隴其、王懋竑等，始專守朱子，辨偽得真。高愈、應撝謙等，堅苦自持，不愧實踐。閻若璩、胡渭等，卓然不惑，求是辨証。惠棟、戴震等，精發古義，詁釋聖言。」：同註11，頁37。

經，折衷兩漢，元幼與君同里同學，竊聞論說三十餘年，江君所纂
《國朝漢學師承記》八卷，嘉慶二十三年元居廣州節院時刻之。（國
朝漢學師承記序）

由上所述，和阮元同時的經生包括：焦循（1763～1820）、任大椿（1738～
1789）、江藩（1761～1831）、劉台拱（1751～1805）、王念孫（1744～1832）、
汪中（1744～1794）等人。其他如孫星衍（1753～1818）為元的同學，通經
史文字音訓之學；凌廷堪（1757～1812）為元的朋友，精於禮學；王昶（1724
～1806）為元同期的考官，通詩文；邵晉涵（1743～1796）亦為元的同學，
精于史學。對阮元有影響的老師：李道南為儒生、喬書酉通易學、胡西琴為
詩人、朱珪（1731～1806）精通經學，亦皆一時之選。

實學亦指經史之學。十三經之中，阮元最看重《春秋》和《孝經》，《春
秋》為史，《孝經》屬經，芸臺說：『「孔子曰：吾志在《春秋》，行在《孝經》，
此二語實為聖門微言。」』（詁經精舍策問）讀通經史，學問才不至於虛浮失
實，士人亦應懂得義理和考據，不宜偏廢之理，因為：「士之治經史者或短于
文詞，工文詞者或疏于經史，專學藝者或鈍于時務，習時務者或荒于學藝，
當若何棄其短以得長，教其偏以求全歟？」（試浙江優行生員策問）阮元也希
望經生能就自己性之所近的專長，來研習經史或文學：「多士或習經傳，尋疏
義於宋齊，或解文字，考故訓于倉、雅，或析道理，守晦菴之正傳；或討史
志，求深寧之家法，或且規矩漢晉，孰精蕭選，師法唐宋，各得詩筆，雖性
之所近，業有殊工，而力有可兼，事亦並擅。」（學海堂集序）

總言之，經史之學當求其實，芸臺心目中的實學，就是經史之學，阮元
說：「然則舍經而文，其文無質，舍詁求經，其經不實。為文者尚不可以昧經
詁，況聖賢之道乎！」（西湖詁經精舍記）

（四）實學亦指天文、曆算和數學

公元一七九七年，阮元時年三十四歲，始修《經籍纂詁》及《疇人傳》。
（雷塘庵主弟子記）《疇人傳》所收，全為自上古下迄清代的天文、數學、曆
算學家等二百四十三人的傳記，由此而可見阮芸臺的西學思想。〔註203〕

〔註203〕可參考下列學者的文章：1、石錦：〈十七、十八世紀中國曆算學家的治學態
度〉載臺灣《故宮文獻》第2卷第1期，（1970年12月），頁45～60。2、王
萍：〈阮元與疇人傳〉載《中央研究院近代史研究所集刊》，第四期下冊（1974
年12月），頁601～611。3、王萍：〈清代曆算學的傳承與蛻變〉載中央研究
院近代史研究所編：《近世中國經世思想研討會論文集》（1984年4月），頁

實學，在阮元看來，也可指天文、數學和算學。芸臺曾說：「數爲六藝之一，而廣其用，則天地之綱紀，群倫之統系也。天與星辰之高遠，非數無以效其靈，地域之廣輪，非數無以步其極，世事之糾紛繁賾，非數無以提其要。通天地人之道曰儒，孰謂儒者而可以不知數乎！自漢所來，如許商、劉歆、鄭康成、賈逵、何休、韋昭、杜預、虞喜、劉焯、劉炫之徒，或步天路而有驗於時，或著算術而傳之於後。凡在儒林類能爲算後之學者，喜空談而不務實學，薄藝事而不爲，其學始衰。」（里堂學算記序）芸臺指陳數學之功用，更明言儒生對數學不可以不認識。古代儒生，必須通曉禮、樂、射、御、書、數（六藝），而數之用可謂廣矣，故儒者要懂數，後之儒生若不通算學，等於空談學問而不務實學，芸臺謂實學亦指天文、曆算，意思也是十分顯明的了。而阮元對「數」字的認識，頗爲與眾不同，他說：「以數記言者，如一言、三省、三友、三樂、三戒、三畏、三愆、三疾、三變、四教、四惡、五美、六言、六蔽、九思之類，則亦皆口授耳受心記之古法也。」（數說）即是說，數目字對人類傳遞教育的訊息，起著一種百弟子口耳相傳的作用。

（五）結語

綜合上文所述，阮元的實學思想，可以歸納爲：

1、實學即實事求是之學，經學和儒學爲其主要的內容；欲求經之本意，儒生必須：求是、辨僞和得眞。

2、實學即經史之學，士人讀通經史，學問才不至於虛空失實。

3、實學也指天文、數學和曆算學。

阮元的實學思想，歸根究柢，都是從他對經學的重視開始。只有從古聖賢經傳之本源入手，從詁訓之中去理解經書之義理，能如此，學問才不會陷於不著邊際、浮誇失眞之境地。阮元在總結其治經的體驗時說：「竊謂士人讀書當從經學始，經學當從注疏始，空疏之士高明之徒讀注疏不終卷而思臥者，是不能潛心擘索，終身不知有聖賢諸儒經傳之學矣。至於注疏諸義，亦有是有非，我朝經學最盛，諸儒論之甚詳，是又在好學深思實事求是之士由注疏而推求尋覽之也。……復敬錄《欽定四庫全書》《十三經注疏》各提要於各注疏之前，俾束身修行之士，知我大清儒學，遠軼前代。由此潛心敦品，博學

491～504。4、黃愛平：〈從疇人傳看阮元的西學思想〉載《清史研究通訊》1989 年第 3 期，頁 55～59。5、劉德美：〈疇人傳研究〉載國立臺灣師範大學歷史研究所、歷史系合編：《歷史學報》第 13 期，（1985 年 6 月），頁 145～169。

篤行，以求古聖賢經傳之本源，不爲虛浮孤陋兩途所誤云爾。」〔註204〕這便是芸臺所主張的治學途徑了。

第六節　阮元汲取西學的經世動機

　　若將時光倒流二、三百年，對一個熟諳經學的學人來說，能夠把自己的目光擴大，由認識西學、批判西學、以至汲取西學的有用成份，就算從今日的角度來看，也實在難能可貴。阮元正正是這一類「於學無所不窺」的封疆大吏，儘管他做學問之目的是儒家所謂「爲己之學」，但骨子裏，他並沒有忘卻現實生活中一切經世致用之學對社稷、以及蒼生的重要性。

　　阮元汲取西學的經世動機是甚麼？試看看他自己的說話。阮元說：「余之說經，推明古訓，實事求是而已，非敢立異也。」〔註205〕又說：「俾知術數之妙，窮幽極微，足以綱紀群倫，經緯天地，乃儒流實事求是之學。」〔註206〕因此，無論是治經抑或研習數學，阮元都主張「實事求是」，此種暗合科學精神的治學態度，和應世或經世致用之目的相一致。

　　阮元認爲中學、西學「本幹則一」〔註207〕不過。在阮元心目中，西學雖精，但西學之源卻是中法，這種信念，阮元是十分肯定的，他說：

> 學者苟能綜二千年來相傳之步算諸書，一一取而研究之，則知吾中土之法之精微深妙，有非西人所能及者。彼不讀古書，謬云西法勝于中法，是蓋但知西法而已，安知所謂古法哉！〔註208〕

阮元又謂某些西學，其源實出自中國：

> 由是習於西說者，咸謂西人之學，非中土所能及。然元嘗博觀史志，綜覽天文算術家言，而知新法亦集合加今之長而爲之，非彼中人所能獨創也。如地爲圓體，則曾子十篇中已言之；太陽高卑，與考靈曜，地有四游之說合，蒙氣有差，即姜岌地有游氣之論，諸曜異天，即郗萌不附天體之說；凡此之等，安知非出於中國？〔註209〕

〔註204〕阮元：〈江西校刻宋本十三經注疏書後〉，：同註7，頁620～621。
〔註205〕阮元：〈揅經室集自序〉，《揅經室集》（北京：中華書局，1993年5月），頁1。
〔註206〕阮元：〈疇人傳序〉，《疇人傳彙編》（臺灣：世界書局，1982年4月），頁1。
〔註207〕阮元：〈里堂學算記序〉，同註1，頁682。
〔註208〕阮元：〈疇人利瑪竇傳論〉，《揅經室續二集》（文選樓叢書版），頁7。
〔註209〕阮元：〈疇人湯若望傳〉，同註5。

阮元批評西方天文學云：

> 且以爲地球動而太陽靜，是西人亦不能堅守其前説也。……夫如是，
> 而曰西人之言天，能明其所以然，則何如曰盈縮，曰遲疾，曰順留
> 伏逆，但言其當然，而不言其所以然者之終古無弊哉！〔註210〕

數學爲西學之根本，阮元推廣天算、數學之研究，委實不遺餘力。阮元介紹
西方數學的文字，就筆者所見，便有以下各篇：

1、〈續疇人傳序〉：「方今聖世六藝昌明，佚書大顯，後有疇人，思欲復古。
　將見大衍爲考古之根，天元爲開來之具，綴術爲五星之用，招差爲八線之
　資，合大行約分天元寄母綴術求等招差彙積，又爲後學之權衡，斯又宋元
　來復見之各書，所亟宜甄錄而表章也。」〔註211〕

2、〈三統術衍序〉：「元不敏，少日治經之暇，頗亦留情算術，比年以來，供
　職中外，此事日荒。」〔註212〕

3、〈羅茗香四元玉鑑細草九式序〉：「嘉慶間，予得元大德朱世傑四元玉鑑三
　卷，進呈聖鑒，蒙賜收入秘書，予以副鈔本屬何君夢華付之李君尚之，略
　演其法，李君遽卒，吾鄉羅君茗香乃取此書各段演全細草，又於四草外演
　爲九式一卷，以盡發朱氏四元之意，精思神解，貫徹古今矣！」〔註213〕

4、〈四元玉鑑細草序〉：「元知天元一術外，更有四元，世罕其書。撫浙時訪
　獲朱氏原本，擬演細草未果，吾鄉羅君茗香，續學之士也，精思神解，先
　得我心，研究一紀，補成全草，間有原術，於率不通及布算傳寫之訛，亦
　悉爲標出。」〔註214〕

5、〈算學啓蒙序〉：「此書首列乘除布算諸例，始于超徑等接之術，終于天元
　如積開方，由淺近以至通變，循序而進，其理易見，名曰啓蒙，實則爲玉
　鑑立術之根。」〔註215〕

6、〈割圓密率捷法序〉：「昔元家藏鈔本割圓捷法一帙，不知爲何人之書，故

〔註210〕阮元：〈疇人蔣友仁傳論〉，同註5。
〔註211〕阮元：〈續疇人傳序〉，同註3，下冊頁2。
〔註212〕阮元：〈三統術衍序〉，陳文和編：《嘉定錢大昕全集》第8冊（南京：江蘇古
　　　　籍出版社，1997年12月），頁2。
〔註213〕阮元：《揅經室續集》卷3，（文選樓叢書版），頁22。
〔註214〕阮元：〈四元玉鑑細草序〉，朱世傑撰：《四元玉鑑細草》（臺北：商務，1968
　　　　年版），頁15。
〔註215〕阮元：〈算學啓蒙序〉，朱世傑：《算學啓蒙》（吳氏醉六堂，光緒壬午1882
　　　　年版），頁1。

疇人傳未載。今致仕歸揚州，讀天長岑氏紹周所校刻割圓密率捷法四卷及甘泉羅氏茗香跋，始知是書爲滿州明靜庵先生撰于乾隆之時。」〔註216〕

清朝在曆算學所取得的貢獻或成就，既有屬於清代初期的儒生，也有一些阮元的鄉里先輩和同學，阮元又認爲清代帝皇的提倡數學，也是清朝算學發達的原因之一，阮元說：「我國家稽古右文，昌明數學，聖祖仁皇帝御製數理精蘊，高宗純皇帝欽定儀象考成諸編，研極理數，綜貫天人，鴻文寶典，日月昭垂，固度越乎軒轅，隸首而上之。以故海內爲學之士，甄明度數，洞曉幾何者，後先輩出。專門名家則有若吳江王曉庵錫闡、淄川薛儀甫鳳祚、宣城梅徵君文鼎。儒者兼長則有若吳縣惠學士士奇、婺源江愼修永、休寧戴震庶常、莫不各有撰述，流布人間。蓋我朝算學之盛，實往古所未有也。江都焦君里堂，與元同居北湖之濱，少同游，長同學，里堂湛深經學，長於三禮，而於推步數術，尤獨有心得。」〔註217〕

阮元汲取西學，其動機是以之經世致用，無論我們是否用學術經世，又或事功經世的字眼，阮元的學術思想都包含了經世的意圖；易言之，阮元所要實踐的，終歸是儒家所講的「內聖」及「外王」之道而已。

第七節　阮元對時務的意見

作爲皇帝的輔臣，阮元覺得應該怎樣管治國家呢？作爲朝廷的大臣，阮元對甚麼時務會作出積極的回應呢？如果經世及實學思想只是停留在理論的層面，無補於家國民生，那麼，經世實學又有何具體的意義？明乎此，了解一下阮元應世的各項時務，阮元經世及實學的思想，斯能落實淑世或應世的意義。以下便分從爲政、吏治、求材、外交、漕運、荒政、鹽政、海防、運河、水利、海塘諸方面，探討一下阮元對時務的具體意見和批評。

爲政方面，談爲官之道。阮元說：「勿近於名，勿放於利。放利民傷，近名政僞。」〔註218〕阮元希望作爲父母官，要做到使「吏治民生有所補裨」；並且「每思造福于士民」；「務俾士安弦誦，民慶盈凝。」〔註219〕

〔註216〕阮元：《揅經室再續集》卷3，（文選樓叢書版），頁2。
〔註217〕同註3，頁681。
〔註218〕阮元：〈官齋精舍銘〉，《揅經室集》（北京：中華書局，1993年5月），頁744。
〔註219〕阮元：〈京察議敘恭謝摺子〉，《揅經室集》，頁726；〈賜御書福字恭謝摺子〉，《揅經室集》，頁727。

　　阮元一生身歷乾隆、嘉慶、道光三朝，這一位『三朝閣老，九省疆臣』，在仕途中步步高陞，對以上三位皇帝的忠誠，委實是無可懷疑的。從皇帝賜給阮元的各種獎賞，阮元收到御賜禮物後，立即呈上摺子可見一斑。看看阮元的摺子。給乾隆皇帝的摺子：「此又因武德之無遠弗屆，故拓地而及天池，文學之無所不精，故審音而刊元史紀略。」〔註220〕我們看到的是對乾隆皇帝的歌頌。給嘉慶皇帝的摺子：「欽惟皇上本孝爲經，闡開宗於東魯：體仁出治，補衍義於西山，圜雍舉稱制之文，東殿崇說書之禮。」〔註221〕對嘉慶皇帝的尊崇儒學，阮元亦在摺子中隱約表揚。給道光皇帝的摺子：「臣敬念，福者，備也，臣何以備宣聖德於蒼生；壽者，酬也，臣何以酬報隆施於丹陛。」〔註222〕對道光皇帝的恭敬之情，可謂溢於言表。

　　阮元論爲政者應學習如何去勤政愛民。阮元說：「爲政本乎六經，教士先夫儒術，此我朝聖聖相承之極軌也。」〔註223〕正因爲「食爲民天，民爲國本。」〔註224〕地方遇有災歉，免賦免漕自是理所當然的事，這便是阮元所說的：「原正教以黜邪，則經正民興之道也；行實政以教忠，則知人安民之德也。」〔註225〕

　　總言之，從政之道，阮元認爲是：「政事之學，必審知利弊之所從生，與後日所終極，而立之法，使其弊不勝利，可持久不變。蓋未有不精於稽古而能精於政事者也。」〔註226〕正如吳岳所評，阮元從政可以做到：「清儉愼勤，馭吏綏民，寬嚴得中，不務求赫赫名。」〔註227〕尋繹此言，爲政之道便相去不遠矣！

　　吏治方面，阮元說：「天下雖大，州縣之積也。州縣盡得孝廉者治之，則永治矣。余讀學治臆說、佐治藥言，未嘗不掩卷太息，願有司之治若汪君（輝祖）也。……是故學與仕合濟于實用，其道易知，其跡易由，其事盡人能之，而其業亦終身莫能竟。君循吏也，然孝子也，廉士也。」〔註228〕

〔註220〕阮元：〈賜御筆熱河考墨刻卷恭謝摺子　乾隆〉，《揅經室集》，頁724。
〔註221〕阮元：〈恩授經筵講官恭謝摺子　嘉慶〉，《揅經室集》，頁725。
〔註222〕阮元：〈謝賜御筆福字壽字鹿肉摺子〉，《揅經室集》，頁1074。
〔註223〕阮元：〈恭進十三經注疏校勘記摺子〉，《揅經室集》，頁589。
〔註224〕阮元：〈皇上八旬萬壽宗經徵壽說〉，《揅經室集》，頁351。
〔註225〕阮元：〈賜御製原教三篇墨刻恭謝摺子〉，《揅經室集》，頁730。
〔註226〕阮元：〈漢讀考周禮六卷序〉，《揅經室集》，頁241。
〔註227〕吳岳：〈新建粵秀山學海堂碑〉，《學海堂集》卷16，載《中國歷代書院志》本，第13冊，（南京：江蘇教育出版社，1995年9月），頁271。
〔註228〕阮元：〈循吏汪輝祖傳論〉，《揅經室集》（北京：中華書局，1993年5月），頁442。

對於士人如何管理國家，阮元家中有一專書可讀：「余家藏嘉靖搢紳數冊，得自闕里孔氏。其京職一冊題曰搢紳，至外省一冊則但題曰仕宦備覽。」〔註229〕

阮元於 37 歲時，實授浙江巡撫，撰〈立緝匪章程七則〉；又從嘉慶 5 年（（1800 年），一直至道光十四年（1834 年），在給皇帝的奏議中，對稅斂、刑獄、盜賊、漕船、財賦、米穀、軍餉、災荒等關乎民生或國計的大事，都有個人精闢而獨到的見解。阮元的奏議，包括以下各篇：

嘉慶五年二月初五日〈訊問江安糧道趙由均，浙江糧道恩時赫謨各摺〉；

〈奏為審明續獲洋盜，暨先後通盜，濟匪之犯，分別正法〉；

嘉慶五年三月十二日〈上虞縣知縣伍士備等，聽信書役慫恿，索取蓋湖私墾地畝各戶錢文一案〉；

嘉慶二十年正月初八日〈奏為遵旨磚動倉穀交幫搭運恭摺〉；

嘉慶二十年二月十二日〈前任靖安縣勒休知縣馬廷變虧短庫項〉；

〈署廳在任自縊，現在嚴究根由，並查出前任已革同知，交抵欠券，先行請旨挐問，並將該管知府解任質訊〉；

〈奏為挐獲結盟擔匪，審擬具奏事〉；

〈奏為彙核承追虧欠銀數恭摺〉；

嘉慶二十年二月十八日〈奏為請停雩都縣官辦煤礦奏折〉；

〈奏事竊照各省司庫銀兩數目定例，開印前專揩〉；

〈奏事竊照各眷額徵丁耗銀兩，例應將完欠數目，于年底先行具奏〉；

〈督撫到任，例應將通省倉穀查明，茲查江省動缺倉穀〉：

嘉慶二十年三月初十日〈奏為姘獲結會首黟匪犯，審明分別辦理〉；

〈奏為遵旨嚴催船價運兌開，並恭報首幫開行日期〉；

嘉慶二十年三月十一日〈奏為續獲逆案，得受憑票及知情不首各犯審〉；

嘉慶二十年三月廿八日〈遵旨查明江西幫船尚無重利盤剝之事，並請將極疲之船酌借官項，以資調劑〉；

〈奏為有服親屬通姦，同謀殺死本夫〉；

嘉慶二十年四月十五日〈前任奉薪縣知縣金泰觀挪移倉庫銀穀，前經護撫臣袁秉宜恭摺錄奏，奉旨革職拿問，交臣嚴審〉；

〔註229〕阮元：〈嘉靖搢紳冊跋〉，《揅經室集》，頁 580。

〈爲挐獲結盟擔匪審擬具奏〉；

〈直隸省三之清查案，內應追江西各員攤賠銀兩，如限滿無完，即由江西專摺〉；

嘉慶二十年四月二十一日〈查明各標鎮營控制情形，酌加裁減〉。〔註 230〕

道光元年　　　　　　〈籌議裁減名糧疏〉；

道光十四年　　　　　〈籌議流民租種苗田章程疏〉。〔註 231〕

　　從以上呈獻給皇帝的奏議來看，作爲父母官的阮元，對民生、吏治的關心是有目共睹的。

　　求材方面，論育材之法，阮元說：「育才首在通經，奉聖人之至教，博古務求載籍，誦前哲之雅言。」〔註 232〕論考試取士，阮元說：「發策問經，當問經之大義，若隨手拈浩如煙海中之數事以問士，即以士之不能對者爲劣；試思若許士子亦如此拈數事以問試官，試官能全對乎？」〔註 233〕看看這一位考官的自白：

> 積案盈箱又幾千，此中容易損華年。明珠有淚抛何處，黃葉無聲落可憐。　冷傍青氈猶剩墨，照殘紅燭已銷煙。那堪多少飄零意，爲爾臨風一惘然。〔註 234〕

阮元對士子之宅心仁厚，具可想見。

　　阮元對士子之人格修養，亦有下述各方面之要求：

　　其一、心術方面，阮元說：「文學固所期，心術尤至要。」〔註 235〕

　　其二、德性方面，阮元說：「福者，德所致也。恭讀五福頌，以爲壽富諸事皆受於天，惟好德修於人。」〔註 236〕

　　其三、節性方面，阮元說：「蓋敬者言終日常自肅警，不敢怠逸放縱也。……欲知『敬』字之古訓本義，試思敬姜（論勞逸之義）之論即明矣。非端坐靜觀主一之謂也，故以肅警無逸爲敬。凡服官之人，讀書之士，所當終身奉之

〔註 230〕宋祥瑞主編：《國朝名臣奏議》五冊，【北京大學圖書館藏善本叢書　明清史料叢書】（北京大學出版社，1993 年 8 月），頁 161～4111。

〔註 231〕國立故宮博物院清代史料叢書《道咸同光四朝奏議》第一冊（臺灣：商務印書館，1970 年），頁 7～10，333～337。

〔註 232〕阮元：〈奉敕進經籍纂詁摺子〉，《揅經室集》，頁 728。

〔註 233〕阮元：〈論策問〉，《揅經室再續集》卷 3，頁 11。

〔註 234〕阮元：〈發落卷〉，《揅經室集》，頁 758。

〔註 235〕阮元：〈題書之靜春居圖卷子〉，《揅經室集》，頁 912。

〔註 236〕阮元：〈皇上八旬萬壽宗經徵壽說〉，《揅經室集》，頁 347。

者也。」〔註237〕

總的來說，阮元本「育之以成其材，教之以端其術」的培育之法，向嘉慶皇帝建議：「茲承任使，襄校禮闈，臣矢竭顓蒙，虛公將事，伏思校數千人之文藝，必言求士之正者，以收國家得人之效。欲求正士，惟以正求之而已。——故臣愚以爲得文者未必皆得士，而求士者惟在乎求有學之士。」〔註238〕

至若取士之道，阮元主張宜先行誼而後文藝，阮元說：「得人之法，在於命題，務隱僻則困英士，偏一體則棄眾才，當若何平正體要使人各能盡其所長歟？鄉試則二、三場兩場功半頭場，歲科則防弊之力半于閱卷，當若何勤敏以督房考而肅關防歟？士之治經史者或短于文詞，工文詞者或疏于經史，專學藝者或鈍于時務，習時務者或荒于學藝，當若何棄其短以得長，教其偏以求全歟？」〔註239〕

外交方面，阮元在 1841 年清、英鴉片戰爭期間，曾致函督辦夷務欽差大臣伊里布，向清廷建議聯美抗英。阮元函云：「素知在粵通市各國，英吉利之外，惟咪利堅國最爲強大。其國地平而多米，英夷仰其接濟，不敢觸犯。而咪夷在粵，向係安靜，非若英夷之頑梗。若優待咪夷，免其貨稅，又將英夷之貿易移給，咪夷必感荷天恩，力與英夷相抗。且英夷之船砲多向海外各國租賃褒脅而來，若咪夷爲我所用，各國聞之，無難瓦解。至咪夷既經受恩，英夷心必不服，各省口岸必有一二處被其衝突。」〔註240〕阮元的建議，可以說是「以夷制夷」、「師夷長技以制夷」一系列外交策略的藍本。

查禁鴉片方面，阮元是在林則徐（（1785～1850）之前就堅決禁煙的朝廷命官之一。據彭林的研究指出：「道光元年，洋船夾帶鴉片入口，阮元斷然採取措施，『查拏各處賣鴉片匪徒，拏獲澳門總頭葉恆樹。復辦理黃埔不許帶煙之船入口，出具有煙願罰貨入官結，洋商出具保結，摘去洋商伍敦元等三品頂戴』同時奏請『嚴禁夷船鴉片』，此後，煙雖不能淨盡，然只在伶汀洋，不入口矣！」〔註241〕

〔註237〕阮元：〈釋敬〉，《揅經室集》，頁 1016～1017。

〔註238〕阮元：〈嘉慶四年己未科會試錄後序〉，《揅經室集》，頁 572。

〔註239〕阮元：〈試浙江優行生員策問〉，《揅經室集》，頁 574。

〔註240〕阮元：〈用咪夷制英夷策〉，龍應台、朱維錚編：《未完成的革命——戊戌百年紀》（臺北：商務印書館，1998 年 11 月），頁 17～18。

〔註241〕彭林：〈阮元實學思想叢論〉載：中國人民大學：《清史研究》（1999 年第 3期），頁 38～44。

　　澳門乃「天朝地界」，阮元在〈奏報澳門夷情折〉云：「嘉慶十三年，英吉利曾有圖佔澳門之事，若澳夷與小西洋自生叛端，設有爭執，恐英吉利從中覬覦，冀收鷸蚌之利。臣先已飭令委員，諭知小西洋夷人，曉以天朝法度，設來年奉有國王示諭來粵，無須帶領多船，將來到後，亦不許其多人登岸，總當兩邊妥爲彈壓，以仰副聖主柔懷遠人恩威並用綏靖海疆之意。」〔註242〕

　　而在〈小西洋啞林國夷船來粵應否准其貿易折〉之中，奏折的中心思想是講小西洋啞林國（今印度尼西亞）夷船，載著胡椒、檳榔等貨來粵要求進行貿易活動，阮元等地方官令其停在外洋候旨。旋即向各國大班了解啞林國的基本情況，並將了解到的情況及時報告皇上，請示是否准其來粵貿易。阮元在粵任職期間，很注意這類情況以及與外商貿易交往等問題，對南洋一帶來華的商船要求貿易的問題持慎重的態度。〔註243〕

　　阮元疏請米糧入口者免稅，是事切於民生，故民易感。阮元〈西洋米船初到紀事詩〉云：

> 西洋夷船來，氈㲲可衣服。其餘多奇巧，價貴甚珠玉。持貨示貧民，
> 其貨非所欲。田少粵民多，價貴在稻穀。西洋米頗賤，曷不運連舳？
> 夷曰船稅多，不贏利反縮。免稅乞帝恩，米舶來頗速。以我茶樹枝，
> 易彼島中粟。彼價本常平，我歲或少熟。米貴彼更來，政豈在督促。
> 苟能常使通，民足歲亦足。〔註244〕

人民簡簡單單的希望——免稅，爲政者豈能視若無睹？

　　漕運方面，阮元有〈糧船量米捷法說〉一文〔註245〕，據劉德美的考據云：「阮元深知漕弊，任漕運總督時，即運用算學知識爲基礎，改革舊式用珠算核算糧船上的量米法，採用新的舖地錦法，此種筆算法既較舊法捷省一半，而且簡便易曉，使營衛軍吏不敢作弊，並可推廣於糧食穀物。」〔註246〕阮元撰〈海運考跋〉一文云：「以海運易河運，不特數百年舊章，不可驟改，且數萬丁伍水手失業無賴，亦爲可慮。……且近年民困於丁，丁困於河，東南之力竭矣。運貴增則民力困，運費減則民力紓。因重理舊說，凡考之於古與參

〔註242〕丁守和、陳有進：《中國歷代奏議大典》（哈爾濱出版社，1994 年 12 月），頁342～343。
〔註243〕同上註，頁 343。
〔註244〕錢仲聯：《清詩紀事》乾隆朝卷（江蘇古籍出版社，1989 年 1 月），頁 6705。
〔註245〕阮元：〈糧船量米捷法說〉，同註 1，頁 611～614。
〔註246〕劉德美：〈阮元的考據學〉載《歷史學報》，第 14 期，（1986 年 6 月），頁 109～139。

之於今者，纖悉著之於簡，都爲海運考一冊。」〔註247〕當時擔任浙江巡撫的阮元，撰〈海運考上〉結語云：「此文作於嘉慶年間，故所議任人造舟及講求風泊等事尙據元代造船募丁而言；若道光六年所行海運，則由上海和雇商船，以商船由大洋往來關東一歲，數次駕駛得宜，更番無失，且較官造爲尤簡捷也。然雇船轉漕，前此未有行者，故當日議不及此耳！」〔註248〕阮元〈海運考下〉云：「海道如果可行，則浙江之糧，當從何處起運，或疑即由杭嘉寧台諸府入海，而不知非也。」

於賑饑平糶方面，阮元於嘉慶癸酉六月（1813 年）作〈縴代賑〉詩，自序云：「此癸酉六月作。及九月，歸舟至德州，時直隸、豫東邪教作亂，乃每船各選壯丁給兵械，合首尾五幫連環相助。至十一月始肅。全漕歸江南境。詩云：

> 鴻雁年年飛，所謀在江湖。閒民無聊賴，慣作牽船夫。粟米四百萬，
> 轉運達帝都。南漕五千船，船與廿夫俱。牽夫十萬輩，歲歲相挽輸。
> 南牽來瓜州，北牽過長蘆。〔註249〕

清代中葉漕運那種壯觀的場面，由此可從想象中得知。

荒政方面，阮元說：「救荒無善策，惟時地制宜而已。余撫浙無德，屢致災。嘉慶九年夏，浙西大水，已行平糶賑濟借籽諸政矣。十年春，蠶麥又失收，民益困，乃遵 欽定工賑紀事粥胥賑之法，奏設粥廠於十五州縣，凡三十四廠。」〔註250〕作爲一個愛民的好官，遇有地方發生饑荒，替子民紓危解困是責無旁貸的，阮元曾詠詩，抒發其感慨：「天下有好官，絕無好胥吏。政入胥吏手，必作害民事。士與民同心，多有愛民意。分以賑民事，庶不謀其利。吳興水災後，饋粥良不易，日聚數萬人，煮糜以爲食。士之任事者，致力不忍避。與官共手足，民乃受所賜。」〔註251〕

看一看清代中葉的災情。阮元云：

> 冰凌塞谿壑，積雪明群山。飽飯被復陶，猶覺此地寒。矧茲災餘民，
> 食少衣裳單。庚申夏六月，風雨夜漫漫。山海本交錯，蛟龍出其間。

〔註247〕賀長齡輯：《皇朝經世文編》卷 48，戶政 23 漕運下（北京：中華書局，1992
　　　年 4 月），頁 1144。

〔註248〕同前註，頁 1147。

〔註249〕錢仲聯：《清詩紀事》乾隆朝卷（（江蘇古籍出版社，1989 年 4 月），頁 6701。

〔註250〕阮元：〈硤川煮賑圖後跋〉，《揅經室集》，頁 1037。

〔註251〕張應昌編：《清詩鐸》下冊（北京：中華書局，1983 年 4 月），頁 543。

夷寇蕩頗盡，婺栝民亦殘。狂流破石出，百道開巑岏。平地三丈水，
牆屋崩驚湍。漂人及雞犬，決家浮空棺。清畎為石田，沃土成沙灘。
萬頃稻始花，濯拔同莘菅。客如疑此言，試看高樹端。〔註252〕

詩中所指庚申年，即嘉慶五年，公元 1800 年。阮元云：「嘉慶九年甲子（1804
年）五月，江、浙大雨水，汎濫沈浸，浙西三郡皆被災，禾之已種者爛于水，
民厄且懼。」〔註253〕又云：「嘉慶十八年春，余督四千餘船，運粟四百萬石于
江淮間，因作此圖。入夏以後，過邳州，入山東，一路饑民數萬，洶洶相聚，
似有奸徒煽于其間。」〔註254〕

此類場景，怎不令人心寒震慄？阮元面對此類場景，卻能替蒼生做到紓
危解困。以下的筆記材料，可資佐證。陳康祺云：「嘉慶十九年，江北旱災，
流民充斥道路。阮文達公方為漕帥，由淮安催漕至袁浦，中途有饑民萬餘，
攔輿乞食，勢頗洶洶。時漕艘銜尾而北，水淺船遲，公立發令箭，傳諭押運
文武官，每船添僱縴夫二十人，以利輓運。適江南十餘幫在境，恰有五百餘
艘，俄頃之間，萬餘饑民皆得食，歡聲類動。蓋此令一出，漕船得速行，饑
民得裹腹，而又分幫安插，弭變無形，誠一舉而三善備也。文達以大儒為名
臣，故經綸優裕如此。」〔註255〕

鹽政方面，從雲南一省的情況，其他地方可想像得知。阮元先講四川、
雲南鹽政之弊：「雲南鹽出於各井，井中滷煎成鹽，某某井行銷某州縣，有
定額。乾隆以前，鹽由官辦，官以此為利。運鹽至某縣，某縣分派四鄉，四
鄉又分派各莊，無論能銷不能銷，照數繳價，與錢糧無異；因而書役鄉保，
又加錢價，民不堪其苦。……四川井私及鄰井，無課之私充斥，以致額課虧
短，官緣為奸，患不在民而在官矣！」〔註256〕阮元於道光六年（1826年）
出任雲貴總督，有何善策對應？阮元說：「余于道光六年蒞滇，即將弊蠹之
員，參劾數員，風氣頓轉。……又令各井毋以無課之私，占有課之地；又飭
鹽道秉公管束井官，上下清潔，是以銷如額矣！」〔註257〕又說：「予之奏改
吉蘭泰鹽為任商自運自售，不定鹽額而止水運於皇甫川，增河東鹽課八萬餘

〔註252〕錢仲聯：〈浙東賑災紀事〉，《清詩紀事》乾隆朝卷（江蘇古籍出版社，1989
　　　　年4月），頁 6695。
〔註253〕阮元：〈嘉興嘉禾圖跋〉，《揅經室集》，頁 586。
〔註254〕阮元：〈江鄉籌運圖跋〉，《揅經室集》，頁 611。
〔註255〕陳康祺：《郎潛紀聞四筆》（北京：中華書局，1997年12月），頁 139。
〔註256〕阮元：〈雲南井鹽記〉，《揅經室續集》卷2（文選樓叢書版），頁 24。
〔註257〕同前註。

引也。」〔註258〕阮元主張蒙古地區的鹽應任由一般商人自運自銷，消除獨佔權，不定鹽額。〔註259〕。

海防方面，阮元選擇在廣州大虎山興建砲台，以鞏固邊防，阮元說：「余於丁丑（1817 年）冬閱虎門水師，乘兵船出零丁、雞頸諸外洋，遍觀內外形勢及澳門夷市而歸，乃擇於大虎山築建砲台。」〔註260〕另外，阮元講述一位潛水家，關係兵防之異事：「任昭才，鄞人，善泅海，余撫浙治水師時，募用之，昭才入海底，能數時之久，行數十里之遠。……余所獲安南十銅砲，重二千斤，甚精壯，甚愛重之，兵船載砲，嘗遭颶，沉於溫州三盤海底，深二十丈不可起，余命昭才往圖之。」〔註261〕阮元於嘉慶四年（1799）撫浙，先後剿平閩浙海盜，阮元記曰：「（嘉慶）十二年，息影於雷塘墓廬，偶檢數年來辦兵事之書記稿本，流連翻閱，其間調度兵船，娛飫鎮將，製造船砲，籌畫糧餉諸舊事，一一如在目前。……因破十數日工，刪其繁，存其要，授寫書人，錄爲六卷，存之家塾。」〔註262〕阮元有詩詠新造水師大艦：

> 怒濤如雪擁蛟門，百道樓船過虎蹲。旗鼓一新人氣壯，風雲四合炮光屯。句章郡縣來相望，橫海將軍許細論。果使水犀騰浪去，不教海外有孫恩。〔註263〕

足證阮元對海防之重視。

運河方面，嘉慶十八年（1813），時任漕運總督的阮元上〈邳宿運河宜增二閘疏〉云：「竊查糧船行至邳宿運河，年年剝淺，一入山東境內，如韓莊閘雖地勢更陡而歷年通行並無阻滯，推原其故，由於東境七十餘里之中，遞建八閘，而江境三百餘里轉只六閘，閘多則塘深水省，閘少則水淺沙停。臣過邳宿時，虛心體察，博訪輿情，皆以爲匯澤閘之上下，宜添建二閘。」〔註264〕此舉可「以期全漕早出江境，卹養丁力以保米色米數，節河工正帑，還可因添閘束水而收攻沙之益，一舉數利。」〔註265〕

〔註258〕阮元：〈吉蘭泰鹽池客難〉，《皇朝經世文編》，卷 50，戶政 25，頁 1243。

〔註259〕同前註。

〔註260〕阮元：〈廣州大虎山新建砲台碑銘〉，《清經世文編》，卷 83，兵政 14，頁 2061。

〔註261〕阮元：〈記任昭才〉，《清經世文編》，卷 83，兵政 14，頁 2063。

〔註262〕阮元：〈瀛舟書記序〉，《清經世文編》，卷 85，兵政 16，頁 2126～2127。

〔註263〕阮元：〈登鎮海縣招寶山閣新造水師大艦〉，《揅經室詩錄》卷 4，（叢書集成初編本），頁 58。

〔註264〕阮元：〈邳宿運河宜增二閘疏〉，《清經世文編》，卷 104，工政 10，頁 2541。

〔註265〕同前註。

　　水利方面，阮元撰〈荊洲窖金洲考〉云：「荊洲江陵縣南門之外，大江之中，有洲俗名窖金。乾隆五十三年，荊洲萬城大堤潰水入城，大學士阿文成公來荊洲，相度江勢，以爲此洲阻遏江流，故有此潰，乃於江堤外築楊林咀石磯，冀挑江流而南之，以攻其洲之沙，今三十年矣！元來閱荊洲兵，兼閱江堤，計自造磯後，保護北岸，誠爲有力，但不能攻窖金之沙，且沙倍多於三十年前矣！……知此洲即古枚迴洲也，沮口今在萬城堤外，沮水入江之口，千古不改。」〔註266〕阮元又云：「杭州水利自古重之」；〔註267〕「黃河挾泥沙入海，一歲之中，泥沙多不可量，此泥沙積墊於海口，愈積愈多，愈墊愈遠，攔門沙亦愈推愈遠，蓋必然之勢也」；〔註268〕「凡水行於山石不平之地，隨地形爲高低也。若黃河出陝州之後，由陝州以至海口，數千里之遠，數百年之久，必平無高低，如弦之直矣，何也？地勢本平，而沙墊又久也。故自河南至淮南，海口則日墊日遠，河身必日加日高，低者墊之使平，坳者墊之使仰，如弦之直，如準之平矣。」〔註269〕阮元注意水利建設，由以上的引文，可見一斑。

　　海塘方面，阮元〈致杭嘉湖道李垣書〉說明護沙工程的重要：「浙江之性，非折不行。乾隆中年，杭城以東，海寧城以東，皆有護沙。而中間老鹽倉一段數十里，獨受頂衝。……余保障危險，調劑水性者數年，至嘉慶十一年以後，兩頭漲沙復生，則以南岸漸復尖沙之故。元方以爲深幸，但恐將來復有惡尖沙不直者，故書以奉告云。」〔註270〕阮元又云：「浙江海塘爲杭、嘉、湖、蘇、松、常六郡民田蘆舍所關，國計至重。……夫海猶河也，治海而不安其性，猶弗治也。」〔註271〕

　　阮元對時務一些具體的意見，歸納如次：

　　爲政方面：勤於政事，慈愛百姓，精於稽古，乃爲政者之不二法門。

　　吏治方面：孝廉二端，實爲服官之人最基本之德性。

　　求材方面：取士之道，先行誼而後文藝；士子之心術、德性，尤關重要。

　　外交方面：嚴禁鴉片、恩威並用、綏靖海疆，是阮元與外國交往的策略。

〔註266〕阮元：〈荊洲窖金洲考〉，《清經世文編》，卷117，工攻23，頁2856。

〔註267〕阮元：〈嘉慶九年重濬杭城水利記〉，《揅經室集》，頁663。

〔註268〕阮元：〈黃河海□日遠運□日高圖說〉，《揅經室集》，頁1021。

〔註269〕阮元：〈陝州以東河流合句股弦說〉，《揅經室集》，頁1022。

〔註270〕阮元：〈致杭嘉湖道李垣書〉，《清經世文編》，卷120，工政26，頁2926。

〔註271〕阮元：〈海塘攬要序〉，《揅經室集》，頁578～579。

漕運方面：阮元提出改河運爲海運的變革主張。

荒政方面：救荒的策略必須因時制宜，斯可達致官民雙贏的成效。

鹽政方面：鹽稅一半歸公餉，一半留備邊事之用。

海防方面：修築炮台，組織水師，防禦外侮。

運河方面：增建河閘，藉收束水攻沙之效。

水利方面：治理黃河之法爲浚河身、通海口。

海塘方面：修築江浙河塘，浚治西湖，修築江堤，以防水患。

第八節　阮元研究禮學的經世意義

上文曾經分述阮元在經學、史學、方志、天文、曆算、算學、地理等經世之學的內容，本節將交待禮學的經世意義。三禮之學作爲傳統經學的重要組成部分，由漢代下迄清代，向已受到經生儒士的重視，從史書中的藝文志中便可看出禮學在各個朝代都有人研習。

本節先列出近年來關注這個問題的學人的意見，其後再交待筆者對這個問題的分析。

黃啓華說：「理抽象玄虛，禮徵實具體，在否定天即理的前題下，禮便成了一種實際可行器具，可用來規範人的行爲。——禮具體而徵實，以禮代理、以禮繩人而不以理化人、理必附乎禮以行、以禮學爲聖學、禮學經世、禮學爲理學、這眾多命題，都讓考據學者將詁訓的功夫，與人倫道德妥善掛搭。因此，清代的禮學研究應與考據學這儒學新傳統有密切關係，而且應是這一特定論述結構的重要部分。」〔註272〕

張壽安云：「禮、理爭議，自嘉道以降成爲學術界的一大論題，尤其方東樹《漢學商兌》書出，禮、理之爭，儼然成爲漢宋門戶之爭。——禮只是理之節文，是外在之跡，不能含括理，而禮學者的崇禮，很明顯是著眼在求實功實效的治平一面。——崇禮之目的，都集中在討論治與學的內容和方法。無論性是善或只是血氣心知，諸子皆不同意明心見性的內在體悟工夫能導致行爲終判之善。因此，工夫的下手處必須是以禮節心性，以禮養心性。至于理，在外指事物之條理，在內指入我情性之同好同惡。——而禮不只包括禮

〔註272〕黃啓華：〈嘉道學者的禮理關係論〉載：香港《論衡》，第 1 卷第 2 期，（1994 年 12 月），頁 105～122。

義亦兼指威儀，其內容更概指一切制度，舉凡教民及治平之方策，刑罰禮俗宗族官制等無不具備。」〔註273〕

陳居淵說：「1、焦、阮、凌的禮學思想是清初以來學術思想領域禮、理之爭的延續，並實現了由理向禮的轉化。2、焦、阮、凌禮學思想是清代中期思想形勢的理論反映。……他們的禮學思想既體現了當時社會思潮的特徵，也預示了清代中期意識形態正向近代思想演進。3、焦、阮、凌禮學思想對清代《禮》經研究起了推波助瀾的作用。──從學術史的角度來理解，焦、阮、凌的禮學思想又構成了清代《禮》經史上不可缺失的中間環節。」〔註274〕

張麗珠說：「我們可以理解到清儒從社會效應角度出發，以經世為訴求的復禮思潮中，其所強調的禮之『用』，其實就是禮所同時具有的『法』之精神，亦即實際上是禮法相涵的「禮學經世」精神，所以其可以用來取代法的制約力量。

因此清儒之重點也就落在用以約束行為、規範秩序的禮儀與禮制上；其所走的就是一條企圖經由外鑠之禮儀，以達成內化之禮教的路。」〔註275〕

筆者則以時間的先後為主線，綜述清代的禮學研究。

一、明末清初時期的禮學研究

禮學在宋、元、明三朝沉寂了一段時間後，清代的學人再次重視三禮之學的研究。從清中葉的江藩（1761～1831）開始，梁啟超（1873～1929）、蕭一山（（1902～1978）、周予同（1898～1981）、錢基博（1887～1958）、黃侃（1886～1935），以至近代的錢玄等學人，各自對三禮學作出不同程度的總結，成績有目共睹。〔註276〕

〔註273〕張壽安：〈清中葉儒家思想上的禮理之爭〉載《中國哲學》，第 17 輯（1996年 3 月），頁 358～392。

〔註274〕陳居淵：〈焦、阮、凌禮學思想合論〉載任繼愈主編：《國際漢學》第 2 輯（鄭州：大象出版社，1998 年 10 月），頁 45～59。

〔註275〕　張麗珠：《清代義理學新貌》（臺北：里仁書局，1999 年 5 月），頁 268。

〔註276〕參考以下論著：1、江藩：《經解入門》（天津：古籍出版社，1990 年 6 月），頁 83；2、梁啟超：《中國近三百年學術史》，朱維錚校注《梁啟超論清學史二種》（上海：復旦大學出版社，1985 年 9 月），頁 306～313；3、蕭一山：《清代通史》二冊（北京：中華書局，1986 年 9 月），頁 731～735；4、周予同：〈群經概論〉，《周予同經學史論著選集》（增訂本）（上海：人民出版社，1996年 7 月），頁 240～253；5、錢基博：《經學通志》〈三禮志〉，《錢基博學術論著選》（上海：華中師範大學出版社，1997 年 12 月），頁 237～276；6、黃侃：

　　明末清初時期，儒生學者輩出，他們都覺得王陽明的後學學風空疏，時人積習難返，故提倡讀古書，經典學術便成爲他們研究的對象，意圖力矯學風空疏的弊病。相對於虛空的理學來說，禮學自然較爲具體平實，無論在統治者的眼中，講學大儒的心目中，平民百姓的日常生活中，提倡禮學，以之用來轉移社會風氣，都有其現實的意義和作用。故有清中葉，崇禮思想勃興，下及晚清，禮學論著大量湧現，其根本原因是：學人要回歸經典漢學考證，或以之經世致用，講求實功實得。

　　清代中葉的阮元（1764～1849）、焦循（1763～1820）、凌廷堪（1755～1809）等人，倡言以禮代理。在他們的心目中，禮不只是天理之節文，而是在日常生活中，建構人倫秩序，重整社會風尚的一種最有力的武器。而在他們之前的明末清初時期，諸大儒的禮學研究，學術史家一般都較爲忽略，筆者試一一翻檢諸儒的詩、文集，草就下文，是節可作爲阮元禮，理之辨的背景介紹。

　　本文所指的明末清初時期，以蕭萐父，許蘇民《明清啓蒙學術流變》一書所指的南明弘光，永歷至清康熙，雍正時期，即 17 世紀 40 年代至 18 世紀 30 年代〔註277〕，入清後更確切的年份是指：清世祖順治元年（1644）至順治 18 年（1661）；清聖祖康熙元年（1662）至康熙 61 年（1722）。

　　在介紹明清之際諸大儒的禮學思想前，在此亦有必要先弄清楚明代一，二思想家的禮學觀點，因爲他們的禮論，對明末清初的後學必定帶來一定程度的啓發。

　　其一、王守仁（1472～1529）：在〈禮記纂言序〉一文，王陽明說：

> 禮也者，理也：理也者，性也：性也者，命也。「維天之命，於穆不已」，而其在於人也謂之性：其粲然而條理也謂之禮：其純然而粹善也謂之仁：其截然而裁制也謂之義：其昭然而明覺也謂之知：其渾然於其性也，則理一而已矣。故仁也者，禮之體也；義也者，禮之宜也；知也者，禮之通也。經禮三百，曲禮三千，無一而非仁也，

〈禮學略說〉，陳其泰、郭偉川、周少川編：《二十世紀中國禮學研究論集》（學苑出版社，1998 年 6 月），頁 13～38；7、錢玄：〈禮書編，禮書學者及重要著作〉，《三禮通論》（南京：南京師範大學出版社，1996 年 10 月），頁 63～71。

〔註277〕蕭萐父、許蘇民：《明清啓蒙學術流變》（瀋陽：遼寧教育出版社，1995 年 10 月），頁 4～5。

無一而非性也。天敘天秩，聖人何心焉，蓋無一而非命也。故克己復禮則謂之仁，窮理則盡性以至於命，盡性則動容周旋中禮矣。後之言禮者，吾惑矣。紛紜器數之爭，而韋制刑名之末；窮年矻矻，弊精於祝史之糟粕，而忘其所謂「經綸天下之大經，立天下之大本者」。「禮云禮云，玉帛云乎」而人之不仁也，其如禮何哉？故老莊之徒，外禮以言性，而謂禮爲道德之衰，仁義之失，既已墜於空虛莽蕩。而世儒之說，復外性以求禮，遂謂禮止於器數制度之間，而議擬仿像於影響形跡，以爲天下之禮盡在是矣。故凡先王之禮，煙蒙灰散而卒以煨燼於天下，要亦未可專委罪於秦火者。僭不自度，嘗欲取《禮記》之所載，揭其大經大本而疏其條理節目，庶幾器道本末之一致。〔註278〕

細心體味王陽明這段禮學的宣言：1、禮即是理，性，命；仁是禮之體，義是禮之宜，知是禮之通；2、克己復禮爲仁，窮理盡性以至於命，盡性亦合乎禮之道；3、後世言禮者，糾纏於器數，刑名，忘記了禮之大經大本。因此，陽明認爲：「禮之於節文也，猶規矩之於方圓也……此學禮之要，盛德者之所以動容周旋而中也。」〔註279〕

其二、王廷相（1474～1544）：作爲明代一位理學家及文士（前七子之一），王廷相論禮的要點包括：

1、仁義禮樂，維世之綱；風教君師，作人之本。（《慎言》卷7）

2、或問禮樂，曰：「序也，和也，舍是不足以成化矣。鐘鼓，琴瑟，干戚，羽籥，籩豆，簠簋，玉帛，牲醴，禮樂之物也，待其人者也，非本也」曰：「先王禮樂成化之象何如？」曰：大道之隱也久矣，予惡乎以見之？竊嘗考之矣，禮行而志定，尊卑，上下，親疏，貴賤，各安其常分而不亂，諸侯四夷，安其職而守疆土。（《慎言》卷12）

3、學校之禮樂，官府之刑法，皆聖人修道之具也。（《雅述》上篇）

〔註280〕

〔註278〕吳光編校：《王陽明全集》（上海古籍出版社，1992年12月），頁243～244。

〔註279〕同前註。

〔註280〕王孝魚點校：《王廷相集》（北京：中華書局，1989年9月），頁782，817，857。

由於重禮，王廷相對日常生活中各種禮儀節文，論述頗多，例如：《王氏家藏集》卷 35 有〈禮論〉八首；卷 36 有〈喪禮論〉十七首；卷 39 有〈深衣論〉五首，解一首；王廷相另著《喪禮備纂》2 卷，詳言喪葬之禮。〔註 281〕

出生於十七世紀首年，曾經東渡日本，對日本思想界有一定影響力的明儒朱舜水（1600～1682），他對禮有以下的論見：

禮為仁義之節文，天倫秩序，故曰：「天秩有禮。」又曰：「禮，經國家，定社稷，衛民人，利後嗣者也。」而或者以登降上下，雍容慎齊當之，果禮之實乎？雖然，執玉高卑以徵脩短，氣揚視低以知姦回；有諸內者必形諸外也。行中采齊，步中肆夏，尚矣！恭敬無實，玉帛云乎哉？〔註 282〕

舜水認為禮之用在於安定國家，社稷及人民；而禮的重要性不在乎見諸於形色儀貌，心存恭敬，才是行禮的關鍵。

以《大學》非聖經，作《大學辨》的思想家陳乾初（1604～1677），他認為：「人欲不必過為遏絕，人欲正當處，即天理也。……學者只時從人欲中體驗天理，則人欲即天理矣，不必將天理人欲判然分兩件也。」〔註 283〕陳確以為在人倫物用之中，隨處可以體現天理，因此，他的人欲即天理觀，自然落實至人世間的禮治秩序；陳確的論著之中，對禮俗有較多的描述，我們便不會感到奇怪了。陳確〈俗誤辨〉說：「非禮之禮，懵俗恬不知怪，而學古之君子所不敢出也。今略條其甚者著於篇，使學者知所戒焉。有未盡者，以類推之。若以禮，則自有先聖王之令典在，非確之愚所得自增損也。」〔註 284〕〈俗誤辨〉條列以下的禮俗：婚嫁第一，喪葬第二，祭祀第三，宴飲第四，衣服第五，慶賀第六。陳確〈叢桂堂家約序〉又云：「記曰：『禮不下庶人』曰：『貧者不以貨財為禮』曰：『國奢則示之以儉』曰：『國無道，君子恥盈，禮焉』前兩言者，固吾家之所當守，而後二言，抑亦今日之所宜致思者也。予兄弟近與同志發明素位之學，格格難行。亦莫之行耳，豈真難行哉！」〔註 285〕陳確的〈家約〉，詳列了日常生活中由出世以至死亡的禮俗：子初生，就塾，冠，

〔註 281〕同註 5，目錄。
〔註 282〕朱謙之整理：《朱舜水集》（北京：中華書局，1984 年 8 月），頁 492。
〔註 283〕陳確：〈近言集〉，《陳確集》（北京：中華書局，1979 年 4 月），頁 425。
〔註 284〕同註 284，頁 506。
〔註 285〕同註 284，頁 513。

婚，嫁喪，葬，祭，燕集及雜約各條，陳確另著《葬書》上下二卷，對明清之際的葬禮，葬俗有十分詳細的描述。〔註286〕

　　工書畫，博群籍，通醫道的傅山（1607～1684），是明末清初一位多才多藝的思想家。他在〈禮解〉一文說：「人有父死而哀毀廬墓，幾至於滅性者，而孝之名歸焉；鄰遂有其母死，而亦效其哀毀以幾滅性，蓋知孝之為美名，而惟恐不似其喪父之人，人亦群孝之。……孝喪世世亦喪孝，猶非其忠而忠之，忠喪世世，亦喪忠，非其親而親之，曰禮也，非禮也而不親之——夫世儒之所謂禮者，治世之衣冠，而亂世之瘡也，不知剗刮其根而以膏藥塗之又厚塗之，曰治瘡之禮也。」〔註287〕傅青主不僅看出禮在治世的正面價值（治世之衣冠），他亦認為禮在亂世之中也有其負面的價值（亂世之瘡）。

　　以「盈天地皆心也」（《明儒學案序》）的浙東史家黃宗羲（1610～1695），其〈學禮質疑序〉云：「《六經》皆載道之書，而禮其節目也。當時舉一禮必有一儀，要皆官司所傳，歷世所行，人人得而知之，非聖人所獨行者。大而類禋巡狩，皆為實洽；小而進退揖讓，皆為實行也。戰國，秦，漢以來，相尋於干戈智術之中，僉以為不急而去之，數百年之耆舊既盡，後生耳目不接久矣。漢儒煨盡之餘，掇拾成編，錯陳午割，得此失彼，又何怪其然乎？鄭康成最號通博，而不知帝王大意，隨文附會，軌形篆傳。有宋儒者繼起，欲以精微之理，該其粗末，三代之彌文縟典，皆以為有司之事矣。朱子亦常修《儀禮經傳》，不過章句是正，於其異同淆亂，固未彈駁而使之歸於一也。——吾友萬充宗，為履安先生叔子，銳志經學，六經皆有排纂，於三禮則條其大節目，前人所聚訟者，甲乙證據，摧牙折角，軒豁呈露，昌黎所謂及其時而進退揖讓於其間者也。——其友魏方公為之先刻數卷，充宗以為質疑者，欲從余而質也。」〔註288〕

　　易言之，在黃梨洲的心中，禮學乃實治，實行之學；鄭玄的箋注，立說不無附會；宋儒欲以理學眩禮學，朱子修《儀禮經傳》，仍未整理經文，故章句有異同，混亂的情況；時至清初，萬充宗欲跟從梨洲學禮。

〔註286〕可參考拙文：〈陳確【葬書】之研究〉，「陳確《葬書》的寫作動機為：變通古禮、提倡孝道、攻擊葬師、駁斥風水、拯救人心風俗等、」（香港大學哲學碩士論文，1993年8月），頁151～174。

〔註287〕傅山：《霜紅龕集》（山西人民出版社，1985年7月），卷31，頁157。

〔註288〕沈善洪主編：《南雷詩文集》上，《黃宗羲全集》第十冊（杭州：浙江古籍出版社，1993年10月），頁23～24。

梨洲禮學，還兼及喪葬之禮，著有〈答萬季野喪禮雜問〉及〈再答萬季野喪禮雜問〉二篇。〔註289〕

以『「質測」（科學）即藏「通幾」（哲學）者也』（《物理小識自序》）一言見著的思想家方以智（1611～1671），在《通雅》卷28〈禮儀〉說：

> 今言三禮實有四禮，而定于二禮。《儀禮》《周禮》皆云周公作。後有《大戴禮》《小戴禮》，是曰四禮。《小戴》今《禮記》也，最後而列五經，以述孔子語也。《儀禮》《周禮》列十三經，《大戴》不列學宮。《大小戴》雷同《家語》，而《大戴》載曾子語獨多，則漢《藝文志》稱《曾子》十八篇，此類是也。《正義》敘云：「周禮，儀禮是禮記之本書。」有一禮必具一義，禮本周公，義本孔子，經明于傳，四禮定于二禮矣。《大學》《中庸》，禮經之心，百世可知，此易簡之至理也。《禮運》曰：「禮本于大一，分爲天地，轉爲陰陽，變爲四時，列爲鬼神」人者，天地之心，五行之端，協于分藝，道德仁義非禮不成，藏智崇于禮卑，內外本合，《易禮》會通而幽明一矣。司馬談宗道家，而還宗孔子，繼《春秋》。《禮》《樂》二書，詳哉言之，洋洋美德乎，宰制萬物，役使群眾，豈人力也哉？此卓見也，此遷所以爲孝也。古作礼，後作禮。以禮運運禮器也，使人履其體理也。後世或失拘牽。故曰：『禮，時爲大，順次之，體次之，宜次之，稱次之』——唐《貞觀禮》出玄齡，《顯慶禮》出無忌。韋公肅有《禮閣新儀》，王彥威有《曲臺新禮》。宋轟崇義進《三禮圖》，陳祥道著《禮書》，劉溫叟上《通禮》，盧多遜有《纂義》，王皞，賈昌朝有《新編新禮》，王洙，尹師魯有《禮器禮象》。而朱子《家禮》則儒者所宗也。洪武革公鈚笠都納之後，舉徐一夔，梁寅，周子諒，胡行簡，劉宗弼，董彝，蔡深，滕公琰修《禮書》。宮闈外戚駙馬除前代弊。〔註290〕無容諱言，方以智這一篇〈禮儀〉，不啻是一篇簡明扼要的中國禮制史，足供後人參考。

明末清初經學家之一的張爾岐（1612～1678），撰〈儀禮鄭注句讀序〉解說三禮源流云：「在昔周公制禮，用致太平，據當時施於朝廷鄉國者，勒爲典籍，

〔註289〕同註13，頁189，199。

〔註290〕侯外廬主編：《方以智全書》第一冊《通雅》下（上海古籍出版社，1988年9月），頁877～878。

與天下共守之，其大體爲《周官》，其詳節備文則爲《儀禮》。周德既衰，列國異政，典籍散亡，獨魯號秉禮，遺文尙在。……漢初高堂生傳《儀禮》十七篇。……十三家獨小戴大顯，近代列於經以取士，而二禮反日微。蓋先儒於《周官》疑信各半，而《儀禮》則苦其難讀故也。」〔註291〕

以著有《肇域志》和《天下郡國利病書》二書名世的顧炎武（1613～1682），爲張爾岐的《儀禮鄭注句讀》撰序云：

> 「記曰：『優優大哉！禮儀三百，威儀三千。』禮者，本於人心之節文，以爲自治治人之具，是以孔子之聖，猶問禮於老聃，而其與弟子答問之言，雖節目之微，無不備悉。語其子伯魚曰：『不學禮，無以立』〈鄉黨〉一篇，皆動容周旋中禮之效。然則周公之所以爲治，孔子之所以爲教，舍禮其何以焉。劉康公有言：『民受天地之中以生，所謂命也，是以有動作禮義威儀之則，以定命也。』三代之禮，其存於後世而無疵者，獨有《儀禮》一經。漢鄭康成爲之注，魏，晉已下至唐，宋通經之士，無不講求於此。……」〔註292〕亭林的禮論亦由此而得見，至於張爾岐的禮學，亭林亦於〈廣師〉篇推崇備至說：「獨精三禮，卓然經師，吾不如張稷若。」〔註293〕

隱居湖南湘西草堂的大儒王夫之（1619～1692），著有〈禮記章句〉，其序云：「易曰：『顯諸仁，藏諸用』緣仁制禮，則仁體也，禮用也；仁以行禮，則禮體也，仁用也，體用之錯行而仁義之互藏，其宅固矣。人之所以異於禽獸，仁而已矣；中國之所以異於夷狄，仁而已矣；君子之所以異於小人，仁而已矣。而禽狄之微明，小人之夜氣，仁未嘗不存焉；唯其無禮也，故雖有存焉者而不能顯，雖有顯焉者而無所藏。故子曰：『復禮爲仁』大哉禮乎！天道之所藏而人道之所顯也。」〔註294〕

這是船山主張仁，禮互爲體用最有力的證明，至於三禮學之中，船山教人先讀《禮記》，原因是：「《禮記》者，漢戴氏聖述所傳於師，備五禮之節文而爲之記也。《周禮》《儀禮》，古禮經也。戴氏述其所傳，不敢自附於經，而

〔註291〕張翰勳整理：《萬菴集　萬菴集捃逸　萬菴閒話》（濟南：齊魯書社，1991年4月），頁57～58。
〔註292〕顧炎武：《顧亭林詩文集》（北京：中華書局，1983年5月），頁32。
〔註293〕同註15，頁134。
〔註294〕王夫之：《船山全書》第四冊，《禮記章句》（長沙：嶽麓書社，1991年6月），頁9。

為之記，若《儀禮》之記，列於經後以發明之焉。孔子返魯，定禮樂，引伸先王之道而論定其義，輯禮經之所未備而發其大義，導其微言。七十子之徒，傳者異聞而皆有所折衷，以至周末洎漢之儒者，習先師之訓，皆有紀述。小戴承眾論之後，為纂敘而會歸之，以為此書，顯微同異之辭若不一，而於以體先聖復性以立人極之意，其不合者鮮矣。善學者通其意以會其同，辨其顯以達其微，其於先王窮理盡性，修己治人之道，明而行之，亦庶乎其不遠矣。」〔註295〕

　　總之，讀《小戴禮記》可以體先聖復性以立人極之意；而「人禽之辨，夷夏之分，君子小人之別，未嘗不三致意焉。」〔註296〕

　　原籍四川達州的大儒唐甄（1630～1704），於《潛書》〈五經〉云：

　　五經者，心之跡，道之散見，非直心也。仲尼之時，文籍或多，而其要者惟此五書，乃繫《易》以道陰陽，序《書》以明治法，刪《詩》以著美惡，修《春秋》以辨邪正，定《禮》以制言行。於是學者力行之暇，有所通習，此博文之事，造道之階也。〔註297〕

唐甄論禮的作用在於制言行或觀言行，不過，唐甄卻以年老及禮書繁難而未能讀作借口，道出自己不治禮學的緣由。

　　充明史總裁官的崑山人徐乾學（1631～1694），著有《讀禮通考》120卷，《讀禮通考凡例》云：「是書之作，大綱有八：一曰喪期，一曰喪服，一曰喪儀，一曰葬考，一曰喪具，一曰變禮，一曰喪制，一曰廟制──古今之喪禮略備矣。……禮以義起，亦與時宜。」〔註298〕

　　以講實學，實行見著的顏元（1635～1704），亦是上承朱子《家禮》，頗重平居生活禮儀的思想家之一，他的〈禮文手鈔序〉，即抄錄朱子的〈家禮序〉說：「子朱子曰：『凡禮有本有文。自其施於家者言之，則名分之守，愛敬之實，其本也；冠，昏，喪，祭儀章度數者，其文也。其本者有家日用之常體，固不可一日而不脩，其文又皆所以紀綱人道之始終，雖其行之有時，施之有所，然非講之素明，習之素熟，則其臨事之際，亦無以合宜而應節，是亦不可一日而不講且習焉者也』

〔註295〕同註19，頁11。

〔註296〕同註19，頁10。

〔註297〕唐甄：《潛書》附詩文錄（北京：中華書局，1963年6月），頁61。

〔註298〕徐乾學：《讀禮通考》（清光緒七年四月，江蘇書局刊版，1881年），頁1～2。

——誠願得與同志之士熟講而勉行之，庶幾古人所以脩身齊家之道，愼終追遠之心，而於國家崇化導民之意，亦或有小補云。」〔註299〕顏元《禮文手鈔》共五卷，依次論：通禮，冠禮，昏禮，喪禮及祭禮，可幫助我們了解明末清初日常生活的禮儀。

博通經史，熟諳明代掌故的萬斯同（1638～1702），撰《廟制圖考》1卷，是書「乃專述帝王宗廟之制，斷代爲圖，欲明一代昭穆及觀畫，宜毀之實，不得不詳列世系，故廟圖之外，益以系圖。」〔註300〕據萬斯同「廟制圖考題詞」云：「宗廟之制，眾說棼然，帝王制禮，亦因之有同異，自非折衷群言，曷由歸于一是，綜其大概，約有數端。太廟居北，昭穆分列以次而南者，孫毓之說也；太廟居中，群廟並列，無分上下者，賈公彥之說也；周制七廟並數，文武世室者，韋元成，鄭康成之說也；周制七廟，不數文武世室者，劉歆，王肅之說也；彼皆引經證傳，各有依據，而王、鄭兩家，尤爲眾說之鵠，自同堂異室之制興，近親四廟之典定，先王遺意，殆無復存，欲昭盛代之規模，必復元公之制作，採〈王制〉七廟之文，參劉氏三宗之說，會而通之，典禮斯在，作《廟制圖考》。四明萬斯同題。」〔註301〕

康熙年間，位極人臣的理學家李光地（1642～1718），著有《榕村語錄》，對三禮，安溪亦有頗詳細的考證。〔註302〕

清初浙東史學家邵廷采（1648～1711）著有《禮經節要》，其《思復堂文集》有〈姚江書院訓約〉一文云：「……四曰威儀宜攝。求仁之功，只在非禮勿視，聽，言，動。惟顏子天資明健，當下「請事斯語」。其次循規矩，蹈繩墨，以求寡過。約之以禮，固是徹上徹下功夫。——七曰學術宜端——凡吾同人，須卓然信得，及推之冠婚喪祭，酌行《朱子家禮》。正己正人，移風易俗，誠吾輩分內事。」〔註303〕可知念魯時時以約束自己的行爲作爲諸生的守則，亦只有奉行朱子的《家禮》，社會的風氣才可轉趨純樸，移風易俗。

博通古今的休寧人江永（1681～1762），著有《禮書綱目》八十五卷，梁

〔註299〕王星賢、郭征點校：《顏元集》（北京：中華書局，1987年6月），頁317。
〔註300〕張壽鏞：〈廟制圖考序〉，萬斯同：《廟制圖考》（四明叢書約園刊本，1942年），頁3。
〔註301〕萬斯同：《廟制圖考》（四明叢書約園刊本，1942年），頁4～5。
〔註302〕李光地：《榕村語錄　榕村續語錄》（北京：中華書局，陳祖武點校本，1995年6月），頁244～260。
〔註303〕邵廷采：《思復堂文集》（浙江古籍出版社，祝鴻杰校點本，1987年11月），頁476～477。

啓超稱譽是書可作爲「對于禮制爲通貫的研究」。江愼修的禮論，於此可見。〈禮書綱目序〉云：「禮之大綱有五，吉，凶，軍，賓，嘉，皆有其目；……竊不自揆爲之增損隱括，以成此編，其門凡八：曰嘉禮，曰賓禮，曰凶禮，曰吉禮，皆因儀禮所有者而附益之；曰軍禮，曰通禮，曰曲禮，皆補儀禮之所不備，樂一門居後，總百有六篇，八十有五卷，凡三代以前禮樂制度，散見經傳雜書者，蒐羅略備，而篇章次第較通解尤詳密焉。——夫禮樂精微廣大，所以安上治民，移風易俗者在是，先儒於煨燼亡軼之餘，勤勤補綴，具有深指。」〔註304〕

精於禮學的秦蕙田（1702～1764），撰《五禮通考》262卷，是書作意及緣起，以及問禮於誰，蕙田都有明確的交待：

> 丁卯戊辰（1747～1748），治喪在籍，杜門讀禮，見崑山徐健庵先生《通考》，規模義例，具得朱子本意，惟吉嘉賓軍四禮尚屬闕如，惜宸錫，大年相繼徂謝，乃與學士吳君尊彝，陳舊篋置抄胥，發凡起例，一依徐氏之本，並取向所考定者，分類排輯，補所未及，服闋後再任容臺，遍覽典章，日以增廣。適同學桐山宜田領軍見而好之，且許同訂宜田，受其世父望溪先生家學，夙精三禮，郵簽往來，多所啓發，並促早爲卒業，施之剞氏，以諗同志，德水盧君抱孫，元和宋君慤庭，從而和之。戊寅（1758）移長司寇，兼攝司空，事繁少暇，嘉定錢宮允曉徵，實襄參校之役，辛巳（1761）冬爰始竣事，凡爲門類七十有五，爲卷二百六十有二，自甲辰（1724）至是，閱寒暑三十有八，而年亦已六十矣。〔註305〕《五禮通考》首卷介紹禮經作述源流及歷代禮制沿革，可作爲學子們研習禮制史的入門文獻。

本文分述了明末清初時期諸大儒的禮學論著，他們包括：朱之瑜、陳確、傅山、黃宗羲、方以智、張爾岐、顧炎武、王夫之、唐甄、徐乾學、顏元、萬斯同、李光地、邵廷采、江永及秦蕙田等人；以上所論列的儒生或思想家，從他們的禮論或禮學的撰著，足可代表這一個時代的禮學研究和成就。

若依楊志剛〈中國禮學史發凡〉的分類與界域 〔註306〕：

〔註304〕江永：《禮書綱目》（臺灣：商務四庫全書珍本十二集，據文淵閣本影印，1982年），頁3～4。

〔註305〕秦蕙田：《五禮通考》（清光緒六年九月，江蘇書局重刊本，1880年），頁3～4。

〔註306〕陳其泰、郭偉川、周少川編：《二十世紀中國禮學研究論集》，頁122～137。

1、論禮：朱舜水、傅山、顧炎武、王夫之、唐甄、邵廷采、江永等學者對禮的本質、價值、功能和歷史作用，都各自作出相近的描述。

2、禮經學：方以智、李光地、江永、秦蕙田等人，多從三禮學的角度來評述禮。

3、禮儀學：陳確、黃宗羲、張爾岐、徐乾學、顏元、萬斯同等人，則從儀制的撰作及儀制的研究來論禮。

禮學發展至有清中葉及晚期，好像繁花似錦，著作汗牛充棟，下一節繼續探討。

二、阮元的禮、理之辨與清中葉的崇禮學風

甲、崇禮思想為甚麼復興於清中葉？

清學史兩部的同名論著──《中國近三百年學術史》，對清代的禮學，各有不同的評述重點。梁啓超（1873～1929）著重清代學者治三禮的總成績，錢穆（1895～1990）則說：「凌廷堪以禮為復性之具；宋儒重義理，故言理；東原、次仲重考據，故言禮。……夫而後東原之深斥宋儒以言理者，次仲乃易之以言禮。同時學者里堂，芸臺以下，皆承其說，一若以理禮之別，為漢宋之鴻溝焉。」〔註307〕梁氏及錢氏，對崇禮思想為何會復興於清中葉，都輕輕略過。業師何佑森（1930～　），於『清代經學思潮』一文云：「理和禮意義相通，互為虛實，不可以重實棄虛，也不可以重虛棄實。可是到了清代中葉，禮學盛行，而理學受到了嚴厲地批判。」〔註308〕張壽安（1951～　）則說：「禮學思想為清中葉的一股新思潮，亦為儒學在清代之新面貌新發展型態，有其相當堅實完備的理論體系，及符合時代精神的創意典範，與宋明理學相對峙，甚至欲取而之代之。」〔註309〕以上兩位學人，也沒有明確交待清中葉為甚麼會有崇禮思潮的復興。

本文試圖通過阮元（1764～1849）的理、禮之辨，以及阮元的禮學論著，

〔註307〕朱維錚校注：《梁啓超論清學史二種》（復旦大學出版社，1985年9月），頁306～313；錢穆：《中國近三百年學術史》（北京：中華書局，1989年9月），頁494。

〔註308〕江日新編：《清代經學國際研討會論文集》（臺北：中央研究院中國文哲研究所籌備處，（1994年6月），頁16。

〔註309〕張壽安：《以禮代理──凌廷堪與清中葉儒學思想之轉變》（臺北：中央研究院近代史研究所，（1994年5月），自序，頁2。

探討崇禮思想爲甚麼會復興於清中葉這個課題，以就教大雅君子。

清代中葉，禮學研究蔚然成風，原因大底如下：

（一）有清中葉由於復興古學，禮學研究成爲當時社會的一種風氣，下列三家主之：其一，章太炎（1869～1936）說：「今文學家既衰，古文學家又起。孫詒讓（1848～1908）是一代大宗。《周禮正義》一書，頗爲學者所重。在他以外，考典章制度原有江永（1681～1762）、惠士奇（1671～1741）作《禮說》、金榜（1735～1801）著《禮箋》、金鶚（1771～1819）（作《求古錄》、黃以周（1828～1899）著《禮書通故》。」〔註310〕其二，黃侃（1886～1935）『禮學略說』云：「清世禮家輩出，日趨精密，于衣服宮室之度，冠昏喪祭之儀，軍賦官祿之制，天文地理之說，皆能考求古義，羅縷言之。」

〔註311〕其三，陳居淵云：「清代中期，古學復興，禮學研究蔚然成風。尤其是在焦循，阮元，凌廷堪等人倡言禮學，主張以禮代理的崇禮思想推動下，形成爲一股新的學術潮流而風靡海內，更與理學界形成水火之勢，終于導致學界言心言性言理爲厲禁。〔註312〕

（二）由於清初學人懲晚明空疏之弊，故提倡讀古書，自然會感覺到禮制難懂，因而成爲禮學研究的淵源，此說梁啓超及錢玄主之。梁啓超在《中國近三百年學術史》談及清朝禮學復興的淵源，這班學人包括：張稷若（1612～1677）、徐健庵（1631～1694）、萬充宗（1633～1683）、萬季野（1638～1702、惠士奇、惠棟（1697～1758）、惠周惕、江永、程易疇（1725～1814）、金檠齋、凌次仲（1755～1809）、胡竹村、胡景莊、孫仲容、黃儆季等人。錢玄《三禮通論》云：「清代禮學昌盛，不僅研究者人才輩出，其成就亦巨。《清經解》及《續經解》爲清儒經學著作之匯萃，其中以有關三禮者最多。形成這種學術風氣的原因，主要是由于清代學者懲晚明空疏之弊，崇尚樸學。」〔註313〕

（三）由凌廷堪等人提倡的「以禮代理」說開始，清中葉復興禮學思想的背後目的是：制度重建，包括人倫秩序重整、社會秩序重整、鄉黨賙恤關係等，亦即是清儒考證工夫背後的思想性，乃乾，嘉經學大盛的主因，其他

〔註310〕章太炎：《國學概論》（成都：巴蜀書社，1987年7月），頁49。
〔註311〕陳其泰、郭偉川、周少川編：《二十世紀中國禮學研究論集》（北京：學苑出版社，1998年6月），頁18。
〔註312〕陳居淵：〈焦、阮、凌禮學思想合論〉載任繼愈編：《國際漢學》第2輯（鄭州：大象出版社，1998年10月），頁45。
〔註313〕錢玄：《三禮通論》（南京師範大學出版社，1996年10月），頁63。

的原因還有：整理古籍、回歸原典、從理學走上經學等，張壽安主之。〔註314〕
張壽安又云：「清代儒學思想，自戴震張其新幟，倡導『達情遂欲』的哲學，
凌廷堪為之轉進，主張『以禮代理』，阮元、焦循（1763～1820）、孫星衍（1753
～1818）等續為闡揚發明，使儒學思想在清代展現出另一種面貌。尤其，阮
元在乾，嘉，道間，官高望重，又以扭轉學術自任，對新義理思想的傳佈十
分努力。嘉慶六年，阮元建詁經精舍於杭州，延王昶（1725～1807）、孫星衍
（1753～1818）任講席。舍中講學分十二項，其中義理一項完全不循宋明儒
說，而闡揚戴震（1723～1777），凌廷堪重視情欲倡導復禮的主張，並兼抒阮
元、焦循、孫星衍的觀點。一時之間，禮學披靡天下，江、浙、徽間的年輕
學子群棄理學而歸之。於是和方東樹、夏炘（1789～1871）、夏炯（1795～1846）
等當時程朱理學的擁護者展開辯論。」〔註315〕

　　以上三說，看似互無關係，實則相互牽連。由於復興古文經學，士人自
然回歸漢學經典，重新擘索經書的詁訓或義理；禮學從來就是經學中一個重
要組成部分，大量回歸原典，禮學的研究，自然蔚成風氣。焦循、阮元、凌
廷堪三人，同為清中葉極負盛名的學人，他們把經學研究的目光，投射到禮
學的研究方面，對同時期或以後的學人，少不免會帶來積極的影響。焦循為
一通儒，其成就多在易學研究方面；凌廷堪的復禮說，以禮代理說，雖有見
地，但揆諸《禮記》「禮也者理也」的事實，凌廷堪視禮可範圍一切，未免有
誇大失實之嫌。因此錢穆評凌廷堪說的：「次仲十年治禮，考核之精，固所擅
場，然必裝點門戶，以復禮為說，籠天下萬世之學術，必使出於我之一途，
夫豈可得？」〔註316〕筆者非常同意。所以阮元的「禮學與理學異也」、「理必
附乎禮以行」等禮學思想，自然就有深入討論之必要了。

乙、從阮元的禮學論著看阮元治禮的成就

　　阮元的禮學論著有兩類：其一自著文，包括：24歲撰《考工記車制圖考》，
29歲撰《儀禮石經校勘記序》，47歲著《儀禮喪服大功章傳注舛誤考》，43歲
撰《周禮 儀禮 禮記注疏校勘記序》等；其二序跋文，包括以下各篇：24歲
為惠半農（1671～1741）先生撰《禮說序》；25歲為任大椿（1738～1789）撰

〔註314〕張壽安：〈清代學術思想的幾個新觀察〉載〈香港大學中文系七十周年紀念國
　　　　際學術研討會論文，1997年12月〉（未刊稿）。
〔註315〕張壽安：〈黃式三對戴震思想之回應〉載《第五屆清代學術研討會論文集》（臺
　　　　北：高雄國立中山大學中國文學系編，1997年11月），頁25。
〔註316〕錢穆：《中國近三百年學術史》下冊（北京：中華書局，1989年9月），頁492。

《弁服釋例序》；30 歲爲焦循（1763～1820）撰《群經宮室圖序》；31 歲爲孔廣森（1752～1786）撰《大戴禮記補注序》；36 歲爲張惠言（1761～1802）撰《儀禮圖序》；44 歲爲江永（1681～1762）撰《禮書綱目序》及爲王聘珍（1746～　）撰《大戴禮記解詁序》等。

阮元治禮有何成就？ 試歸納言之：

（一）乾隆五十二年（1787 年）

24 歲的阮元撰《考工記車制圖解》二卷。《考工記車制圖考》2 卷，爲阮元第一本的學術論著，正如鄭珍（1806～1864）在《輪輿私箋自序》云：「余所言車制者，自唐賈氏，孔氏及宋林槀齋，元戴仲達，以迄國朝惠天牧士奇，江愼修永，方靈皋苞，戴東原震，段懋堂玉裁，金輔之榜，姚姬傳鼐，程易疇瑤田，阮芸台元，凡十餘家。他著者未及見，然已愈說愈詳矣。」〔註 317〕阮元評價這部禮學論著時說：「實可辯正鄭注，爲江愼修、戴東原諸家所未發。」〔註 318〕

（二）乾隆五十六年（1791 年）

28 歲的阮元奉詔充石經校勘官，校得《儀禮》17 篇。據焦循的《儀禮石經校勘記後序》及伍崇曜的《儀禮石經校勘記跋》二文，同樣指出阮元兼採了戴震，劉台拱，金榜，錢大昕，王念孫，王引之眾說，才勒成《儀禮石經校勘記》，交付石經館。

（三）校勘三禮

以下是阮元對三禮自漢以來各種注疏的解說及撰校勘記的緣由：

《周禮》

阮元《周禮注疏校勘記序》：「有杜子春之《周禮》，有二鄭之《周禮》，有後鄭之《周禮》。《周禮》出山岩屋壁間，劉歆始知爲周公之書而讀之，其徒杜子春乃能略識其字，建武以後，大中大夫鄭興，大司農鄭眾皆以《周禮解詁》著，而大司農鄭康成乃集諸儒之成，爲《周禮注》。——臣元於此經舊有校本，且合經注疏讀之，時闚見其一二，因通校經注疏之訛字，更屬武進監生臧庸蒐校各本，并及陸氏《釋文》，臣復定其是非，凡言周制言漢學者，容有藉於此。」〔註 319〕

〔註 317〕王鍈點校：《鄭珍集 經學》（貴州人民出版社，1991 年 11 月），頁 179。

〔註 318〕阮元：《揅經室集》，頁 175。

〔註 319〕阮元：《揅經室集》，頁 256。

《儀禮》

　　阮元《儀禮注疏校勘記序》:「《儀禮》最爲難讀。昔顧炎武以唐石刻
　　《九經》校明監本,惟《儀禮》訛脫尤甚。經文且然,況注疏乎。
　　——臣於儀禮注疏舊有校本,奉旨充石經校勘官,曾校經文上石。
　　今合諸本,屬德清貢生徐養原詳列異同,臣復定其是非,大約《經》
　　《注》則以《唐石經》及宋嚴州單注本爲主,疏則以宋單行本爲主,
　　參以《釋文》《識誤》諸書,於以正明刻之訛。」〔註320〕

《禮記》

　　阮元《禮記注疏校勘記序》:「《小戴禮記》,隋唐志並二十卷,唐石
　　經所分是也。貞觀中,孔穎達等爲《正義》,《舊》《新唐志》皆云七
　　十卷,晁氏《讀書志》陳氏《書錄解題》皆同。——今屬臨海生洪
　　震火宣以惠棟本爲主,並合臣舊校本及新得各本考其異同,臣復定
　　其是非,爲《校勘記》六十有三卷,釋文則別爲四卷,後之爲小戴
　　學者,庶幾有取於是。」〔註321〕

(四)撰寫讀禮書之札記

　　阮元爲宋魏了翁的《禮記要義》寫了〈禮記要義三十三卷提要〉,見《四
庫未收書提要》之中。〔註322〕

(五)阮元為清代學人所撰的禮學序跋,全都完成於 1787 年至 1807 年這段期間(即 24 歲至 44 歲期間)。

　　這一類序跋文,除了對清人某幾本重要的禮學論著有所評述外,還可略
窺阮元治禮的成就。〔註323〕茲分述如次:

1、《惠半農先生禮說序》:「我朝惠半農先生,家傳漢學,所著《禮說》14 卷,
　　實足補賈氏之所未及。此書雖經鏤版,而行世甚少,余于丁未年(1787
　　年)在京師廠肆購得一帙,反覆讀之,服其精博無比,後爲友人借去未歸,
　　至今深憶之。戊午(1798 年)夏,吳縣友人江貢廷持一帙見示,則上海
　　彭純甫所新刻本,余喜插架之可備,且一時同學皆得讀之也,因爲序之。
　　余昔有志于撰《周禮義疏》,以補賈所未及,今宦轍鮮暇,惜難卒業。如

〔註320〕阮元:《揅經室集》,頁 257。
〔註321〕阮元:《揅經室集》,頁 258。
〔註322〕阮元:《揅經室集》,頁 1183。
〔註323〕下文將從:《周禮》、《儀禮》、《禮記》三類分述之。

有好學深思之士，據賈氏爲本，去其謬誤及僞緯書，擇唐，宋人說禮之可從者，加以惠氏此說，兼引近時惠定宇，江慎修，程易田，金輔之，段若膺，任子田諸君子之說，勿拘疏不破注之例，博考而詳辨之，則此書之成，似可勝于賈氏，是所望于起而任之者。」〔註324〕於此可見阮元有志撰《周禮義疏》，惜因出仕，無暇完成。

2、《任子田侍御弁服釋例序》：「丁未，戊申間（1787～1788 年），元在京師，見任侍御，相問難爲尤多。侍御卒後，所著《弁服釋例》傳之弟子山陽汪祭酒瑟庵廷珍。蕭山王進士晼馨紹蘭從祭酒手錄以歸。其兄進士縠膡宗炎亦邃於經，爲吳會宿儒，乃手校訛舛，寫以付梓，問序于元。——茲帙釋弁服所用之例，以五禮區之，凡百四十餘事。綜覽經疏史志，發微訂訛，燦然經緯畢著矣。」〔註325〕

3、《焦里堂群經宮室圖序》：「焦君里堂作《群經宮室圖》二卷，凡九類，曰城，曰宮，曰門，曰屋，曰社稷，曰宗廟，曰明堂，曰壇，曰學，爲圖五十篇，皆于眾說分頤群言岨峿之際，尋繹經文而折衷之。——圖中新定路寢之制，吾友凌次仲移書爭之，元謂里堂所抒者心得也，次仲所持者舊說也。——里堂以稿本寄都示元，元學殖甚荒落，無以益里堂，聊書平昔之所見者而歸之里堂，其以余說爲然乎，否耶？」〔註326〕

4、《張皋文儀禮圖序》：「《儀禮圖》六卷，張編修惠言之所述也。——昔漢儒習《儀禮》者必爲容，故高堂生傳《禮》十七篇，而徐生善爲頌，禮家爲頌皆宗之。頌即容也。後儒以進退揖讓爲末節，薄之不講，故言朝則昧于三朝之門，言廟則闇于門揖曲揖，言寢則眩于房室階夾，言堂則誤于楹間階上，辨之不精，儀節皆由之舛錯而不可究，非其蔽歟。——編修則以爲治《儀禮》者當先明宮室，故兼采唐，宋，元及本朝諸儒之義，斷以經注，首述宮室圖，而後依圖比事，按而讀之，步武朗然。又詳考吉凶冠服之制，爲之圖表。又其論喪服，由至親期斷之說，爲六服加降表，貫穿禮經，尤爲明著。予嘗以爲讀禮者當先爲頌，昔叔孫通爲綿蕝以習儀，他日亦欲使家塾子弟畫地以肆禮，庶于治經之道，事半而功倍也。」〔註327〕
《儀禮》雖號稱難治，但阮元仍主張讀禮者先習儀頌。

〔註324〕阮元：《揅經室集》，頁 239～240。
〔註325〕阮元：《揅經室集》，頁 243。
〔註326〕阮元：《揅經室集》，頁 250。
〔註327〕阮元：《揅經室集》，頁 244。

5、《禮書綱目序》：「禮書於六籍爲尤繁難治，故朱子在經筵曾有乞修三禮之箚而未果行，晚年乃親定《儀禮經傳通解》一書，大旨以古十七篇爲主，而取禮記及諸經子史書所載有及於禮者，皆附于其下，草創雖定，而未暇刪改。——余因思其學既爲絕學，而其書又爲古今所不可少之書，非獨嘉惠來茲，亦以卒朱子未竟之功，其事可不謂歟。夫儀禮爲古今所難讀之書，昔嘉興馮氏，嘗刻秀水盛君庸三《儀禮集編》，余既序而行之矣；今復得是編，益歎我國家運際昌明經學之盛，莫之比並，明人於此經無一字者而鉅製若斯之多，學者苟因兩家之說，以沿而上之，其蘄至於三代之制度不難矣。」〔註328〕可見阮元曾先後爲盛庸三（1718～1755）《儀禮集編》及江永（1681～1762）《禮書綱目》撰序。〔註329〕

6、《王實齋大戴禮記解詁序》：「揚州阮中丞敍曰：南城王君實齋著《大戴禮記解詁》十三卷，目錄一卷——其校經文也，專守古本爲家法，有懲於近日諸儒妄據他書逕改經文之失。其爲解詁也，義精語潔，恪守漢法，多所發明，爲孔撝約諸家所未及。能使三千年孔壁古文無隱滯之義，無虛造之文，用力勤而爲功鉅矣。元從北平翁覃溪（1733～1818）先生得識王君。——王君書成，屬序于元，元更出元素校大戴本付王君。」〔註330〕

7、《孔檢討廣森大戴禮記補注序》：「今學者皆治十三經，至兼舉十四經之目，則大戴禮記宜急治矣。——曲阜孔編修乃博稽群書，參會眾說，爲注十三卷，使二千餘年古經傳復明於世，用力勤而爲功鉅矣。元從編修之嗣昭虔得觀是書，編修之弟廣廉付刻，元爲序之。元鄉亦曾治是經，有注有釋，鄙陋之見，與編修間有異同，今編修書先行，元寫定後再以質之當世治經者。」〔註331〕

　　阮元的禮學論著，大多是他早期（37歲前）的學術撰著，甚或完成於44歲之前，其故何在？　筆者以爲，從阮元下述活動可推而知之：

　　阮元18歲：與凌次仲訂交于揚州。

〔註328〕《叢書集成續編》第八冊經部（上海書店，1994年6月），頁151。

〔註329〕盛世佐（1718～1755），別名庸三，生平見嚴文郁：《清儒傳略》，頁251，著有《儀禮習編》四十卷，（一作17卷，首一卷，附錄一卷（臺灣：商務，1990年6月）；《中國歷代藝文總志》經部《儀禮集編》四十卷，清盛世佐撰，按《販書偶記》著錄17卷，首一卷，附錄一卷，傳本亦或分十七卷，乃自稿本出（國立中央圖書館編，1984年11月），頁149。

〔註330〕王聘珍：《大戴禮記解詁》（北京：中華書局，1992年1月），敍錄，頁1。

〔註331〕阮元：《揅經室集》，頁249。

23 歲：初入京師，得識前輩講學者王懷祖，任子田，邵二雲等人。

24 歲：寓京師，撰《考工記車制圖解》2 卷；並撰《惠半農先生禮說序》。

25 歲：在京師見任大椿，相問難爲尤多。

28 歲：阮元校得《儀禮》17 篇。

29 歲：6 月，撰《儀禮石經校勘記序》。

31 歲：春，阮元爲孔廣森撰《大戴禮記補注序》。

32 歲：阮元升內閣學士兼禮部侍郎，調任浙江學政。

34 歲：作《題凌次仲教授廷堪校禮圖次石君師詩韻》詩。

36 歲：調補戶部左侍郎，兼署禮部，兵部侍郎；撰《張皋文儀禮圖序》。

43 歲：阮元纂刻《十三經注疏校勘記》243 卷。

44 歲：爲江永撰《禮書綱目序》。

總的來說，阮元早年結交了不少問禮的朋友，再加上曾經出任禮部侍郎，他自幼「以經爲近也」（《揅經室集自序》），皆爲阮元在 44 歲前多寫禮學論著的原因。

丙、阮元治禮之目的：以禮代理？

認識清楚阮元的禮，理之辨，將有助於我們了解清代中葉的崇禮風氣。阮元心目中的禮和理，與前人心目中的禮和理，究竟有甚麼不同呢？

何謂禮？阮元說：「禮者何？朝覲聘射，冠昏喪祭，凡子臣弟友之庸行，帝王治法，性與天道，皆在其中。詩，書即文也，禮也。易象，春秋亦文也，禮也。其餘言存乎大學，中庸諸篇。大學，中庸所由載入禮經者此。其事皆歸實踐，非高言頓悟所可掩襲而得者也。」〔註332〕換言之，阮元心目中的經學皆禮學，而禮學重踐履，如芸臺所言：「所謂一貫者，貫者行也，事也，言壹是皆身體力行見諸實行實事也。」〔註333〕

至於古禮，阮元則恪守先祖及父親的家訓云：「禮，君子營宮室，宗廟爲先，居室爲後。故卿大夫士皆有廟以祭其先祖，此古禮也。」〔註334〕如何踐履古禮，學人在日常生活中，必須做到慎思，明辨，約禮及博文，阮元說：「古者卿大夫士皆有師法，周公尙文範之以禮，尼山論道，順之以孝，是故約禮

〔註332〕阮元：〈石刻孝經論語記〉，阮元：《揅經室集》，頁238。
〔註333〕同前註333。
〔註334〕阮元：〈揚州阮氏家廟碑〉，《揅經室集》，頁386；〈顯考湘圃府君顯妣一品夫人林夫人行狀〉，《揅經室集》，頁369。

之始，必重博文，篤行之先，尚資明辨，《詩》《書》垂其彝訓，傳記述其法語，學者誦行，畢生莫罄。」〔註335〕

至於理，阮元說：「大戴禮曾子曰勿謂人不知也，匹夫匹婦會於牆陰，明日則或傳其言矣，此聖賢禮學之慎獨也，聖賢之學，皆就庸近樸實處言之行之，故漢楊震四知之說，亦慎獨之學。——古中庸禮學，戒慎恐懼不如此也，故曾子但畏十目十手之嚴，亦即禮學之慎獨也，禮學與理學異也。」〔註336〕阮元又說：「朱子中年講理，固已精實，晚年講禮，尤耐繁難，誠有見乎理必出于禮也。古今所以治天下者禮也，五倫皆禮，故宜忠宜孝即理也。然三代之文質損益甚多，且如殷尚白，周尚赤，禮也，使居周而有尚白者，若以非禮折之，則人不能爭，以非理折之，則不能無爭矣。故理必附乎禮以行，空言理，則可彼可此之邪說起矣。」〔註337〕

阮元認為理出于禮，而理又必附乎禮以行，故若論次序，則禮先而理後。阮元並沒有認為以禮可代理，這一點，阮元和他的好友兼姻親——凌廷堪不同，凌廷堪主張以禮代理。阮元對廷堪的禮學，作出高度的評價；「君之學，博聞強記，識力精卓，貫通群經，而尤深于禮經，著《禮經釋例》13 卷。君謂禮儀委曲繁重，不得其經緯塗徑，雖上哲亦苦其難；苟得之，中材可勉赴焉。經緯塗徑之謂何？例而已矣。——其尤卓然可傳者，則有《復禮》三篇，唐，宋以來儒者所未有也。《復禮上》曰：『夫人之所受於天者，性也。性之所固有者，善也。所以復其善者學也。所以貫其學者，禮也。是故聖人之道一，禮而已矣。』《復禮中》曰；『是道實禮也。然則修身為本者，禮而已矣。蓋修身為平天下之本，而禮又為修身之本也。』《復禮下》曰：『聖人之道，至平且易也』論語記孔子之言備矣，但恆言禮，未嘗一言及理也。』〔註338〕

學術史家莫不以為：凌廷堪強調以禮代理，下開清中葉及晚清崇禮的風氣。可是，質諸古籍中『禮』『理』二字，我們不得不承認，凌廷堪只是繼承前人的禮論，以禮代理並非他的創見。茲舉古籍中釋禮，理二字的條文如下：

《管子·心術上》：「禮者，謂之有理。」

〔註335〕阮元：〈學海堂集序〉，《揅經室集》，頁 1076。

〔註336〕阮元：〈四知樓說〉，嚴一萍選輯：原刻影印《百部叢書集成》，（文選樓叢書，臺灣：藝文），《揅經室再續集》，卷3，頁 10～12。

〔註337〕阮元：〈書東莞陳氏學蔀通辨後〉，《揅經室集》，頁 1062。

〔註338〕阮元：〈次仲凌君傳〉，《揅經室集》，頁 465～472。

《禮記・仲尼燕居》：「禮也者，理也。」

《禮記・樂記》：「禮也者，理之不可易者也。」〔註339〕

周敦頤《通書》禮樂第十三章：「禮，理也；樂，和也。禮，陰也；樂，陽也。陰陽理而後和。君君，臣臣，父父，子子，兄兄，弟弟，夫夫，婦婦，萬物各得其理，然後和，故禮先而樂後。」〔註340〕朱子《文集》卷六十《答曾擇之》云：「禮即理也，但謂之理，則疑若未有形跡之可言。制而為禮，則有品節文章之可見矣。」〔註341〕《朱子語類》卷六：「禮者，節文也。禮數。——禮者，仁之發，智者，義之藏。」〔註342〕張載《張子語錄》下：「禮文參校，是非去取，不待已自了當。蓋禮者理也，須是學窮理，禮則所以行其義，知理則能制禮，然則禮出於理之後。」〔註343〕王陽明：「禮也者，天理也。天命之性具于吾心，其渾然全體之中而條理節目森然畢具，是故謂之天理。天理之條理謂之禮。」〔註344〕戴震《孟子字義疏證》卷下：「曰禮者，天地之條理也，言乎條理之極，非知天下不足以盡之。即儀文度數，亦聖人見於天地之條理，定之以為天下萬世法。禮之設所以治天下之情，或裁其過，或勉其不及，俾知天地之中而已矣。」〔註345〕方東樹《漢學商兌》：「禮是四端五常之一；理則萬事萬物咸在。所謂：禮者，理也；官于天也。禮者，天理之節文，天敘天秩云云，皆是就禮一端言。」〔註346〕

從管子開始，到宋代的周敦頤（1017～1073）、朱熹（1130～1200）、張載（1020～1077）、明代的王陽明（1472～1528）、以至清代的戴震（1723～1777）、方東樹（1772～1851），都不約而同認為禮即是理；治禮學史者不得不作出這樣的推論：「禮即理，而理又是天理。清儒凌廷堪、阮元、焦循，則以為凡理皆虛，唯禮最實，應以禮代理。在這兩種相反的取向背後，潛藏著的是同一種焦慮：應迫切地，牢固地確立禮治秩序，俾使封建統治長治久

〔註339〕引自李雲光：〈禮的反思〉載李雲光：《禮學論集》（香港：黃河文化，1997年8月），頁55。

〔註340〕引自中國社會科學院哲學研究所中國哲學史研究室編：《中國哲學史資料選輯——宋元明之部》上（北京：中華書局，1982年8月），頁64。

〔註341〕引自錢穆：《朱子新學案》（成都：巴蜀書社，1986年8月），頁1336。

〔註342〕黎靖德編：《朱子語類》（北京：中華書局，1986年3月），頁122。

〔註343〕章錫琛點校本：《張載集》（北京：中華書局，1985年3月），頁326。

〔註344〕引自余英時：〈清代學術思想史重要觀念通釋〉，《中國思想傳統的現代詮釋》（臺北：聯經出版公司，1987年3月），頁444。

〔註345〕張岱年主編：《戴震全書》（六）（合肥：黃山書社，1995年10月），頁206。

〔註346〕張壽安：〈清中葉儒學思想上的禮理之爭〉載《中國哲學》，第17輯，頁372。

安。」〔註347〕

　　根據張壽安的統計：「據清儒治經成果總匯的兩部經解略作統計，發現在
《皇清經解》（阮元編，所收著作，從清初到道光九年）中，有關三禮的專著
佔所有專著的百分之二十；而《皇清經解續編》（王先謙編，所收著述，從清
初到光緒十四年）中，有關三禮的專著則佔了百分之二十八，這還不包括文
集中論禮的單篇文字。」〔註348〕時至道光九年（1829 年），《皇清經解》所收
的禮學論著包括：

卷 48～49	萬斯大	《學禮質疑》
卷 214～227	惠士奇	《禮說》
卷 244～250	江永	《深衣考證》
卷 261～270		《鄉黨圖考》
卷 271～287	吳廷華	《儀禮章句》
卷 316～318	沈彤	《周官祿田考》
卷 320～327		《儀禮小疏》
卷 435～438	王鳴盛	《周禮軍賦說》
卷 495～502	任大椿	《弁服釋例》
卷 503		《釋繒》
卷 524	程瑤田	《宗法小記》
卷 525～534		《儀禮喪服足徵記》
卷 535		《釋宮小記》
卷 536～539		《考工創物小記》
卷 554～556	金榜	《禮箋》
卷 563～564	戴震	《考工記圖》
卷 634～639	段玉裁	《周禮漢讀考》
卷 640		《儀禮漢讀考》
卷 692～697	孔廣森	《禮學卮言》
卷 698～710		《大戴禮記補注》
卷 775～783	胡匡衷	《儀禮釋宮》
卷 784～796	凌廷堪	《禮經釋例》

〔註347〕同前註312，楊志剛：〈中國禮學史發凡〉，頁 132。
〔註348〕張壽安：〈凌廷堪『以禮代理』的思想〉載《中國哲學》，第 16 輯，頁 434。

卷 802　汪中　　　　　《大戴禮正誤》

卷 850～863　　阮元　　《周禮校勘記》

卷 864～881　　　　　　《儀禮校勘記》

卷 882～948　　　　　　《禮記校勘記》

卷 1055～1056　　　　　《車制圖考》

卷 1075～1076　張敦仁　《撫本禮記鄭注考異》

卷 1156～1158　焦循　　《禮記補疏》

卷 1229～1230　張惠言　《虞氏易禮》

卷 1299～1301　胡培翬　《燕寢考》

卷 1318～1321　洪震煊　《夏小正疏義》

卷 1355　　　　凌曙　　《公羊禮說》

卷 1356～1359　　　　　《禮說》〔註349〕

　　以上《皇清經解》所收的禮學論著，涵蓋了阮元自己，先輩，朋友，及其弟子的著述，從中可印證阮元所說：「然則《三禮》注疏，學者何可不讀？」的論點。〔註350〕

　　總而言之，阮元治禮之目的並非提出以禮代理，而是主張五倫皆禮；若從回歸漢學經典的意義上說，正如陳居淵所言：「阮元的禮學思想始終與孔孟學說相爲表裏」〔註351〕，確實是毫無疑問的了。

丁、清中葉禮學復興的幾個原因

　　崇禮思想爲甚麼復興於清中葉？從上文學術史家所提出的論點是：復興古學，崇尚樸學以及重建社會人倫秩序等，我們亦很難否定他們這樣的論述。不過，筆者認爲，士人在當時的心習，對當時學風的態度等，亦是一個不容忽視的因素。在此，條列三段文獻資料，說明有清中葉士人的心態和學術取向，與禮學的復興或會有一定程度的關係。

　　其一，方東樹（1772～1851）《漢學商兌序例》：「近世有爲漢學考證者，著書以關宋儒，攻朱子爲本，首以言心言性言理爲屬禁。海內名卿鉅公，高才碩學數十家遞相祖述。膏脣拭舌，造作飛條，競欲咀嚼，究其所以爲之罪者，不過三端：一則以其講學標榜，門戶分爭，爲害於家國，一則以其言心

〔註349〕阮元：《皇清經解》目錄（清光緒九年廣州學海堂本）。

〔註350〕同註338。

〔註351〕同註313。

言性言理，墮於空虛心學禪宗，爲歧於聖道，一則以其高談性命，束書不觀，空疏不學，爲荒於經術。」〔註352〕方序作於 1826 年，時漢學考據風氣大盛，士人崇尚樸學，東樹指出漢學家三端罪狀：標榜門戶，墮於心學以至荒於經術；只有倡談禮學，才可破解時人對漢，宋的爭論。繆荃孫（1844～1919）總結黃以周（1828～1899）的學術思想時說得好：「禮者，理也，天理之秩然者也。考禮即窮理，後儒捨禮而言理，禮必徵實往古，理可空談任臆也。欲挽漢宋學之流弊，其惟禮學乎。」〔註353〕

　　其二、沈垚（1795～1840）《落帆樓文集》卷 8《與孫愈愚》：「大概近日所謂士，約有數端，或略窺語錄，便自命爲第一流人，而經史概未寓目，此欺人之一術也。或略窺近時考證家言，東抄西撮，自謂淹雅，而竟無一章一句之貫通，此又欺人之一術也。最下者，文理不通，虛字不順，而秦權漢瓦，晉瓦唐碑，撮拾瑣屑，自謂考據金石，心極貪鄙，行如盜竊，斯又欺人之一術也。」〔註354〕這段文字，暴露出當時知識分子那種不學無術的情態，亦只有重拾經史實學的舊路，士人才會有希望，禮學的研究，正正可填補游談無根之學的空白。晚清的曾國藩（（1811～1872），黃以周（1828～1899），邵懿辰（1810～1861），郭嵩燾（1818～1891），孫詒讓（1848～1908）等人相繼究心禮學，原因便是要匯通漢，宋，重新把義理和考據作出恰當的結合。

　　其三、夏炘（1795～1846）《夏仲子集》卷 3《乾隆以後諸君學術論》：「乾隆以後近百餘年來，講學之士，專爲一節一句一文一字，盈千累百，刺刺不休，不特絲毫不適於用，且破壞碎裂，轉爲賊經。今就其稍著者論之：穿鑿性理，故爲艱深，勾股割圜改宣城之面目，六書音韻竊江氏之緒餘，是休寧戴氏之學也；據此校彼，改異爲同，明知無用之辨，好爲小慧之行，是抱經盧氏之學也；生今反古，以篆代眞，說《堯典》不讓三萬言之繁，詮《禹貢》獨無一二端之得，是艮庭江氏之學也；炫博矜奇，以多爲富，讀史不鏡得失，僅詳某本或作某，《養新》萃爲一編，令人味之無可味，是嘉定錢氏之學也；妄誕之邀寬典，著述仍竊虛名，漢魏之音掇拾前人所唾棄，傳說諸作不明體而立言（如記杭大宗太史，武虛谷大令，汪容甫明經諸事，語涉鄙俚），是偉

〔註352〕方東樹：《漢學商兌》（臺灣：廣文書局，1963 年 1 月），頁 1。
〔註353〕引自田漢云：《中國近代經學史》（西安：三秦出版社，1996 年 12 月），頁 29，193。
〔註354〕引自張豈之：《中國近代史學學術史》（中國社會科學出版社，1996 年 10 月），頁 45。

存洪氏之學也；考工何補匠氏，辨穀止算老農，資稟既愚，不能貫通經注，傅會不合，因而轉駁鄭君，是新安程氏之學也；割裂本經之句讀，變易傳注之原解，廣疋一字，疏至千言，語助之詞，積成巨帙，是高郵王氏一門之學也；自知淺陋，依傍他人，著書亦覺其多多，鳴蟲終誚其唧唧，是金壇段氏之學也。此數家者，皆近百年來名稍顯著之人，試一一取其書平心而察之，何編足以發明義理？何帙足以有裨經濟？」〔註355〕

姑勿論夏仲子對乾、嘉考據學人的評價是否公允，他對漢學家一針見血的批評，至少可讓人反思漢學的流弊，而希望在學術趨向上有一條新的出路；夏炯言：「夫自天言之，謂之理；自人言之，謂之性；自性分之分見者言之，謂之仁義禮知信。理也性也禮也，三者同條而共貫。」夏炯又言：「禮為理之節文，故言禮即是言理。」〔註356〕

由此而言，在仲子心目中，禮學未嘗不是乾，嘉漢學之後的一股學術新趨向。

戊、簡單的結語

先由阮元為清代學人撰寫的序跋文說起。此類序跋文，從中透露了阮元治禮的成就，試從三禮的分類中述說一二：

《周禮》：〈惠半農先生禮說序〉，阮元讚揚是書「實足補賈氏（逵）之所未及。」

〈焦里堂循群經宮室圖序〉，此文可平焦循、凌廷堪論《車制圖解》之是非。

〈周禮漢讀考六卷序〉，阮元稱讚段若膺先生有功學術者三。

《儀禮》：〈儀禮石經校勘記序〉，阮元綜而核之各種版本，擇善而從。

〈儀禮喪服大功章傳注舛誤考〉，阮元以之證古籍易誤難明一例。

〈張皋文儀禮圖序〉，阮元嘗以為讀禮者當先為頌。

〈江永禮書綱目序〉，儀禮為古今所難讀之書，阮元認為讀者若能以盛庸三之《儀禮集編》及由是書沿而上之，其至於三代之制度，不難矣。

《小戴禮記》：〈任子田侍御弁服釋例序〉，阮元以為茲袪釋弁服所用之例，以五禮區之，凡百四十餘事，綜覽經疏史志，發微訂訛，燦然經緯畢著矣。

〔註355〕龔書鐸：〈夏炯與《夏仲子集》〉載燕京研究院：《燕京學報》新四期（1998年5月），頁165～166。
〔註356〕同註3，頁139～140。

《大戴禮記》：〈王實齋大戴禮記解詁序〉，阮元讚是書「其為解詁也，義精語潔。」

〈孔檢討廣森大戴禮記補注序〉，阮元表揚廣森「使二千餘年古經傳復明於世，用力勤而為功鉅矣。」

阮元對禮學及禮治，筆者試從以下二個角度審視之：

一、正風俗。阮元強調《禮記》〈禮運〉篇，以之恢復西周貴族之禮。正如潘靜超所言：「阮元的禮亦是為了規範社會，禮一開始指禮制等內容，是具體的一些制度禮儀，但阮元把它上升到了抽象的、規範一切的地位，在本質上二者是相同的。雖然他說『禮學與理學異也』，但發展下去也沒什麼不同。」〔註357〕

受到父親阮承信的影響，阮元亦非常重視古禮。張麗珠說得好：「因此禮對人心所具有的約束力量、對行為所具有的規範作用，正是大多數清儒所要強調的。」〔註358〕

二、求實效。阮元說：「故理必附乎禮以行，空言理，則可彼可此之邪說起矣！」〔註359〕

為了維護現存封建秩序，禮學自然在社會上有其實際的功能。

《禮記·禮運》：「故聖人之所以治人七情，修十義，講信修睦，尚辭讓，去爭奪，舍禮何以治之！」阮元按語云：「此所謂七情，即包在孟子所說性也之中。所謂十義，即包在孟子所說命也之中。而孟子所說君子不謂性不謂命，即是此篇以禮治之之道。心之大端，治之必以禮。禮儀三百，威儀三千，非可以靜觀寂守者也。」〔註360〕

何謂威儀？阮元解說云：「威儀者，人之體貌，後人所藐視為在外最粗淺之事，然此二字古人最重之，竊別撰〈威儀說〉以明之。」〔註361〕

總言之，君子勤禮，守先要致敬，亦須養神。在日常生活中通過『禮』的具體行動，便可達致經世致用、穩定社會的效果。

〔註357〕潘靜超：〈師儒異派而持其平──談阮元的治經方法〉載陳少明主編：《經典與解釋》（廣州：廣東人民出版社，1999年6月），頁231。
〔註358〕張麗珠：《清代義理學新貌》（臺北：里仁書局，1999年5月），頁294。
〔註359〕阮元：〈書東莞陳氏《學蔀通辨》後〉，《揅經室集》，頁1062。
〔註360〕阮元：〈威儀說〉，《揅經室集》，頁227。
〔註361〕阮元：〈性命古訓〉，《揅經室集》，頁217。

三、清代三禮學研究述略

甲、清代、民國以來目錄學所收三禮學書籍數量統計

《周禮》、《儀禮》、《禮記》合稱三禮，自漢代以至民初，注疏箋釋不絕，研究成績可觀，可以說是經學研究中一個重要的組成部份。從清代、民國以來的目錄學著作所收三禮學書籍數量看〔註362〕，三禮學的研究，一直受到無數儒生和學者的重視。清代三禮學的復興，和帝皇的提倡，實學、樸學風氣的耳濡目染，學人倡導以禮代理、禮學經世等，都有不可分割的關係。

本文研究的焦點，是清人研治三禮之學的總成績，以及阮元及其後學的三禮學研究成就。

下文首先臚列目錄學書中所收清人治三禮之學的成績：

（一）永瑢《四庫全書總目提要》

周禮收：《欽定周官義疏》，李光坡《周禮述注》，李鍾倫《周禮訓纂》，方苞《周官集注》，惠士奇《禮說》，沈彤《周官祿田考》，江永《周禮疑義舉要》等 7 部。

儀禮收：《欽定儀禮義疏》，張爾岐《儀禮鄭注句讀》，萬斯大《儀禮商》，李光坡《儀禮述注》，方苞《儀禮析疑》，吳廷華《儀禮章句》，諸錦《補饗禮》，蔡德晉《禮經本義》，任啓運《宮室考》《肆獻祼饋食禮》，江永《儀禮釋宮增注》，沈彤《儀禮小疏》，盛世佐《儀禮集編》等 13 部。

禮記收：《欽定禮記義疏》，黃宗羲《深衣考》，納喇性德《陳氏禮記集說補正》，方苞《禮記析疑》，邵鶴亭《檀弓疑問》，江永《禮記訓義擇言》，《深衣考誤》等 7 部。

雜禮書之屬有：萬斯大《學禮質疑》，陸隴其《讀禮志疑》，毛奇齡《郊社禘祫問》，汪紱《參讀禮志疑》，江永《禮書綱目》，秦蕙田《五禮通考》，李光地《朱子禮纂》，毛奇齡《辨定祭禮通俗譜》8 部。

周禮存目有：王芝藻《周禮訂釋古本》，高愈《高注周禮》，徐世休《周禮惜陰錄》，萬斯大《周官辨非》，黃叔琳《周禮節訓》，方苞《周官析疑》《周官辨》，李文炤《周禮集傳》，王文清《周禮會要》，劉青芝《周禮質疑》，姜兆錫《周禮輯義》，李大滁《周禮拾義》，高宸《周禮三注粹鈔》13 部。

禮記存目有：丘元復《禮記提綱集解》，張沐《禮記疏略》，徐世沐《禮

〔註362〕見本章附錄（一）《清代民國以來目錄學所收三禮學書籍一覽表》。

記惜陰錄》，萬斯大《禮記偶箋》，毛奇齡《曾子問耕錄》，冉覲祖《禮記詳說》，姜兆錫《禮記章義》，陸奎勛《戴記緒言》，沈元滄《禮記類編》，劉青蓮《學禮闕疑》，孫邃人《檀弓論文》，任啓運《禮記章句》，王心敬《禮記匯編》13部。

三禮總義之屬有：張治《三禮合纂》，孫自務《讀禮竊注》，劉二至《稽禮辨論》，毛奇齡《昏禮辨正》《廟制折衷》《大小宗通繹》《學校問》，《明堂問》，李塨《郊社考辨》，汪基《三禮約編》，張必剛《三禮會通》11部。

通禮之屬有：應撝謙《禮學匯編》，朱軾《儀禮節要》，胡掄《禮樂通考》，姜兆錫《儀禮經傳內編》，梁萬方《重刊朱子儀禮經傳通解》5部。

雜禮書之屬存目有；許三禮《讀禮偶見》，王心敬《四禮寧儉編》，曹庭棟《昏禮通考》3部。

（二）阮元《皇清經解》，王先謙《皇清經解續編》

收三禮著作67種，又三禮總義，大戴禮，白虎通共21種，計88種〔註363〕

（三）張之洞《書目答問》

周禮收：段玉裁《周禮漢讀考》，王鳴盛《周禮軍賦說》，戴震《考工記圖》，程瑤田《考工創物小記》，阮元《車制圖考》等13部。

儀禮收：張惠言《儀禮圖》，凌廷堪《禮經釋例》，阮元《儀禮石經校勘記》，洪頤煊《禮經宮室答問》，任大椿《弁服釋例》等29部。

禮記收：焦循《禮記補疏》，任大椿《深衣釋例》，孔廣森《大戴禮記補注》，王聘珍《大戴禮記解詁》，洪震煊《夏小正疏義》，阮元《曾子注釋》，洪頤煊《孔子三朝記》等24部。

三禮總義之屬收：孔廣森《禮學卮言》，武億《三禮義證》，凌曙《禮說》，程瑤田《宗法小記》，秦蕙田《五禮通考》等18部。

（四）永瑢《四庫全書簡明目錄》及邵懿辰《增訂　四庫籍明目錄標注》

所收清人的三禮著述目錄，與《四庫全書總目提要》所收類同。

（五）孫殿起《販書偶記》

周禮收的清人著述包括：孫詒讓《周禮正義》、《周禮政要》、《周禮三家佚注》、《九旗古義述》，阮元《考工車制圖解》等35部。

〔註363〕虞萬里：〈《正續清經解》編纂考〉，《學術集林》，卷四（上海：遠東出版社，1995年9月），頁203。

儀禮收的清人著述有：阮元《儀禮石經校勘記》，盧文弨《儀禮注疏詳校》，張惠言《儀禮圖》，凌廷堪《禮經釋例》，任大椿《弁服釋例》，汪喜孫《喪服答問紀實》等 37 部。

禮記收的清人著述有：杭世駿《續禮記集說》，朱彬《禮記訓纂》，孫希旦《禮記集解》，阮元《曾子注釋》，洪震煊《夏小正疏義 釋音 異字記》，梁章鉅《夏小正通釋》等 56 部。

三禮總義類的清人著述有：金榜《禮箋》，金鶚《求古錄禮說》，黃以周《禮書通故》等 23 部。

（六）章鈺《清史稿藝文志及補編》

周禮之屬的清人著述如：阮元《車制圖考》，孔廣林《周官肊測 敘錄》，徐養原《周官故書考》，丁晏《周禮釋注》，曾釗《周官注疏小箋》等 39 部。

儀禮之屬的清人著述如：程瑤田《喪服文足徵記》，焦廷琥《冕服考》，徐養原《儀禮今古文異同疏證》，洪頤煊《禮經宮室答問》等 43 部。

禮記之屬的清人著述如：孫星衍《明堂考》，臧庸《盧氏禮記解詁》《蔡氏月令章句》，焦循《禮記補疏》，李富孫《禮記異文釋》，丁晏《禮記釋注》《投壺考原》等 48 部。

大戴禮之屬的清人著述有：阮元《曾子注釋》，孫星衍《夏小正傳校正》，汪中《大戴禮記正誤》，梁章鉅《夏小正經傳通釋》，洪頤煊《孔子三朝記 目錄》，洪震煊《夏小正疏異》等 32 部。

禮類總義之屬的清代著述包括：武億《三禮義證》，孫星衍《三禮圖》，臧庸《鄭氏三禮目錄》等 33 部。

禮類通禮之屬的清代著述則有：江永《禮書綱目》，秦蕙田《五禮通考》，林伯桐《冠昏喪祭儀考》等 14 部。

（七）《中國歷代藝文總志 經部》

周禮之屬分白文，傳說，分篇，專著，文字音義，圖 6 類，收錄清人的作品如：桂文燦《周禮今釋》，阮元《考工記車制圖解》，任大椿《田賦考》，徐養原《周官故書考》等 117 部。

儀禮之屬分白文，傳說，分篇，專著，文字音義，圖，及補逸 7 類，收錄的清人作品如：洪頤煊《禮經宮室答問》，阮元《儀禮石經校勘記》，徐養原《儀禮今古文異同疏證》等 108 部。

禮記之屬分白文，傳說，分篇，專著，文字音義 5 類，收錄的清人著述

有：陳鱣《禮記集說參訂》，阮元《曾子注釋 敘錄》，李富孫《禮記異文釋》
等 109 部。

　　大戴禮記之屬收錄的清人著述有：孫星衍《夏小正傳校正》，洪頤煊《孔
子三朝記　目錄》等 58 部。

　　三禮總義之屬分通論，制度名物，文字音義，圖，目錄 5 類，所收的清
人著述為：焦循《三禮便蒙》，孫星衍《明堂考》《三禮圖》等 88 部。

　　通禮之屬收錄 6 部清人著述；而雜禮書之屬則收錄 15 部清人著述。

（八）莫友芝《藏園訂補　邵亭知見傳本書目》

　　周禮之屬的清人著述，包括：惠棟《周禮古義》，戴震《考工記圖》，阮
元《考工記車制圖解》等 24 部。

　　儀禮之屬的清人著述，包括：盛世佐《儀禮集編》，金日追《儀禮正偽》，
胡培翬《儀禮正義》，徐乾學《讀禮通考》等 37 部。

　　禮記之屬的清人暮述，包括：郝懿行《禮記箋》，陳壽祺《禮記鄭讀考》
等 21 部。

　　附錄所收的清人著述共 44 部。

（九）《續修四庫全書總目提要　經部》

　　清人著述目錄包括：周禮 64 部，如曾釗《周禮注疏小箋》，桂文燦《周
禮今釋》，阮元《考工記車制圖解》等；

　　儀禮 61 部，如：徐養原《儀禮今古文異同疏證》，臧庸《儀禮喪服馬王
注》，程瑤田《儀禮喪服文足徵記》等；

　　禮記 102 部，如：洪頤煊《禮經宮室答問》，阮元《曾子注釋》等；

　　三禮總義，通禮，雜禮收清人著述 37 部，如邵懿辰《禮經通論》，林昌
彝《三禮通釋》，黃以周《禮書通故》《禮說》等。

（十）《中國古籍善本書目　經部》

　　清人著述目錄包括：周禮 47 部，儀禮 37 部，禮記 81 部，三禮總義 37
部，通禮 13 部，雜禮書 10 部。

　　由上文列舉的清代以至民國研治三禮學的成績來看，和以下學術史
家的說法，都可以得到相互的印證：

　　黃侃（1886～1935）：「清世禮家輩出，日趨精密。」

　　錢基博（1887～1958）：「獨是遜清禮學，冠絕前古。」

錢玄：「清代禮學昌盛，不僅研究者人才輩出，其成就亦巨。」〔註364〕

乙、清代官方及帝皇對禮學功用的闡釋

《清史稿》〈禮志〉〈吉禮一〉：「世祖入關，順命創制，規模閎遠。順治三年，詔禮臣參酌往制，勒成禮書，爲民軌則。聖祖歲御經筵，纂成《日講禮記解義》，敷陳雖出群工，闡釋悉遵聖訓。高宗御定《三禮義疏》，網羅議禮家言，折衷至當，雅號鉅製。若《皇朝三通》，《大清會典》，其經緯禮律，尤見本原。至於專書之最著者：一曰《大清通禮》，乾隆中撰成，道光年增修，一曰《皇朝禮器圖式》，曰祭器，曰儀器，曰冠服，曰樂器，曰鹵簿，曰武備，一曰《滿洲祭神祭天典禮》，其始關外啓舋，崇祭天神暨群祀祖褅，意示從儉。……德宗季葉，設禮學館，博選耆儒，將有所綴述。大例主用《通禮》，仿江永《禮書》例，增〈曲禮〉一目。又仿《宋太常因革禮例》，增〈廢禮〉〈新禮〉二目，附〈後簡〉。未及編訂，而改變作矣。」〔註365〕

以上《清史稿》〈禮志〉的一段文字，把清代官方及皇帝對禮學的重視，娓娓道來，原原本本。下文試把各書，逐一申述，以見清代官方及帝皇對禮學功用的闡釋：

（一）《洪武寶訓》

清世祖順治三年（1646年），三月，譯明《洪武寶訓》，成。上以《寶訓》一書，深裨治理，爲製序文，頒行中外。〔註366〕

（二）《日講禮記解義》64卷

《四庫全書籍明目錄》載：「是編爲聖祖仁皇帝講筵舊稿，未及成袟。乾隆元年，始詔儒臣排纂頒行。於本天殽地之理，坊民經國之方，並推衍詳明，足爲百王大法。蓋敷陳雖出眾手，闡釋則悉本聖訓也。〔註367〕

據《日講禮記解義》〈聖祖仁皇帝御製序〉一文，康熙皇帝對禮治有以下的看法：

1、禮者範身之具，而興行起化之原也；

〔註364〕分見：1、黃侃：〈禮學略說〉，陳其泰，郭偉川：《二十世紀中國禮學研究論集》，頁18。2、曹毓英編：《錢基博學術論著選》（華中師範大學出版社，1997年12月），頁275。3、錢玄：《三禮通論》（南京師範大學出版社，1996年10月），頁63。

〔註365〕趙爾巽：《清史稿》卷82（北京：中華書局，1976年7月），頁2483～2484。

〔註366〕許國英：《清鑑易知錄》（北京：古籍出版社，1987年8月），頁56。

〔註367〕永瑢：《四庫全書簡明目錄》（北京：古典文學出版社，1957年），頁87。

2、（禮）其綱有三百，其目有三千。大者在冠，婚，喪，祭，朝騁，射宴之規，小者在揖讓，進退，飲食，起居之節，循之則君臣上下賴以序，夫婦內外賴以辨，父子，兄弟，婚媾，姻婭賴以順而成。反是，則尊卑易位，等殺無章，家未有能齊而國未有能治者。

3、朕企慕至治，深惟天下歸仁，原於復禮，故法宮之中，日陳禮經，講習細繹，蓋不敢斯須去也。

4、務佩服其訓辭，而實體諸躬修，措之邦國。使百爾懷恭敬遜讓之誠，兆庶凜撙節防閑之則，德化翔洽，上媲隆古，庶乃愜朕敦崇禮教之意也夫。
〔註368〕

（三）《欽定周官義疏》48 卷

《欽定儀禮義疏》48 卷

《欽定禮記義疏》82 卷：三書同在乾隆十三年（1748 年）奉敕編。

據《欽定三禮義疏》〈皇上御製序〉一文，乾隆皇帝的禮論如下：

1、夫禮之所為，本於天，殽於地，達之人倫日用，行於君臣，父子，兄弟，夫婦，朋友之間，斯須不可去者。天不變，道亦不變，此其本也。其制度，品節，服物，采章，隨時損益，屢變以適其宜者，禮之文也。

2、故言禮者，惟求其修道設教之由，以得夫禮之意而已。順其教之不泯，道之所由傳，未嘗不賴於經。

3、刻既成，為之敘論以發其端，俾隆禮有所考云。〔註369〕

又據《日講禮記解義》〈皇上御製序〉，乾隆皇帝又論禮云：

> 抑班固有言：「六經之道同歸，而禮樂之用為急」經禮三百，曲禮三千，豈惟其文而已？蓋將以章志貞，教大其坊，與天下臣民共之。
> 仰惟聖祖序言所謂體諸躬修，措之邦國者，禮之實而明經之大用也。

〔註370〕

（四）乾隆二十六年，奉敕撰《欽定大清會典》100 卷，《欽定大清會典則例》180 卷：

據清德宗光緒皇帝《續修大清會典序》，二書「聖相承大經大法，以及仰

〔註368〕鄂爾泰，張廷玉等編：《國朝宮史》（北京古籍出版社，1994 年 8 月），頁 569
　　　　～570。
〔註369〕同註 7，頁 568。
〔註370〕同註 7，頁 571。

觀俯察，文爲制度，一名一物，鉅細燦陳，使非筆之於書，恐日久稽考，雖朝夕奉行，或不知精義之所在-。」〔註371〕

（五）《欽定大清通禮》：清乾隆皇帝〈御製大清通禮序〉云：

> 伊古承天之道，治人之情，莫善乎禮，顧其爲用，往往詳於朝廟，略於鄉閭——是編也，約而賅，詳而不縟，圭臬群經，羽翼會典，使家誦而戶習之，於以達之人倫日用之間，興孝悌而正風俗，則朕淑世牖民之意，或在斯乎，或在斯乎。因禮官之請，爰爲序，以識其端。〔註372〕

又乾隆元年六月二十三日上諭：「朕聞三代聖王，緣人情而制禮，依人性而作儀，所以總一海內，整齊萬民而防其淫侈，救其彫敝也。——本朝會典所載，卷帙繁重，民間亦未易購藏，應萃集歷代禮書，並本朝會典，將冠婚喪祭一切儀制，斟酌損益，彙成一書，務期明白簡易，俾士民易守，著總理事務王大臣，會同該部，從容定議。」〔註373〕

丙、阮元交游、後學及弟子的三禮之學

阮元交游及其後學，弟子的禮學研究，筆者另編〈儀徵派禮學研究〉一表〔註374〕，可供參考。下文詳述儀徵交游、後學或弟子諸家的禮學思想：

（一）武億（1745～1799）

據清光緒元年（1875 年）南海伍紹棠的〈授堂文鈔跋〉記云：「竊謂先生（武億）之經術，仲則之詩詞，在乾隆中均推巨擘。」〔註375〕阮元大概在他 31 歲，32 歲期間，即清乾隆 59 年至 60 年間，在山東獲交武億，當時武君剛落職，居歷下越十餘年〔註376〕又據武億〈程侍御三禮鄭註考序〉一文云：「余十餘年（1791 年）前，亦爲禮學，蓋有慕於唐王恭講三禮，別爲義證，遂欲妄勒成一書，標爲《三禮義證》，既已扶翼鄭學，而更以易疏家

〔註371〕《欽定大清會典》：清光緒十二年敕撰，光緒二十五年刻本（臺北：國立中央圖書館藏書景印，臺灣：中文書局），頁3。
〔註372〕來保編纂《欽定四庫全書欽定大清通禮》，《欽定四庫全書》文淵閣本，史部十三，頁2～3。
〔註373〕同註11。
〔註374〕見拙編：第四章第八節　丙　附錄二，〈儀徵派禮學研究〉。
〔註375〕武億：《授堂文鈔》（上海：商務國學基本叢書本，1936年），頁1。
〔註376〕阮元：〈武虛谷徵君遺事記〉，武億：《授堂遺書》（清道光二十三年版），頁24。

之繁釀。」〔註377〕，換言之，武億的禮學著述，乃羽翼鄭玄的禮學而作。

（二）孔廣森（1752～1786）

廣森爲阮元的交游，阮元敘錄《儀鄭堂文》時，稱譽孔廣森：「聰穎持達，曠代逸才，經史小學，沈覽妙解，所學在《大戴禮記》《公羊春秋》，尤善屬文。沈約蕭統，可與共論。」〔註378〕孫淵如〈儀鄭堂遺文序〉亦推許廣森「終日無鄙言，爲三禮及公羊春秋之學。或自道其所得，超悟絕人。」〔註379〕孔廣森的著述，包括：「《大戴禮記補註》十三卷，《序錄》一卷，《禮學卮言》六卷，《經學卮言》六卷，《少廣正負術內外篇》六卷，《駢儷文》三卷。」〔註380〕孔廣森〈春秋公羊經傳通義序〉云：「今將祛此二端，歸於大通，輒因原注存其精粹，刪其支離，破其拘窒，增其隱漏，冀備一家之言，依舊帙次爲十一卷，竊名曰《通義》。」廣森〈大戴禮記補注序錄〉云：「廣森不揣淺聞，輒爲補注，更釐亥虎，參證卯穀，敢希後鄭，足申裨于毛義，庶比小劉，兼規正于杜失。」〔註381〕

（三）孫星衍（1753～1818）

星衍亦爲阮元交游之一，阮元撫浙，建詁經精舍於西湖之濱，會先生奉諱家居，聘（星衍）與王昶，迭主講席。徐世昌讚淵如：

「信而好古，博極群書，治經不取宋以後說，通九流之學。──其他撰輯有《夏小正傳校正》三卷，《明堂考》三卷等」〔註382〕星衍的後學邵秉華在〈平津館文稿書後〉說：「嘉慶十二年（1807年）冬，秉華謁伯淵先生於安德使黝，先生以《平津館文稿》見示，皆考證經義之文，確有依據，不爲鑿空之談，如五服五章論，則從伏生而不阿鄭學──秉華竊謂先生精於許，鄭，孔，賈之書，而深通當世之務。」〔註383〕而淵如的《問字堂集》卷5，收雜文〈三褅釋〉，〈周褅表〉，〈周制配天表〉，〈闤丘郊祀表〉，〈方丘北郊表〉，〈明堂大褅及迎氣遺祭十二月告朔表〉，卷6收〈天官書補目序〉，〈五廟二祧辨〉，

〔註377〕同前註，武億：《授堂文鈔續集》，卷九，頁1～3。

〔註378〕孔廣森：《儀鄭堂文及其他一種》，卷一，《叢書集成初編本》（長沙：商務，1939年12月），頁1。

〔註379〕同前註，頁22。

〔註380〕徐世昌：《清儒學案》（三），卷109（中國書店，海王村古籍叢刊本，1990年9月），頁62。

〔註381〕同前註（三），頁66，67。

〔註382〕同註19，頁89，90。

〔註383〕孫星衍：《岱南閣叢書》（上海：博古齋影印版，1924年），頁1。

〈周禮七廟二祧表〉，皆爲星衍考證三禮之學的文章。〔註384〕

（四）凌廷堪（1755～1809）

廷堪是阮元的少年同學，阮元論「君（廷堪）之學，博覽強記，識力精卓，貫通群經，而尤深于禮經，著《禮經釋例》十三卷。」〔註385〕凌廷堪〈禮經釋例序〉云；「《儀禮》十七篇，禮之本經也。其節文威儀，委曲繁重。驟閱之如治絲而棼，細繹之皆有經緯可分也；乍睹之如入山而迷，徐歷之皆有塗徑可蹟也。是故不得其經緯塗徑，雖上哲亦苦其難；苟其得之，中才固可以勉而赴焉。經緯塗徑之謂何？例而已矣。」〔註386〕

凌廷堪的禮論，據其《復禮》上中下三篇，大意可歸納如次：

1、聖人之道一，禮而已矣。

2、人性隱，至微；而禮則顯，見焉者也。

3、道必緣禮而著見，德必藉禮爲依歸。

4、修身爲本者，禮而已矣；蓋修身爲平天下之本，而禮又爲修身之本也。

5、聖人不求諸理而求諸禮，蓋求諸理必至於師心，求諸禮始可以復性也（以禮代理）。

（五）陳鱣（1753～1817）

字仲魚，號簡莊，浙江海寧人。嘉慶元年（1796 年）舉孝廉方正，三年（1798 年）中式舉人。嘗從錢大昕，王念孫，段玉裁，翁方綱等游處，質疑問難，所學日進。又雅好藏書，遇宋，元佳槧及罕見之本，不惜重值收之，與同邑吳騫，吳門黃丕烈等互相鈔傳。仲魚博極群書，精深許，鄭之學，復長史才，著述閎富，固乾，嘉學術之羽翼也。〔註387〕陳鱣著有《禮記集說參訂》16 卷，書前提要云：「本書乃繼元陳澔《禮記集說》之研究。蓋以鄭注爲本，參訂諸注釋，而間有本於朱子《章句》者，補苴闕漏，堪爲陳澔之功臣。」〔註388〕

〔註384〕孫星衍：《問字堂集　岱南閣集》目錄（北京：中華書局，1996 年 7 月），頁109～153。

〔註385〕阮元：〈次仲凌君傳〉，《揅經室集》（北京：中華書局，1993 年 5 月），頁465～466。

〔註386〕凌廷堪：《校禮堂文集》（北京：中華書局王文錦點校本，1998 年 2 月），頁241。

〔註387〕陳鴻森：〈清儒陳鱣年譜〉載（《中央研究院　歷史語言研究所集刊　胡適之先生百歲誕辰紀念論文集》，1993 年 3 月），頁149～224。

〔註388〕陳鱣：《禮記集說參訂》（香港大學馮平山圖書館藏手稿本，朱詔編四維堂書

（六）徐養原（1758～1825）

　　字新田，又字飴庵，浙江德清人。夙承家學，讀書有深識。……初，阮元撫浙，築精舍西湖上，選高材生數十人講肄其中，先生及弟養灝與焉。……平居嘗曰：「古之儒者，必修六藝；郵之書數，居之禮樂，皆以養性也。于是氣通經傳，著其大者為〈明堂說禘郊辨〉，〈井田議〉，〈飲食考〉，〈周官五禮表〉，〈五官表〉，〈考工雜記〉。」〔註389〕徐世昌紹介養原時則稱譽他「精通三禮，墨守鄭氏，於鄭說未盡者，亦有參正。——著有《周官故書考》四卷，《儀禮今古文異同疏證》五卷。」〔註390〕

（七）張惠言（1761～1802）

　　張惠言是阮元 23 歲時中式舉人的同榜，又是阮元 36 歲總裁會試時錄取的進士之一，故阮元對惠言的學問及為人，知之頗詳，阮元在〈張皋文儀禮圖序〉云：「編修，字皋文，武進人，乾隆丙午（1786 年）中式舉人，嘉慶己未（1799 年）進士——予舉于鄉，與編修為同榜，其舉進士，乃予總裁會試所取，予知之也久，故序而論之。——其為學博而精，旁探百氏，要歸六經，而尤深《易》《禮》。」〔註391〕徐世昌論述惠言的禮學說：「於禮主鄭氏，著《儀禮圖》六卷，謂治儀禮者當先明宮室，故兼采唐宋元及本朝諸儒之義，斷以繹注，首述宮室圖，而後依圖比事按而讀之，步武朗然。——貫穿禮經，尤為明著，按十七篇分為之圖，又有《讀儀禮記》二卷。」〔註392〕

（八）焦循（1763～1820）

　　焦循的學問，深為阮元所傾慕、推重，在〈通儒揚州焦君傳〉，阮元記這位通儒：「君性誠篤直樸，孝友最著，恬淡寡欲，不干仕祿，居恆布衣蔬食，不入城市，惟以著書為事，湖山為娛。評曰：焦君與元年相若，且元族姊夫也，弱冠與元齊名，自元服官後，君學乃精深博大，遠邁于元矣。」〔註393〕焦循的禮學論著，包括：《禮記補疏》三卷，《群經宮室圖》二卷，《三禮便蒙》等〔註394〕，其論禮的觀點亦因可得以窺見：

　　　　目），頁 1。
〔註389〕支偉成：《清代樸學大師列傳》（岳麓書社，1998 年 8 月），頁 99。
〔註390〕同前註 19，頁 305，頁 306。
〔註391〕阮元：《揅經室集》（北京：中華書局，1993 年 5 月），頁 243～244。
〔註392〕同前註 19，頁 217。
〔註393〕同註 30，頁 481。
〔註394〕參《焦氏叢書》總目錄（清光緒丙子（1876 年）重刻　衡陽魏家藏版），頁 1

1、焦循的禮、理之辨：〈理說〉一文云：「君長之設，所以平天下之爭也，故先王立政之要，因人情以制禮，故曰能以禮讓爲國乎。何有天下，知有禮而恥於無禮；故射有禮，軍有禮，訟獄有禮，所以消人心之忿而化萬物之戾，漸之既久，摩之既深，君子以禮自安，小人以禮自勝，欲不治得乎？後世不言禮，而言理。九流之原，名家出於禮官，法家出於理官，齊之以刑，則民無恥，齊之以禮則民且格，禮與刑相去遠矣。惟先王恐刑罰之不申，務於罪辟之中求其輕重，析及豪芒，無有差謬，故謂之理，其官即謂之理官，而所以治天下，則以禮，不以理也。禮論辭讓，理辨是非，知有禮者雖仇隙之地，不難以揖讓處之，若曰雖伸於理，不可屈於禮也；知有理者，雖父兄之前不難以口舌爭之；若曰雖失於禮而有以伸於理也；今之訟者，彼告之，此訴之，各持一理，譊譊不已，爲之解者。若直論其是非，彼此必皆不服，說以名分，勸以遜順，置酒相揖，往往和解，可知理足以啓爭，而禮足以止爭也。」〔註395〕焦循認爲：禮的功用就在於消除人心之忿懟，而化解萬物之戾氣；故他以爲：要以禮治天下，而非以理治天下；人若只是訴之以理，紛爭多由此而起，若能訴之以禮，便可減少人與人之間的爭執或分歧，社會斯能長治久安。

2、三禮之中，焦循首重《禮記》：嘉慶 23 年（1818 年），焦循在半九書塾撰〈禮記補疏序〉云：「三禮之名，自漢有之，或以儀禮爲經，禮記爲傳，或斥周官，而疑儀禮以爲非聖人作。以余論之，周官，儀禮，一代之書也；禮記，萬世之書也；必先明乎禮記，而後可學周官，儀禮。記之言曰：禮以時爲大，此一言也，以蔽千萬世制禮之法可矣。——且夫所謂時者，豈一代爲一時哉。開國之君，審其時之所宜，而損之益之以成一代之典章度數，而所以維持此典章度數者，猶必時時變化之，以披民之偏，而息民之詐。——禮之經也，明明德矣。」〔註396〕焦循言禮之用，在於明明德及新民，知止而歸其要於絜矩之道，因天命之性以爲教。

（九）洪頤煊（1765～1837）、洪震煊（1770～1815）

嘉慶 11 年（1806 年）6 月，孫星衍爲頤煊 撰《筠軒文鈔序》云：「臨海

～2。《焦理堂先生三禮便蒙》（香港大學馮平山圖書館藏，鄭孝胥手抄本影印）。
〔註395〕焦循：《雕菰樓集》卷十（香港大學馮平山圖書館藏蘇州文學山房 1927 年版），頁 14～15。
〔註396〕焦循：《禮記補疏》，續修四庫全書　經部　禮類，冊 105（上海：古籍出版社，1995 年 3 月），頁 1。

洪氏兄弟多才俊，先是有坤煊者，其弟曰頤煊，震煊；頤煊，字筠軒；震煊，字榴堂，最好學，亦為石君（朱珪 1731～1806）師所識拔；阮雲臺中丞筆記稱臨海兩生，精研經訓，或過齊次風侍郎者也。予主講浙中，與中丞及王蘭泉少寇以古學課詁經精舍諸生，見兩洪生撰著古書尤多。──無一字背先聖之言，無一言為欺世之學，筠軒兄弟其人也。」〔註397〕洪頤煊《筠軒文鈔》，卷一有〈周禮六官論〉；卷二有〈大戴禮記跋〉；卷三有〈夏小正注序〉；卷八有〈孔子三朝記序〉等文，具見筠軒研讀《周禮》及《大戴禮記》的心得。頤煊 另著《禮經宮室答問》2 卷；震煊 則撰有《夏小正疏義》4 卷《釋音》1 卷，《異字記》1 卷等禮學論著。

（十）臧庸（1767～1811）

武進臧氏，一門皆為儒林之英傑，茲表列各人主要著述如下：〔註398〕

姓名（生卒年）	別字	關係	主要著述
臧琳　（1650～1713）	玉林	臧庸高祖父	《經義雜記》30 卷《敘錄》1 卷
臧繼宏（1728～1796）	世景，厚庵	臧庸父	
臧庸　（1767～1811）	鏞堂，在東，西成，拜經用中，東序	繼宏長子	《周禮賈馬注》 《盧植禮記解詁》1 卷 《王肅禮記注》1 卷 《聖證論》1 卷 《三禮目錄》1 卷 《拜經日記》12 卷 《拜經堂文集》5 卷
臧禮堂（1776～1805）	和貴，孝節	臧庸弟 繼宏三子	《三禮注校字》6 卷 《拜經堂書目》4 卷
臧鱣堂		繼宏次子	
臧玘堂		繼宏四子	

阮元為臧繼宏撰《武進臧布衣傳》稱讚繼宏「誠謹勤篤」；為臧庸撰《臧拜經別傳》，則譽拜經「沈默敦重，天性孝友」；又因臧庸為阮元幕僚：「嘉慶

〔註397〕洪頤煊：《筠軒文鈔》，董金榜輯：《遼雅齋叢書》（北平琉璃廠遼雅齋，1934年 5 月），頁 1。
〔註398〕分見：1、美・恆慕義：《清代名人傳略》中（青海人民出版社，1990 年 2 月），頁 448～450。2、吉川幸次郎：〈臧在東先生年譜〉載《吉川幸次郎全集》，第 16 卷（東京：筑摩書房，昭和 45 年 7 月），頁 232～260；3、臺・嚴文郁：《清儒傳略》（臺灣：商務印書館，1990 年 6 月），頁 279～281

二年（1797 年），元督浙江學政，延拜經至西湖，助輯《經籍纂詁》；五年（1800年），元巡撫浙江，新闢詁經精舍于西湖，復延拜經至精舍補訂《纂詁》，校勘《注疏》；十二年（1807 年），復應元招至杭州，讀書于北關署中。」〔註 399〕，可證阮元對臧氏一門的爲人，以及他們在經學上的成就，頗有好感。今本《拜經堂叢書》，收有〈盧氏禮記解詁〉一卷，〈三禮目錄〉一卷，〈鄭氏藝論〉一卷，〈月令章句〉二卷等〔註 400〕臧琳，臧庸論禮的成果，大略可見。

（十一）許宗彥（1768～1818）

許宗彥爲阮元子女的姻親，阮元爲宗彥撰《浙儒許君積卿傳》，其禮治思想，可從下文窺見：

1、「是聖門本以讀書爲學。雅言詩，書，執禮，學之事也。子曰：『不知命，無以爲君子也；不知禮，無以立也；不知言，無以知人也。』又自言五十而知天命，始于知言，知禮，終于知天命，知之事也。夫詩以治性情，治性情者，明德之學也。書以達政事，達政事者，新民之學也。禮以範視聽言動，克己復禮者，止至善之學也。禮者止也，思無邪則心正矣，允執其中則天下平矣，動容周旋中禮則盛德之至矣。」〔註 401〕

2、〈禮論上〉：「古之聖人，欲天下之久治安也，於是乎爲禮，禮也者，靜天下之人心者也。──古之聖人，逆知其必至於是也，故於其得天下之始，因民之思治，而制爲一代之禮以治之，自朝廷以至草野，吉凶萬事尊卑異等，莫不稽之天理，合之人情，爲之一定之節制而不可越。」這是古今禮治的緣起。

〈禮論中〉：「三代之禮，通于上下，後世之禮，詳于上而不行于下，此其所以異也；天子制禮者也，而非專爲天子設也。儀禮十七篇，其行于下者十焉──後世之禮，國家有大典，儒臣博議，依仿古禮而爲之，以飾耳目而已，至于祭祀婚嫁，居室墳墓，凡民日用之事，固未嘗一一爲之制焉──然則其所爲禮者，具文而已；上之禮既不用于下，則士民各從其鄉俗之所尚，而又各逞私臆以增之，益趨于浮華誕慢而不可止──舍禮何以治民，故曰國有禮則安，無禮則危。」這是禮成爲具文，但各鄉各例，因時因地而有所不

〔註 399〕阮元：《揅經室集》，頁 495～496，523～524。
〔註 400〕臧琳、臧庸：《拜經堂叢書》總目，原刻景印叢書菁華　嚴一萍選輯（臺北：藝文印書館），頁 1～2。
〔註 401〕同註 38，頁 403。

同，各地私增具文，社會風氣日趨浮誇的原因。

〈禮論下〉：「禮不行于下久矣，今也制之，徒不便于俗擾及天下，而終不可行耳，是不然，順人情而制禮，斟酌今世之所宜，不必一一合于古——古今異勢也，若吉凶軍賓之事，豈有異哉，特世愈降則禮愈難，必也于繁密之中，得通變之道。——君子治國，為百世之計，其必由于禮乎。」〔註402〕這段明言禮必須有通變之道，才能夠在不同的時、空之中，發揮它治國的效用。

（十二）張鑑（1768～1850）

和阮元交往頻密的弟子之一，張鑑為阮元撰有《雷塘庵主弟子記》卷一及卷二〔註403〕。張鑑的禮學思想，可見於下列文章：

《儀禮集編序》：「儀禮一書，於諸經中通習者固少，而流傳者尤不多。自漢書志之外，隋書經籍志著錄得三十餘家，今存者唯鄭氏一注而已；新舊唐書藝文志錄得二十餘家，今存者唯賈氏一疏而已；宋史藝文志錄得二十餘家，今存者唯陸氏釋文，李如圭釋宮，朱子經傳通解，張澤識誤，黃幹續經傳通解，楊復儀禮圖，魏了翁要義而已；其他如七錄，中興館閣書目，崇文總目，通典通考，玉海之所岐出者，更無有也；元史不列志，今所存者亦止有敖繼公集說，吳澂逸經及傳，汪克寬禮經補逸三者，明人于經訓尤鹵莽，故今存者無一人——我朝經學昌明，從事於此者頂踵相望，然開榛薙草之功，實以張氏稷若為首，秀水盛君庸三，繼張氏發難之後，鉤要纂元，耽思旁訊聚古今說禮之人一百九十家——然未及刊行而卒，辛酉春，其子婦之舅弟馮君鷺庭，哀其志，取稿本於其家謀諸同志以付剞劂，越一年甲子夏落成以印本來乞敘，余嘗究心此經，知其難而不敢輕掉之也，不敢以不知辭，乃受而讀之，然後知其斷制之精決——昔朱子嘗病賈疏不甚分明，後之儒者，又欲取其原本而刪削之，今余之言雖不足以張大此書，得其說而存之，即以為賈疏之諍臣非過也，讀是書，其亦知通習之難與。」〔註404〕細讀張鑑此文，治《儀禮》一書之歷史，便可知其大概了。

〔註402〕許宗彥：《鑑止水齋集》卷 16（香港大學馮平山圖書館藏善本書目），頁 11～12。

〔註403〕張鑑：《阮元年譜》，點校說明（北京：中華書局，黃愛平點校本，1995 年 11月），頁 2。

〔註404〕張鑑：《冬青館乙集》卷 5，叢書集成續編 集部 134 冊（上海：上海書店，1994 年 6 月），頁 338～339。

又張鑑《冬青館乙集》卷五序文首篇，收〈禮書綱目序〉，該文和題嘉慶12年（1807年）阮元撰〈禮書綱目序〉〔註405〕，兩篇文章文字全相同，此文作者實為誰人，待考。

（十三）陳壽祺（1771～1834）

壽祺為阮元門生，阮元為壽祺之父鶴書撰墓志銘時，稱許壽祺「幼被父教，文藻博麗，規畫揚，馬，通達經傳，精究小學。康熙己未，乾隆初年皆有鴻博科，儒術為盛，嘉慶己未雖非制科，然如張惠言，王引之，壽祺等，擬之前人，似無讓也。」〔註406〕陳奐（1786～1863）對這位昌明經術的同學有這樣簡短的介紹：「陳壽祺，字恭甫，福建侯官人，己未編修，講學授徒，閩人稱其賢，著有《左海五經異義疏證》」〔註407〕阮元為壽祺別撰《隱屏山人陳編修傳》和這位門生的交往有以下的交待：「會元巡撫浙江，延主講杭州敷文書院，兼課詁經精舍生徒，元修《海塘志》，且纂群經古義為《經郛》，壽祺皆定其義例焉。」〔註408〕壽祺的禮論，分見下述各篇序文：

1、《韓伯循三禮圖序》：「舊鈔《三禮圖》一冊，卷末有延祐四年霍林陳尚德跋，稱伯循注三禮竣，又取先儒圖說，考訂異同；案伯循，元宣德韓信同之字；尚德，號懼齋，學者稱石塘先生，伯循所從受業師也。——此帕卷帙雖簡，然多補聶崇義舊圖所未備，採摭古義，自三禮注疏外，傳注訓詁，雅記諸子，條理秩秩。——有元一代發明禮學之書，典覈若此蓋寡，是可貴也。」

2、《王士讓儀禮訓解序》：「清興，通儒濟陽張稷若，婺源江慎修，秀水盛龍里，歙金輔之，程易疇，凌仲子，武進張皋文，其所撰著，均禮家功臣。而康熙中，安溪相國（李光坡（1651～1723）用經術提倡天下，以禮屬之，其弟耜卿，乾隆初，朝廷開三禮之館，選明經之才，董以大臣鴻生宿師討論修纂，於是相國之孫穆亭侍郎奉命總裁禮事，同邑官洗馬石谿王判官尚卿與焉。——前後六易稿，甫成編命曰《儀禮訓解》，其書雖不墨守鄭注，然博掇先儒及同時禮說，標舉姓氏然後下己意，其一說而出，眾人論斷者歸之三禮館議，眾說並通，則兼存之。」以上提及的學人，是壽祺心儀的

〔註405〕江永：《禮書綱目》，叢書集成續編　經部　8冊（上海書店，1994年6月），頁151。

〔註406〕阮元：〈誥封奉直大夫翰林院編修陳君墓志銘〉，《揅經室集》，頁501。

〔註407〕陳奐：《師友淵源記》，《遠雅齋叢書》見前註36，頁4。

〔註408〕阮元：《揅經室續集》續二集，（文選樓叢書版），頁11。

禮學大儒。

3、《李侍郎儀禮纂錄序》：「道光九年（1829 年），文貞（李光地 1642～1718）
　元孫爾啓搜剡祖父遺書，增多十數種，問序於余。──然鉤貫明密，深得
　禮意，駁正鄭注賈疏及敖君善舊說，靡不灼然。──學者每苦儀禮難讀，
　棄若土苴，故勝國無名家，我朝江愼修，惠氏父子，吳泊村，程懍也，蔡
　敬齋，金輔之，程易疇，任子田，凌次仲，焦里堂諸君子，後先躡蹱，奚
　啻漢之二戴（德，聖）二鄭（玄，眾），而吾鄉自黃勉齋，敖君善後，若
　龔海峰，林樾亭，林鈍村，萬虞臣，謝甸男等，咸通禮學，基緒未墜。」
　〔註 409〕有清一代及福建一地治儀禮的名家，壽祺都分別提了他們的名
　字。至於牽涉日常生活的禮儀，壽祺別撰〈妾毋禮說〉及〈擬請郡縣廣行
　鄉飲酒禮議〉，可知倡行古禮，壽祺是有他一番之見地的。

（十四）吳榮光（1773～1843）

　　榮光，字伯榮，號荷屋，廣東南海人，生平嗜古力學，著有《石雲山
人詩文集》〔註 410〕榮光乃阮元弟子，追隨芸臺經年，榮光說：「憶余由嘉
慶己未（1799 年）進士，出師門下，是歲吾弟林光成進士，亦出師門」榮
光又記：「憶丙申丁酉（1836～1837 年）間在京師，從儀徵相國師，每爲
萬柳堂之遊。」〔註 411〕榮光深於書學及詩學，曾爲其師撰《阮雲臺相國師
石畫記跋》云：「天地間奧衍磅礡，高深峙流之境，始發於詩家，繼發於畫
家，然畫不能到者，詩或肖之如古人遠矣。」〔註 412〕吳榮光撰集禮學論著
一本，名《吾學錄初編》24 卷，道光 12 年（1832 年），榮光自敘云：「道
光戊子（1828 年），奉父諱，既葬廬墓於白雲山之北，敬取大清會典，通
禮，刑部律例，五部則例，學政全書等書，於人心風俗之所關，政教倫常
之眾，著者手自節錄兩載──歷代以來所因者宜遵，所革者宜改，悉以官
書爲定；凡乘輿服物，郊廟大祀不敢載入，蓋專爲官民法守而言，謹分別
門類，各加案語，首典制，尊朝廷也，其餘照功令所頒，以事之大小重輕

〔註 409〕陳壽祺：《左海文集》卷六，香港大學馮平山圖書館藏孫紹墉重刊三山陳氏家
　　　　刻左海全集，（清嘉慶道光版），頁 12～15、頁 66～67。
〔註 410〕葉衍蘭，葉恭綽：《清代學者象傳合集》（上海古籍出版社，1989 年 7 月），
　　　　頁 332。
〔註 411〕吳榮光：〈和阮儀徵相國師小石屛詩序〉、〈揚州萬柳堂圖卷書後〉，《石雲山人
　　　　詩集》卷 19（南海吳氏筠清館，1841 年刊版），頁 1～2。
〔註 412〕同註 412。

爲序，次政術，次風教，次學校，次貢舉，次戎政，次仕進，次制度，次
祀典，次賓禮，次昏禮，次祭禮，次喪禮，禮以齊民，法以防民也，以律
例終焉，爲門十有四，爲卷二十有四；夫五帝不相沿，三王不相襲，禮時
爲大——榮光之錄此初編者，竊以生今之世，爲今之人，使居官行事，先
有以自立，而於里俗之趨向，夫婦之知能，或不無少裨焉，冀以上佐國家，
道一風同之治云爾。孔子曰不學禮，無以立，又曰吾學周禮，今用之，吾
從周。」〔註413〕可見榮光言禮之功用，仍然是離不開以古禮幫助治理國家，
使風俗齊一，民心思治。

丁、結語

清代帝皇對於禮學的闡釋，大多依從孔子『安上治民，莫善於禮』、『上
好禮，而民莫不敬』的標準，且認爲是一種由上至下都應一同遵守，不得
踰越軌範的道德法規，以達致「修身、齊家、治國、平天下」的終極理想。

無論是康熙皇帝的敦崇禮教，抑或是乾隆皇帝的弘揚禮學，對於管治那
個時代，都起了一種具體而積極的作用。

總結阮元交游及後學一班人等談禮的焦點，可以把他們劃分爲下列四組：

以三禮爲研究的對象，多羽翼東漢的許慎及鄭玄者，有武億、孫星衍、
徐養原、臧庸等人；

專研《大戴禮記》之學者，有孔廣森及洪頤煊二人；

究心禮的功用者，包括：凌廷堪、焦循、許宗彦、吳榮光等人；

分治三禮者：專研《禮記》有陳鱣、焦循、臧庸等人；專攻《周禮》
有洪頤煊、洪震煊兄弟；而凌廷堪、張惠言、張鑑、陳壽祺等人，
則多究心《儀禮》。

第九節　阮元論清儒學術

清代漢學的大旗手——阮元（1764～1849）在《揅經室集》自序說：「余
之說經，推明古訓，實事求是而已，非敢立異也。」『實事求是』一語，不單
只是阮元論學的宗旨，亦是乾（隆）、嘉（慶）樸學大師們研習經典時的一種
態度、以及一種治學的取向。這種態度和取向，胡適（1891～1962）稱之爲

〔註413〕吳榮光：《吾學錄初編》，《續修四庫全書》冊 815 史部 政書類（上海：古籍
　　　　出版社，1995 年），頁 1～2。

「尊重事實，尊重證據」的科學方法。〔註414〕

阮元在評價清儒時，他心目中的準則是甚麼？高下的分野何在？筆者現據阮元的《揅經室集》、《揅經室續集》、《定香亭筆談》、《皇清經解》、《清史稿》和《詁經精舍文集》，與及《續修四庫全書》、《叢書集成續編》等相關史料，探討一下芸臺對清儒的評價。

清代學術繼承了前人甚麼東西？又接續了明代學術哪些有益或無益的成份呢？阮元的看法是：「明之中葉，以博洽著者稱楊慎，而陳耀文起與之爭，然慎有偽說以售欺，耀文好蔓引以求勝。次則焦竑，亦喜考證，而習與李贄遊，動輒牽綴佛書，傷於蕪雜。惟以智崛起崇禎初，考據精核，迥出其上。風氣既開，國朝顧炎武、閻若璩、朱彝尊等沿波而起，始一掃懸揣之空談。」〔註415〕原來晚明考證學風大盛，而方以智「博極群書」，下開清初一掃空談、經世實學的學風。

清代開國之初，儒生好言經世。例如黃宗羲的「精核」、方以智的「詞必有徵」、顧炎武的「本於學」、閻若璩的「求是辨誣」、朱彝尊的「博洽多聞」等，學風已由明末以來的空談，漸漸走上「博學」、「求實」的一途。在清初諸儒之中，阮元最傾心推重者有下列二人：

1、顧亭林（1613～1682）：阮元《京師慈善寺西新立顧亭林先生祠堂記》云：
「余昔跋顧亭林先生《肇域志》，言世之推亭林者，以爲經濟勝於經史。四庫書提要論亭林之學，經史爲長，然則徒以經濟贊頌者，非篤論也。夫經世之務，必由於學。《崑山縣志》稱先生生平精力絕人，自少至老，無一刻去書。《提要》稱國初學有根柢者，以炎武爲最。二書所載，皆推本于學。──以此觀之，先生之經濟，皆學術爲之。──余願論先生之經濟者，一皆推原于博學有恥二端，則欲論經濟，舍經史末由也。」〔註416〕
阮元又說：「亭林生長離亂，奔走戎馬，閱書數萬卷，手不輟錄，觀此帙（《肇域志》）密行細書，無一筆率略，始歎古人精力過人，志趣遠大，世之習科條而無學術，守章句而無經世之具者，皆未足與於此也。」〔註417〕

〔註414〕胡適：〈治學的方法與材料〉，《胡適文選》（臺北：遠流出版公司，胡適作品集2，1986年7月），頁346。
〔註415〕阮元：〈集傳錄存〉方中通條，《揅經室集》（北京：中華書局，1993年5月），頁1029。
〔註416〕《國粹學報》第1年第6號，（1905年7月）撰錄，頁1。
〔註417〕阮元：〈顧亭林先生肇域志跋〉，《揅經室集》，頁674。

易言之，學有本源（經史）、學有根柢（博學），二者都是亭林的過人之處，亦是芸臺推重亭林的主要原因。

2、毛西河（1623～1716）：阮元因慨歎明學虛空而西河卻能以經學自任，故稱道毛奇齡說：「有明三百年，以時文相尚，其弊庸陋剪塞，至有不能舉經史名目者。國朝經學盛興，檢討首出于東林、蕺山空文講學之餘，以經學自任，大聲疾呼，而一時之實學頓起。當是時，充宗起于浙東，胐明起于浙西，寧人、百詩起于江淮之間，檢討以博辨之才，睥睨一切，論不相上下而道實相成。迄今學者日益昌明，大江南北著書授徒之家數十，視檢討而精核者固多，謂非檢討開始之功則不可。」〔註418〕阮元教後學讀哪本有益之書，而說：「余曩喜觀是集（《西河集》），得力頗多。惟願諸生共置案頭讀之，足勝名師十輩矣。」〔註419〕

翻一翻《皇清經解》的目錄，顧炎武、毛西河入選的著述便包括：

顧處士炎武著：卷 1 至 3《左傳杜解補正》；

卷 4《音論》；

卷 5 至 7《易音》；

卷 8 至 17《詩本音》；

卷 18 至 19《日知錄》。

毛檢討奇齡著：卷 90 至 119《仲氏易》；

卷 120 至 155《春秋毛氏傳》；

卷 156 至 157《春秋簡書刊誤》；

卷 158 至 161《春秋屬辭比事記》；

卷 162 至 176《經問》；

卷 177 至 183《論語稽求篇》；

卷 184 至 189《四書賸言》。〔註420〕

以出生於 1764 年以前的清儒為界，即阮元的先輩而論，阮元認同漢學家的治學主張，是頗為明顯的。他們包括：胡渭、惠棟、全祖望、盧文弨、王鳴盛、戴震、王昶、紀昀、程瑤田、錢大昕、段玉裁、任大椿、邵晉涵、汪中、王念孫、劉台拱、孔廣森、孫星衍等人。一大班的前輩，阮元的學術淵

〔註418〕阮元：〈毛西河檢討全集後序〉，《揅經室集》，頁 543。

〔註419〕同註 5。

〔註420〕阮元：《皇清經解》，（清光緒九年 廣州學海堂本，360 冊），香港大學馮平山圖書館藏。

源可由此而考見〔註421〕，筆者在此不贅。

阮元有三數位同輩，論年紀，他們都較阮元年長，但在日常生活中，因他們和阮元的交往頗爲密切，而學問又起了一種相互影響的作用，筆者把他們列爲阮元的同輩，例如：

長阮元 9 歲的凌廷堪：貫通群經，尤深於《禮》；阮元的論禮主張，和廷堪的《禮經釋例》，我們當可以找到相關的痕跡。

長阮元 3 歲的張惠言：學博而精，尤深《易》、《禮》。

長阮元 3 歲的江藩：專治漢學，博通群籍，而又淹貫經史，著有《國朝漢學師承記》。

長阮元 1 歲的焦循：他是阮元的族姊夫，於學無所不通，於經無所不治，專研易學、禮學和天文步算之學。

以上談及的阮元同輩學人，治學多走通博一途，阮元學問的通博，少不免會受到這一班同輩學者的影響。

出生於 1764 年後的清儒，王引之長於訓詁、顧千里精研校勘，而阮元的門生、弟子、幕僚等，對清代嘉慶、道光年間以至晚清的學風，影響尤爲深遠。例如：

許宗彥學說能持漢、宋儒者之平、張鑑爲阮元撰年譜《雷塘庵主弟子記》、朱爲弼乃詁經精舍講學之士、陳壽祺生平著述尤富、方東樹撰《漢學商兌》以抨擊漢學家、凌曙好讀公羊而下開今文學風等、其餘廣東的學人：林伯桐（番禺）、張維屏（番禺）、吳蘭修（嘉應）、侯康（番禺）、譚瑩（南海）、陳澧（番禺）、曾釗（南海）、桂文燦（南海）等，因學海堂的課士而形成粵東的學風，阮芸臺學術的影響力，我們可因此而想見。

歷代經學注疏的取捨，阮元《皇清經解》有下述的意見：

易學：惠棟《周易述》；焦循《易章句》、《易通釋》、《易圖略》；張惠言《周易虞氏易》、《虞氏易 禮》、《周易鄭氏義》等。

詩學：顧炎武《詩本音》；戴震《毛鄭詩考正》、《詩經補注》、段玉裁《詩經小學》、焦循《毛詩補疏》等。

尙書學：惠棟《古文尙書考》、江聲《尙書集注音疏》、王鳴盛《尙書後案》、段玉裁《古文尙書撰異》、孫星衍《尙書今古文注疏》、焦循《尙書補疏》等。

〔註421〕參考拙文：第四章 第一節〈阮元的學術淵源〉。

三禮學：萬斯大《學禮質疑》、江永《周禮疑義舉要》《深衣考證》《鄉黨圖考》、王鳴盛《周禮軍賦說》、任大椿《弁服釋例》《釋繒》、程瑤田《宗法小記》《儀禮喪服足徵記》《釋宮小記》《考工創物小記》、金榜《禮箋》、戴震《考工記圖》、段玉裁《儀禮漢讀考》、孔廣森《禮學卮言》《大戴禮記補注》、凌廷堪《禮經釋例》、阮元《車制圖考》等。

春秋學：顧炎武《左傳杜解補正》、毛奇齡《春秋毛氏傳》《春秋籍書刊誤》《春秋屬辭比事記》、惠士奇《春秋說》、江永《春秋地理考實》、沈彤《春秋左傳小疏》、惠棟《春秋左傳補注》、孔廣森《春秋公羊通義》、焦循《春秋左傳補疏》、劉逢祿《公羊何氏釋例》《公羊何氏解詁箋》、凌曙《公羊禮說》《禮說》等。

其他：閻若璩《四書釋地》、全祖望《經史問答》、錢大昕《十駕齋養新錄》、李惇《群經識小》、汪中《經義知新錄》、阮元《十三經注疏校勘記》、王引之《經義述聞》、郝懿行《爾雅義疏》、宋翔鳳《四書釋地辨證》、阮福《孝經義疏》、嚴杰《經義叢鈔》等。

關於治學的方法，依阮元的意見，離不開：堅苦、精博、求是、兼擅、實踐、博通、發明、自守、博綜、博聞等字眼，其中又以「博」一字，提及次數最多，由此推論：阮元認為讀書當以勤力、博取為入門之正途。

關於漢、宋的取捨，漢學家講求聲音、文字的本源，以訓詁為義理之學的基礎，阮元崇揚漢學，應無異議；至於阮元有沒有醜詆宋學，筆者亦有另文論述〔註422〕，他認為漢學、宋學二者可兼采、兼容。阮元說：「近之言漢學者，知宋人虛妄之病，而于聖賢修身立行大節略而不談，乃害於其心其事。」究其實，阮元希望借改造當時的學風來改良士風，才是問題的關鍵所在。〔註423〕

清儒治學，注重學人之間的彼此切磋琢磨，家學之淵源也是治學有成的關鍵。例如：

方以智、方中通、方中履父子；錢汝鼎、錢澹、錢楷祖孫三人；

臧琳、臧庸（鏞堂）、臧禮堂祖孫三人；惠周惕、惠士奇、惠棟祖孫三人；

段玉裁及其外孫龔自珍；

汪中、汪孟慈父子；陳邁清、陳廷溥、陳廷慶父子；王念孫、王引之父子；

〔註422〕參考：拙文　第四章第四節〈阮元的義理之學〉。
〔註423〕陳壽祺：《左海文集》卷7，引自田漢雲：《中國近代經學史》（西安：三秦出版社，1996年12月），頁3。

孔廣森、孔昭虔、孔廣廉、孔廣林一門數傑；

張惠言、張成孫父子；凌禹臣、凌曙父子；

焦循、焦廷琥父子；陳鶴書、陳壽祺父子；

李富孫、李遇孫兄弟；劉台拱、劉台斗兄弟；

洪頤煊、洪坤煊、洪震煊三兄弟；

阮元、阮常生、阮福、阮孔厚、阮祜父子等例，可見一斑。〔註424〕

而阮元與凌廷堪、焦循、弟子許宗彥、張鑑、朱爲弼、譚瑩等人的交往，亦爲人所樂道。

筆者最後引阮元《答友人書》的一番話，以說明芸臺心目中清儒學術地位的高下，芸臺說：

> 蓋今時天下學術，以江南爲最。江南凡分三處，一安徽，二揚（州）鎮（江），三蘇（州）常（州）。徽州有金榜、程瑤田二三子，不致墜東原先生之緒。蘇、常一帶，則惟錢辛楣先生極精，其餘若王鳴盛、江艮庭，皆拘墟不通；江鄭堂後起，亦染株守之習，而將來若一變，則迥出諸君之上；其餘若孫星衍、洪亮吉、錢坫、塘，氣魄皆可，不能大成。鎮江、揚州，號爲極盛。若江都汪容甫之博聞強記、高郵王懷祖之公正通達、寶應劉端臨之潔淨精核、興化任子田之細密詳瞻、金壇段若膺之精銳明暢，皆非外間所可及也；大約王爲首，段次之，劉次之，汪次之，任次之，此後吾輩尚可追步塵躅也。王之埽人，甚於容甫，彼常言當世所不埽者，程劉段汪金阮六人耳，餘皆白眼視次。元亦自幸，尚不爲通人所棄也。元自出門以來，于前輩獲見，程劉王任錢數君；于同輩獲見，江藩、孫星衍、朱錫庚、李賡芸、凌廷堪數君，皆捧手有所受焉，餘不必計也。交游之事，亦不可少，但于各人身分底裏皆須見到，否則目咪黑白矣。〔註425〕

〔註424〕陳居淵：〈清代的家學與經學──兼論乾嘉漢學的成因〉，載《漢學研究》，第16卷第2期（1998年12月），頁197～223。

〔註425〕阮元：〈答友人書〉載（《國粹學報》第3年第4號）撰錄，頁1～2。

附錄一、清代以還主要目錄所收三禮學書籍一覽表

書　名	出版年份	周禮	儀禮	禮記	三禮：總義、通論：雜禮	禮類存目
《通志堂經解》	1680	3 部	3 部	5 部	三禮著述：4 部	
《四庫全書總目提要》	1782	22 部	22 部	20 部	6 部	周禮：37 部 儀禮： 9 部 禮記：41 部 雜禮：17 部
《皇清經解》	1860				67 種（合《續經解》計）	
《四庫未收書目提要》	1868			2 部		
《書目答問》	1875	13 部	29 部	24 部	18 部	
《皇清經解續編》	1889				67 種（合《皇清經解》計）	
《四庫簡明目錄標注》	1911	22 部	22 部	29 部	三禮總義：6 部	通禮：4 部 雜禮書：5 部
《四庫全書簡明目錄》	1957	22 部	22 部	20 部		通禮：4 部 雜禮書：5 部
《清史稿·藝文志》	1976	64 部	80 部	84 部	大戴禮：44 部 禮類總義：72 部	通禮：15 部
《四庫提要辨證》	1980	1 部				4 部
《販書偶記》	1982	36 部	37 部	57 部	三禮總義：25 部	
《清史稿藝文志及補編》	1982	56 部	69 部	72 部	大戴禮：32 部 總義：59 部	通禮：14 部
《中國歷代藝文總志·經部》	1984	白文，傳說，分篇專著	圖，補逸，文字音義		三禮總義：通論，制度名物，圖，文字音義	通禮之屬，雜禮書之屬
《藏園訂補邵亭知見傳本書目	1988	64 部	26 部	62 部	三禮總義：27 部	通禮：4 部 雜禮書：5 部
《續修四庫全書總目提要》稿本	1996	86 部	93 部	148 部	81 部	
《四庫全書存目叢書目錄索引》	1997	30 部	10 部	45 部	41 部	

《四庫全書總目提要補正》	1998	11 部	9 部	11 部	4 部	18 部
《中國古籍善本書目　經部》	1998	169 部	101 部	262 部	三禮總義：55 部	通禮：30 部 雜禮書：50 部
《續修四庫全書總目》	1999	95 部	107 部	165 部	三禮總義：93 部	220

版本目錄說明：

1. 徐乾學等輯，納蘭成德校刊：《通志堂經解》，康熙十九年刻本，臺灣大通書局，1969 年印。

2. 永瑢：《四庫全書總目提要》，北京中華書局，1987 年 7 月版。

   《傳世藏書 史庫 四庫全書總目》，海南國際，1996 年 2 月版。

   《欽定四庫全書總目》（整理本）：四庫全書研究所整理，北京中華書局，1997 年 1 月版。

   永瑢：《四庫全書總目提要》，海南出版社，1999 年 5 月版。

3. 阮元：《皇清經解》，清光緒九年廣州學海堂本 360 冊，香港大學馮平山圖書館藏版。

4. 阮元：《四庫未收書目提要》，上海商務，1935 年 4 月版。

5. 張之洞：《書目答問二種》，錢鍾書、朱維錚編：中國近代學術名著叢書，香港三聯書店，1998 年 7 月版。

6. 王先謙：《皇清經解續編》，江陰南菁書院本（1888 年），臺北藝文印書館影印本。

7. 邵懿辰：《增訂 四庫簡明目錄標注》，上海古籍出版社，1979 年 7 月版。

8. 永瑢：《四庫全書簡明目錄》，古典文學出版社，1957 年版。

9. 趙爾巽：《清史稿》，北京中華書局標點本，1977 年 7 月版。

10. 余嘉錫：《四庫提要辨證》，北京中華書局，1980 年 5 月版。

11. 孫殿起：《販書偶記》，上海古籍出版社，1982 年 11 月版。

12. 章鈺、武作成編：《清史稿藝文志及補編》，北京中華書局，1982 年 4 月版。

13. 臺灣國立中央圖書館特藏組編：《中國歷代藝文總志　經部》，1984 年 11 月版。

14. 莫友芝：《藏園訂補 邵亭知見傳本書目》，北京中華書局，1993 年 6 月版。

15. 中國科學院圖書館：《續修四庫全書總目提要》（稿本），齊魯書社，1996 年 8 月版。

16. 四庫全書存目叢書編纂委員會編：《四庫全書存目叢書》，臺灣莊嚴文化出版公司，1997 年 10 月版。

17. 胡玉縉：《四庫全書總目提要補正》，上海書店，1998 年 1 月版。

18. 中國古籍善本書目編輯委員會編：《中國古籍善本書目　經部》，上海古籍出版社，1998 年 4 月版。

19. 中國科學院圖書館整理：《續修四庫全書總目》，齊魯書社，1999 年 2 月版。

附錄二：儀徵後學禮學研究

姓　名	禮學著述	文獻出處
丁杰（1738～1807）	《大戴禮記繹》	嚴文郁《清儒傳略》
汪中（1744～1794）	《大戴禮記正誤》	《續修四庫全書》107
武億（1745～1799）	《三禮義證》12 卷	《續修四庫全書》110
孔廣森（1752～1786）	《禮學卮言》6 卷 《大戴禮記補注》13 卷	《續修四庫全書》110 《續修四庫全書》107
孫星衍（1753～1818）	《明堂考》3 卷 《周易集解》 《夏小正校正》	《續修四庫全書》110
凌廷堪（1757～1809）	《禮經釋例》13 卷	《續修四庫全書》90
孫同元	〈禮長至日非多至解〉	《詁經精舍文集》卷 2
趙春沂	〈孟子周禮田制異同考〉	《詁經精舍文集》卷 2
陳鱣（1753～1817）	《禮記集說參訂》16 卷	香港大學馮平山圖書館藏善本書目手稿本
徐養原（1758～1825）	《周官故書考》4 卷 《儀禮今古文異同》5 卷 〈讀周禮小宰注〉 〈知禘祫之說則郊社可類推矣故以此繼之〉	《續修四庫全書》81 《續修四庫全書》90 《詁經精舍集》卷 2 《清儒學案》卷 122
張惠言（1761～1802）	《儀禮圖》6 卷 《讀儀禮記》2 卷 《禮記》5 卷	《續修四庫全書》90 《續修四庫全書》90
焦循（1763～1820）	《禮記補疏》3 卷 《群經宮室圖》2 卷 《三禮便蒙》	《續修四庫全書》105 《續修四庫全書》173
洪頤煊（1765～1837）	《孔子三朝記》7 卷 《禮經宮室答問》2 卷	《續修四庫全書》108 《續修四庫全書》110
臧庸（1767～1811）	《盧植禮記解詁》1 卷 《王肅禮記注》1 卷 《三禮目錄》1 卷	嚴文郁《清儒傳略》
許宗彥（1768～1818）	〈禮論〉上中下 〈學說〉 〈周五廟二祧及世室之制考〉	《鑑止水齋集》 《清儒學案》卷 122 《清儒學案》卷 122

張鑑（1768～1850）	〈禮書綱目序〉 〈儀禮集編序〉	《冬青館乙集》卷 5
周中孚（1768～1831）	〈逸周書注補正〉	《清儒學案》卷 123
洪震煊（1770～1815）	《夏小正疏義》4 卷 〈夏小正昏旦星說〉 〈孔子去魯證〉 〈顏氏復禮論〉	《續修四庫全書》108 《詁經精舍文集》卷 2
朱爲弼（1771～1840）	〈釋敦璉瑚簠〉	《清儒學案》卷 123
陳壽祺（1771～1834）	〈妾母禮說〉 〈擬請郡縣廣行鄉飲酒禮議〉 〈韓伯循三禮圖序〉 〈儀禮訓解序〉 〈李侍郎儀禮纂錄序〉 《禮記鄭讀考》6 卷	《左海文集》卷 3 《左海文集》卷 6 《續修四庫全書》106
金鶚（1771～1819）	《求古錄禮說》16 卷 《補遺》1 卷《續》1 卷 《鄉黨正義》1 卷	《孔子文化大全》
吳榮光（1773～1843）	《吾學錄初編》24 卷	《續修四庫全書》815
梁章鉅（1775～1849）	《夏小正經傳通釋》4 卷	嚴文郁《清儒傳略》
汪家禧（1775～1844）	《崇祀三祠志》9 卷	《清儒學案》卷 123
林伯桐（1778～1847） 學海堂學長	〈問儀禮釋宮何人爲精確〉 〈儀禮名義說〉 〈周禮故書考〉	《學海堂集》卷 2 《學海堂二集》卷 4 《學海堂二集》卷 4
張維屏（1780～1859） 學海堂學長	〈儀禮之記之傳春秋之傳解〉	《學海堂集》卷 1
汪喜孫（1786～1847）	〈周禮問〉 〈禮記問〉 〈喪服問〉	《且住庵文集》
吳蘭修（1789～1839） 學海堂學長		《學海堂二集》
丁晏（1794～1875）	《儀禮釋注》 《周禮釋注》 《禮記釋注》	《頤志齋叢書》
柳興恩（1795～1880）	〈儀禮釋宮考辨〉	嚴文郁《清儒傳略》

侯康（1798〜1837）學海堂學長	〈儀禮名義說〉	《學海堂二集》卷 4
	〈敬事祖禰解〉	《學海堂二集》卷 4
	〈社考〉	《學海堂二集》卷 5
	〈宗法考〉	《學海堂二集》卷 5
	〈鄉飲酒賓主坐位解〉	
譚瑩（1800〜1871）學海堂學長	〈擬重修南海神廟碑〉	《樂志堂文略》
潘繼李（1807〜　）	〈儀禮宅者解一〉	《學海堂三集》卷 4
	〈儀禮宅者解二〉	《學海堂三集》卷 4
	〈師儒宗友得民解〉	《學海堂三集》卷 4
	〈禮不下庶人說〉	《學海堂三集》卷 11
	〈錢鎛考〉	
陳澧（1810〜1882）學海堂學長	〈大射所在考〉	《學海堂三集》卷 9
	〈月令考〉	
曾釗（1821〜1854）學海堂學長	《周禮注疏小箋》5 卷	《續修四庫全書》81
俞樾（1821〜1907）		《詁經精舍三集》
		《詁經精舍自課文》
	《禮記鄭讀考》	《續修四庫全書》106
	《群經平議》	《春在堂全書》
桂文燦（1823〜1884）	《周禮今釋》6 卷（未見）	《學海堂考》
	〈周禮授田解〉	《學海堂三集》卷 4
	〈鄭氏詩箋禮注異義考〉	《學海堂三集》卷 10
	〈犧尊象尊考〉	《學海堂四集》卷 6
劉昌齡（1825〜1889）學海堂學長	〈土官禮有司考〉	《學海堂四集》卷 8
梁國珍（1832 年舉人）	〈儀禮之記之傳解〉	《學海堂集》卷 1
吳文起（1834 學海堂肄業生）	〈大戴禮記考〉	《學海堂二集》卷 8
李中培（1836 年授徒羊城）	〈入學鼓篋孫其業也解〉	《學海堂三集》卷 5
潘乃成（學海堂學長）	〈加爵考〉	《學海堂四集》卷 9
黃以宏	〈禮日禮月解〉	
	〈儀禮大射儀官名考〉	《學海堂三集》卷 9

何迺黁（1843 年副貢）	〈禮記朝覲私覲何以相連解〉 〈家有塾黨有庠術有序解〉	《學海堂三集》卷 5 《學海堂三集》卷 5
廖廷相（1844～1898）	〈周禮六辭解〉 〈士官禮有司考〉 〈曲禮布席考〉 《禮表》10 卷 《周官六聯表》4 卷 《太常因革禮校識》2 卷 《大金集禮校刊識語》1 卷	《學海堂四集》卷 7 《學海堂四集》卷 9 《國史稿》本傳
陳宗詢（1848～　）	〈加爵考〉	《學海堂四集》卷 9
潘珍堂	〈釋邸〉 〈釋車〉 〈聶崇義三禮圖集注跋〉	《學海堂四集》卷 7 《學海堂四集》卷 7 《學海堂四集》卷 9
高學㶊（學海堂學長）	〈干袷解〉	《學海堂四集》卷 9
高學瀛（學㶊弟，1862 年舉人）	〈射侯考〉	《學海堂四集》卷 9
王國瑞（1866 年學海堂專課肄業生）	〈魯郊解〉 〈射宮考〉	《學海堂四集》卷 9 《學海堂四集》卷 9
陳慶修（1866 年學海堂專課肄業生）	〈儀禮注疏凡例考〉 《讀周禮札記》（佚）	《學海堂四集》卷 8 〈學海堂考〉
林國黁（1872 年學海堂專課肄業生）	〈士冠禮贊者洗于房中解〉	《學海堂四集》卷 8
廖廷福（1872 年學海堂專課肄業生	〈考工記輈輨辨〉	《學海堂四集》卷 7
鄒仲庸（1872 年學海堂專課肄業生	〈月令中星考〉	《學海堂四集》卷 9
吳鑑（1875 年學海堂專課肄業生）	〈周官六聯說〉	《學海堂四集》卷 6

附錄三：阮元對清儒的評論簡表

姓名及生卒年	阮元論評	文獻出處	備　註
高愈	「堅苦自持，不愧賤踐。」	《揅經室集》頁37	《擬國史儒林傳序》
沈國模（1575～1656）	「字求如，餘姚諸生，以明道爲己任，入劉宗周證人社，會講甬，而闡姚江書院，與同里曾宗聖、史孝咸講良知之學。」	《揅經室集》頁1027	〈集傳錄存〉
孫奇逢（1585～1675）	「國初講學如孫奇逢、李容等，沿前明王、薛之派」	《揅經室集》頁37	《擬國史儒林傳序》
朱鶴齡（1606～1683）	「入國朝，屏居著述。與顧炎武友、炎武以本原之學相勖，始進思專力於經注疏及儒先理學。鶴齡著《愚庵詩文集》。」	《揅經室集》頁1029	〈集傳錄存〉
黃宗羲（1610～1695）	1.「浙江黃宗羲，前明布衣，魯王時會授左僉都御史、明亡入我朝，皆未仕，著書以老，所著之書皆收入《四庫》，列爲國朝之書，《四庫全書提要》多褒其書，以爲精核，今列於儒林傳中，而據實書其在明事蹟者，據注疏及儒先傳及傳即欽定《續通志》例也。」 2.「孝義著於前朝，經史冠平昭代。」	《揅經室集》頁1024 《定香亭筆談》卷4	《擬儒林傳稿凡例》
方以智（1611～1671）	「以智智慧儼群書、撰《通雅》52卷，皆考證名物、象數、訓詁、音聲，窮源溯委，詞必有徵。」	《揅經室集》頁1028	〈集傳錄存〉
錢澄之（1612～1693）	「嘗問《易》於黃道周，其撰《田間易學》12卷，《易》初從京房、邵康節入，故言數頗詳、蓋黃道周之餘緒也。後乃兼求義理，大旨以未子爲宗。」	《揅經室集》頁1028	〈集傳錄存〉

人物	引文	出處	篇名
方中通（1634～1698）	「字位伯，明檢討以智之次子，著《數度衍》二十四卷，附錄一卷，其書有數原律衍，幾何約，珠算、筆算、籌算、尺算諸法，復條列古九章名目，引《謝製數理精蘊》，推闡其義。其幾何約及珠算等，大抵袞輯諸家之長而增損潤色，勒為一編。又撰《物理小識》十二卷。」	《揅經室集》頁 1029	〈集傳錄存〉
顧炎武（1613～1682）	1、「亭林生長離亂，奔走戎馬，閱書數萬卷，手不輟錄，觀此帙恭行細書，無一筆苟略，始數古人精力過人，志趣遠大，世之習科條而無學術，守章句而無經世之具者，皆未足與於此也。」	《揅經室集》頁 674	《顧亭林先生肇域志跋》
	2、「余願論先生之經濟者，一皆推原于博學有恥二端，則欲論經經濟，舍經史末由也。」	《國粹學報》第 6 期	〈京師慈善寺西新立顧亭林先生祠堂記〉
應撝謙（1615～1683）	「應撝謙等，堅苦自持，不塊實踐。」	《揅經室集》頁 37	《擬國史儒林傳序》
王夫之（1619～1692）	「今查湖南王夫之，前明舉人，在桂王時曾為行人司行人，皆未仕，著書以老──」	《揅經室集》頁 1024	《擬儒林傳稿凡例》
毛奇齡（1623～1701）	1、「國朝經學盛興，檢討首出于東林，蕺山空文講學之餘，以經學自任，大聲疾呼，而一時之實學頗起。──余嘗喜觀是集，《西河全集》得力頗多。惟願諸生共置案頭讀之，足勝名師十輩矣。」	《揅經室集》頁 543	《毛西河檢討全集後序》
	2、「其言《易》，發明荀、虞、干、侯諸家旁通卦、卦變卦綜之法，是後儒者多研究漢學，不敢以空言說經，實自奇齡始。而辨正圖書、排擊群書之學，尤有功於經義。──奇齡之學，淹貫群書，」	《揅經室集》頁 1025	〈集傳錄存〉

人物	言論	出處	篇目
李顒（1627～1705）	「所自負者在經學，數稱東漢人行誼，謂足見人真性情。惟好為駁辨以求勝，凡他人所已言者，必力反其詞。」	《揅經室集》頁37	《擬國史儒林傳序》
王錫闡（1628～1682）	「國初講學如孫奇逢、李顒等，沿前明王、薛之派」「我國家稽古右文，專門名家則有吳江王曉庵錫闡、淄川薛儀甫鳳祚、宣城梅徵君文鼎。」	《揅經室集》頁681	《里堂學算記序》
朱彝尊（1629～1709）	「此杜未竹垞檢討舊有二跋」	《揅經室集》頁822	《題五代馬楚復溪州銅柱拓本》
陸隴其（1630～1692）	「始尊朱子，辨偽得真。」	《揅經室集》頁37	《擬國史儒林傳序》
胡渭（1633～1714）	1.「胡渭等，卓然不惑，求是辨誣。」 2.「《易圖明辨》，尤詳備也。」	1.《揅經室集》頁37 2.《揅經室集》頁240	《擬國史儒林傳序》《易圖明辨》
閻若璩（1636～1704）	「卓然不惑，求是辨誣。」	同上	〈擬國史儒林傳序〉
陳厚耀（1648～1722）	「吾鄉通天文算學者，國朝以來惟泰州陳編修厚耀最精。」	《揅經室集》頁682	《里堂學算記序》
臧琳（1650～1713）	「然而布衣之曾祖王林先生，經學大儒也，學與大原閻百詩徵君齊，〔戴君稱為『隱德君子』〕。」	《揅經室集》頁496	
王懋竑（1668～1741）	「王懋竑等，始尊朱子，辨偽得真。」	《揅經室集》頁37	《擬國史儒林傳序》
江永（1681～1762）	1.「儒者兼長則有若吳縣惠學士士奇、婺源江慎修永、休寧戴庶常震，莫不各有撰述，流佈人間。」 2.「余因思其學既為絕學，而其書又為古今所不可少之書，非獨嘉惠茲世，亦以卒朱子未竟之功，其事可不謂偉歟！」	《揅經室集》頁681 《叢書集成續編》經部第八冊	《里堂學算記序》〈禮書綱目序〉

姓名（生卒）	引文	出處	篇名
盧見曾（1690～1768）	「近時爲大戴之學者，有仁和盧召弓學士文弨校、盧雅雨運司見曾刻本」	《揅經室集》頁 47	〈曾子十篇注釋序〉
汪紱（1692～1759）	「江永同縣老儒，一名烜，字雙池。——紋博極儒經，而以末五子之學爲歸，因陸隴其著有《讀禮志疑》，乃作《參讀禮志疑》二卷，雖考禮未深，然亦多得經意，可與隴其書並存。」	《揅經室集》頁 1031	〈集傳錄存〉
惠棟（1697～1758）	1、「惠棟等，精發古義，詁釋聖言。」 2、「我朝小學訓詁遠遇前代，至乾隆間惠氏定字，戴氏東原大明之。」	《揅經室集》頁 37 《揅經室集》頁 120	《擬國史儒林傳》
全祖望（1705～1755）	「經學、史才、詞科，三者得一足以傳，而鄞縣全謝山先生兼之。」	《揅經室集》頁 544	《經史問答序》
錢汝鼎（？～1766）	「年十歲，能作徑尺大書，讀經史成誦。——晚年書益工，兼素流傳，得者寶之。」	《揅經室集》頁 516	〈贈承德郎翰林院庶吉士加一級例晉朝議大夫錢君暨配孺人墓志銘〉
賈田祖（1714～1777）	「字稻孫，諸生。通《左氏春秋》，有《春秋左氏通解》。」	《清史稿》儒林 2	
鄭鑑元（1714～1804）	「君好書史、讀孝經注疏、恆不釋卷。性節儉，雖處豐厚，泊如也。居恆以誠訓其子弟、子孝義之事恆樂爲之。」	《揅經室集》頁 518	〈誥封刑部山東司員外郎鄭君墓志銘〉
盧文弨（1717～1795）	「孝謹篤厚，潛心漢學、與戴震、段玉裁友善。好校書。」	《清史稿》儒林 2	
謝墉（1719～1795）	「公少穎異，舉止端雅如成人，讀書不忘，究心實學、經史百家，靡不綜覽。」	《揅經室集》頁 425	《吏部左侍郎謝公墓誌銘》

人物	引文	出處	篇名
劉墉（1720～1804）	「今諸城文正、文清兩公非徒爲宰相，且爲賢宰相，天下仰之，族譜不因宰相而修，而賢相更足立族譜之望。」	《斈經室集》頁697	〈諸城劉氏族譜序〉
王鳴盛（1722～1797）	1、「先生自歸田後，以經術文章發海內者數十年，大江南北承學之士相究心經術者，實奉先生與竹汀少詹爲歸焉。古來爲士人易，爲學人難。」 2、「鳴盛少與惠棟、錢大昕講經義訓詁，必以漢儒爲宗。所撰《尚書後案》30卷，專宗鄭康成注。」	《斈經室集》頁545 《斈經室集》頁1031	《王西莊先生全集序》 《集傳錄存》
凌廷堪（1722～1806）	「自奉則甚約，故人皆以孝弟稱之。土曠書言讀讀書識字，（僅記姓名，無念言遽色，里閈有爭者，輒以微詞解之。」	《斈經室集》頁521	〈江都凌君士曠傳〉
陳遇清（1722～1794）	「君生儉儻，善讀書。」	《斈經室集》頁526	〈誥封奉直大夫奉賢陳君墓表〉
戴震（1723～1777）	1、「精發古義，詁釋聖言。」 2、「元當弱冠後，即樂與當代經師游，若戴君東原、孔君異軒，孫君淵如，皆與元爲忘年交，與元教學相長，因得略窺古經師家法。」	《斈經室集》頁37 〈傳經圖記〉	《擬國史儒林傳博》
王昶（1724～1805）	「公之爲學也，無所不通。……公治經與惠棟同，深漢儒之學，《詩》宗毛，《易》宗荀、虞，言性道則尊朱子、王陽明諸家。居憂不爲詩文，不就諛聘，生平不重倫紀、尙名節，篤棐之誠，本於天性。」	《斈經室集》頁424	《誥封光祿大夫刑部右侍郎述庵王公神道碑》
紀昀（1724～1805）	「我朝賢俊蔚興，人文鬱茂，鴻才碩學，肩比踵接。至於貫徹儒籍，旁通百家、修率情性，津逮後學，」	《斈經室集》頁678	《紀文達公集序》

姓名（生卒）	內容	出處	篇名
	則河間紀文達公足以當之。……蓋公之學任之於辨漢、宋儒術之是非，析詩文流派之正偽，主持風會，非公不能。」		
閻循觀（1724～1768）	「字懷庭，少孤，其學奉程、朱為宗，省身克己，刻苦自立，而詩辭致成於近，於『河渭』之派為近。」	《揅經室集》頁 1030	〈集傳錄存〉
程瑤田（1725～1814）	1、「歙程易田孝廉，近之善說經者也。其說《考工》、戈、戟、鐘、磬等篇，率皆與鄭注相違，而證之於古器之僅存者，無有不合。通儒頓學咸以為不刊之論，未聞以達注見譏。」 2、「歙通儒程易田疇孝廉方正之《通藝錄》所論說宗法、溝洫、古器、九穀、草木諸篇，精確不刊，海內深於學術者宗之久矣！」	《揅經室集》頁 250 程瑤田《通藝錄》	〈焦里堂群經宮室圖序〉 〈儀禮喪服足徵記序〉
王杰（1725～1805）	「王文端師詩文不自以為重，蓋公之重在立朝風節也。公薨後，公子堉時收羅雜稿，寄至江西，屬元編刻之。元乃手編為《葆淳堂集》若干卷，又訂《年譜》1卷，付之梓。」	《揅經室集》頁 679	《王文端公文集校本跋》
蔣士銓（1725～1785）	「士銓天稟英絕，有覽輒記，握筆如天馬怒馳，超塵絕跡——一生不無遺行，志節凜凜，以古丈夫自礪；遇不可於意，雖權貴幾微不能容，其胸中非一刻忘世者。」	《揅經室集》頁 443	〈蔣士銓傳〉
阮葵生（1727～1789）	「公性孝友，篤於宗族，尤好獎掖後進，與錢辛楣、程魚門諸君交。」	《揅經室集》頁 431	〈刑部侍郎台喬山阮公傳〉

姓名（生卒）	引文	出處	篇目
錢大昕（1728～1804）	1、「國初以來，諸儒或言道德、或言經術、或言史學、或言天學、或言地理、或言文字音韻、或言金石詩文，專精者固多、兼擅者尚少，惟嘉定錢竹汀先生，能兼其成。」 2、「況先生之書義蘊玄深，尤非末學所能窺測，特就所曉知、粗舉綱要、逑于卷端，則元之厚幸也夫！」	《嘉定錢大昕全集》第七冊 《嘉定錢大昕全集》第八冊	〈十駕齋養新錄序〉 〈三統術衍序〉
鮑廷博（1728～1814）	「君事父又以孝聞，以父性嗜讀書，乃力購前人書以為歡。既久、而所得書益多日精，遂裒然為大藏書家。——君以進書受知、名聞當世，謂諸生無可報稱，乃多刻所藏古書善本，公諸海內。」	《撃經室集》頁495	《知不足齋鮑君傳》
韓夢周（1729～1799）	「字公復，乾隆丁丑進士，知來安縣，刻意濂、洛、關、閩諸儒之書，著《理堂文集》。」	《撃經室集》頁1030	〈集傳錄存〉
徐嗣曾（1730～1822）	「元任浙江巡撫，初致之幕友不合意，次年、訪知君在山陰，乃禮聘君，君亦概然許相助，凡治漕、治災賑、治倉庫、治海盜，多得君之益。且是時元方三十七，君年已七十餘，每從君問舊事論世務，多聞老成閱歷之言。」	《撃經室集》頁1055	〈南昌府同知蘗堂徐君傳〉
朱珪（1731～1807）	1、「于經術無所不通、漢儒之傳注、宋儒之性道、實踐，蓋兼而有之。」 2、「且古帝王有詩集者蓋鮮，即有之、而與名臣大儒言懷論道之作更不多見，是惟吾大興朱公《知足齋詩集》為最盛矣！」	《撃經室集》頁418 《撃經室集》頁541	〈太傅體仁閣大學士大興朱文正公神道碑〉 〈知足齋詩集後序〉
汪輝祖（1731～1807）	「為文質而有法，詩寄興深遠，尤邃於史，留意名姓之學。讀書貫通大義，凡所論述，期貫有濟於用。」	《撃經室集》頁441	《循吏汪輝祖傳》

人物	內容	出處	篇名
沈業富（1732～1807）	論曰：「——是故學與仕合濟于實用，其道易知，其德易由，其事盡人能知，而其業亦終身莫能竟。君循吏也，然孝子也，廉士也。」」	《揅經室集》 頁 492	〈翰林編修河東鹽運使司沈公既堂墓志銘〉
唐贊袞（1732～1804）	「公所蒞，皆興學愛士，修書院，習樂舞。」 「公名門，讀書通治理，服官數十年，有功於河，淮著爲多。」	《揅經室集》 頁 507	〈山東分巡兗沂曹濟道唐公神道碑銘〉
桂馥（1733～1805）	1、「桂未谷學士（馥）學傳而精，尤深於說文、小學，詩才隸筆同時無兩，嘗著《晚學集》，予爲序之。」 2、「取許慎《說文》與諸經之義相疏證，爲《說文義證》50 卷，又著《札樸》10 卷，《晚學集》3 卷。」	《小滄浪筆談》 《揅經室集》 頁 1028	《集傳錄存》
翁方綱（1733～1818）	「錫冠科名花甲周，新恩重得會瀛洲。三春補赴瓊林宴，萬卷員傳石墨樓。錫爵自甘遲二載，著書人好共千秋。先生學與精神合，試看江河萬古流。」 1、先生之學，淵源於黃氏萬卷樓，先生自有石墨書樓。 2、先生謂前甲戌科多著書之人，元謂今新甲戌科如劉達檍等亦能等著書者也。	《揅經室四集詩卷十》	《賀翁覃溪先生重赴甲戌科恩榮宴》
李惇（1734～1784）	1、「字孝臣，高郵人，乾隆四十五年進士，篤內行，治諸經，於《詩》、《春秋》尤深，晚通天算。」	《揅經室集》 頁 1032	《集傳錄存》

姓名（生卒）	引文	出處	相關著作
錢塘（1735～1790）	2、「博通群書，允邃經傳，與同里賈君稻孫、王君懷祖同力于學，興化顧君文子、任君子田、寶應劉君端臨、江都汪君容甫、歙程君易田皆學術砥摩，極一時之盛。」	《揅經室集》頁1056	《高郵孝臣李君傳》
金榜（1735～1801）	「博涉經史，實事求是，精心朗識，超軼群倫，所學九經、小學、天文、地理、靡不綜核，尤精樂律。」	《定香亭筆談》卷4	
	「師事江永，治禮宗鄭康成，采獲舊聞，摭秘逸要，著《禮箋》10卷。——榜雖最尊康成之學，然於鄭氏義所未衷者，必糾舉之，可謂而言也。」	《揅經室集》頁1031	《集傳錄存》
段玉裁（1735～1815）	「揅摩經籍，甄綜百氏，胸可以辨牛鐸，舌可以別淄、澠，巧可以分風擘流，其書有功於後世者，可得而言也。——先生說經之書，尚有《古文尚書撰異》，皆詩訓故傳微》《毛詩小學》，皆深識大源，不爲億必之言，行將盡以餉學者云。」	《揅經室集》頁241	《漢讀考周禮六卷序》
孔廣林（1736～　）	「孔叢伯常博，撝約編修之胞兄，專治鄭康成之學，爲《鄭學》42卷。——海內治經之人，留心鄭學者如常博，斯可謂專且勤矣。」	《小滄浪筆談》卷4	
孫志祖（1737～1801）	「侍御姓孝友，雅汪和平，生而穎悟過人。得毛西河全集，燈下讀之，不獲累夕。凡讀經史，必求釋其疑而後已。——侍御幼事嬉戲，所輒樂讀書而熟精其理，已。群經、《文選》成誦，《易》而熟精其理，似柰所習者。」	《揅經室集》頁496	《孫頤谷侍御史傳》

人名	引文	出處	篇名
謝啓昆（1737～1802）	「先生擢穎詞垣，稿筆史局，講幃內直，方岳西分，政簡益清，才優多暇。」	《揅經室集》頁737	〈謝蘇譚詠史詩序〉
丁杰（1738～1807）	「肆力經史，旁及六書，音韻、算數，長於校讎。于胡渭《禹貢錐指》摘誤甚多。」	《揅經室集》頁1031	《集傳錄存》
任大椿（1738～1789）	1、「侍御早年以詞學名世，繼乃專研經史，與修《四庫書》，書之提要，多出其手。所輯呂忱《字林》《深衣釋例》諸書已付刻。茲欲釋弁服所用之例，以五禮區之。凡百四十餘事。綜覽經疏通史志、發讚訂訛，燦然經緯畢著矣。」 2、「大椿少工文詞，既乃專究經史傳注──所學淹通於禮，尤長名物。」	《揅經室集》頁243 《揅經室集》頁1032	《弁服釋例序》 《集傳錄存》
孔繼涵（1739～1784）	「篤於內行，與戴震交，於天文、地志、經學、字義無不傳綜。」	《揅經室集》頁1047	〈集傳錄存〉
孫梅	1、「吾師烏程孫友松先生，學博文雄，尤深選學。」 2、「我師烏程孫司馬，職參書鳳，心擅雕龍，覽萬篇，博稽千古。」	《揅經室集》頁683 《揅經室集》頁740	《舊言堂集後序》 《四六叢話序》
邵晉涵（1743～1794）	「先生本得甫上姚江史學之正傳，博聞強記，於宋明以來史事最深，學者唯知先生之經，未知先生之史也。」	《揅經室集》頁544	《南江邵氏遺書序》
汪中（1744～1794）	1、「好古博學，長於經義，於詩、古文、書翰無所不工。著《周官徵文》、《左氏春秋釋疑》，皆依據經證，咸記俗學。餘見《述學》內外篇。」 2、「嘉慶初，得璩先生《述學》稿，合孔撝約先生、錢辛楣先生三人書，刻於杭州，道光初，又合先生各著作彙刻入《皇清經解》內矣。」	《揅經室集》頁1033 《揅經室續三集》	《集傳錄存》 《汪容甫先生手書書跋》

人物	引文	出處	篇名
王念孫（1744～1832）	3、「孤秀獨出，凌轢一時，心貫九流，口獻萬卷。」	《定香亭筆談》卷4	《王伯申經義述聞序》
	1、「我朝小學訓詁遠邁前代，至乾隆間惠氏定字戴氏東原大明之。高郵王文肅公以清正立朝，以經義教子，故哲嗣懷祖先生家學特為精博，又過於惠、戴二氏。先生經義之外，兼綜諸古子史。」	《擘經室集》頁120	《王伯申經義述聞序》
	2、「先生之學精微廣博——先生初從東原戴氏，受聲音文字訓詁，遂通《爾雅》《說文》，皆有撰述矣；綜其經學納入《廣雅》，撰《廣雅疏證》23卷：——先生又于義之晦誤篤校之安改，皆一正之。著《讀書雜志》82卷」	《擘經室續二集》	《王石臞先生墓志銘》
	3、「懷祖先生之于《廣雅》，若賈先生之于《說文》，皆注《爾雅》之矩矱。」	《擘經室集》頁125	《與高郵未定之論補爾雅書》
錢大昭（1744～1813）	「錢君磊落古丈夫，治經小復箋蟲魚。解字九千分部居，字字剖出光明珠。」	《擘經室集》頁783	〈題錢可廬明經大昭焦窗注雅圖〉
武億（1745～1799）	「武君以金石文字補經史遺誤甚多。余在山左，集碑本於小滄浪亭，延武君校之，武君鉤考精博，繫以跋語，余所修《山左金石志》中，考證出君手者三之一。并記之，不敢沒君善也。」	武億《授堂遺事》	〈武虛谷徵君遺事記〉
王聘珍（1746～？）	「其為解詁也，義精語潔，恪守漢法，多所發明，為孔搏約諸家所未及。」	《擘經室集》頁245	《王實齋大戴禮記解詁序》
路鐔（1748～1809）	「君明嶽和正，所治之縣皆有益於民，未嘗妄刑一人。」	《擘經室集》頁525	〈杭州府西海防同知路君墓志銘〉

姓名（生卒年）	引文	出處	篇名
李長庚（1750～1808）	「公家故壘，悉毀于兵事。好讀書，究韜略，爲詩古文。修寧波學宮，置義塚，爲粥食饑民，士民皆感之。」	《揅經室集》頁 454	〈壯烈伯李忠毅公傳〉
劉台拱（1751～1805）	1、「先生之學，自天文、律呂、六書、九數、聲韻等事，靡不貫洽。諸經中于《三禮》尤精研之，不爲虛詞穿鑿，故能發先儒所未發，當世儒者撰書，多采其說。」	《揅經室集》頁 400	《劉端臨先生墓表》
	2、「字端臨，寶應人，丹徒縣訓導。幼見王懋竑、朱澤澐之書，始擘程、朱之學，以道自繩。書數、音韻、天文、律呂、名物、義理，莫不窮考冥搜。」	《揅經室集》頁 1032	《集傳錄存》
劉台斗	「兄台拱，字端臨，爲世名儒。君少而敏悟，由本縣學生中乾隆丙午科舉人。嘉慶己未，會試成進士，官工部營繕司主事。君傳經學于其兄，尤究心于水利，凡治河得失、漕輸利欁，無不洞知其源流。」	《揅經室集》頁 512	〈江西銅鼓營同知劉台斗傳〉
唐仁堉（1752～1820）	「君生而英敏過人，誦書善記，善屬文，事親孝，書畫有矩度。隨任滆西各部，讀書之暇，講求史治。」	《揅經室集》頁 510	〈賜按察使銜河南開歸陳許兵備道柘田唐君墓志銘〉
孔廣森（1752～1786）	1、「孔廣森之於《公羊春秋》，專家孤學也。」	《揅經室集》頁 37	《擬國史儒林傳序》
	2、「先生幼秉異資，長通絕學，凡漢、晉以來之治《春秋》者不下數百家，靡不綜覽。」	《揅經室集》頁 246	《春秋公羊通義序》
	3、「博稽群書，參會眾說，爲註十三卷，使二千餘年古經古傳復明於世，用力勤而爲功成矣。」	《揅經室集》頁 249	《大戴禮記補注序》

姓名		引文	出處	篇名
	4	「廣森穎賴特達，經史小學，沈覽妙解，所學在《公羊春秋》。」	《揅經室集》頁 1033	〈集傳錄存〉
	5	「經史小學，沈覽妙解，所學在《大戴禮記》《公羊春秋》，尤善屬文。」	《定香亭筆談》卷 4	阮元序錄
	6	「穎賴特達，曠代逸才；經史小學，沈覽妙解，所學在《大戴禮記》《公羊春秋》，尤善屬文。」	《義鄭堂文》卷 1	〈義鄭堂文〉
孔昭虔		「元從編修（孔廣森）之嗣昭虔得觀是書（《大戴禮記補注》），編修之弟廣廉付刻，元為序之。」	《揅經室集》頁 249	〈孔檢討廣森大戴禮記補注序〉
孫星衍（1753～1818）	1	「君雅不欲以詩名，深究經史文字音訓之學，勞及諸子百家，皆心通其義。」	《揅經室集》頁 432	《山東糧道淵如孫君傳》
	2	「接讀《問字堂集》，精博之至，此集將來積累既多，實本朝不可廢大家也。以元所見，兄所作駢驪文並當刊入，勿使後人謂賈、許無文章、庾、徐無實學也。」	孫星衍《問字堂集》岱南閣集 問同字堂集贈言	
陳鱣（1753～1817）	1	「詁經精舍薦舉孝廉方正及古學識拔之士。」	《詁經精舍文集》	孫星衍《詁經精舍題名碑記》
	2	「陳君精于六書，嘗著《說文聲系》，又以說文九千言以聲為經，偏旁為諱，輯成一書，有功學者益甚。」	阮亨《瀛舟筆談》卷 7	
法式善（1753～1813）		「念先生具良史才，主持詩派，裒于雅正，足為後學之式。平生學問交游，敦篤靡已。」	《揅經室集》頁 688	〈存素堂詩續集序〉
李賡芸（1754～1817）	1	「通六書、蒼雅、《三禮》，善屬文，以經經史志為根柢，在文家別開一徑。」	《揅經室集》頁 461	〈福建布政使良吏李君傳〉
	2	「今平湖令尹嘉定李同年榗前輩名於江南。及從錢辛楣前輩遊，盡得其學、經史文辭，披華擷實，六書九數，靡不綜覽。」	《揅經室集》頁 685	〈華隊草堂書義序〉

人物（生卒）	引文	出處	篇名
伊秉綬（1754～1815）	1、「夜雨尊前酒，新晴柳外鶯。洪都三宿住，淮海十年情。子子皆孤子，嚶嚶是友生。」一路隨榮靖陵郡，時墨卿同年為揚州太守，嘉慶乙丑，余丁憂回揚州，旋亦憂去官。	《揅經室四集詩卷十》	《伊墨卿大守秉綬由閩起郡過南昌賦別》
	2、「朝棟子秉綬復以己酉進士、刑部侍郎知揚州府事。」	《揅經室集》頁487	〈順昌縣訓導伊君墓表〉
凌廷堪（1755～1817）	1、「君之學，博覽強記，識力精卓，貫通群經，而尤深于禮經，著《禮經釋例》13卷。」	《揅經室集》頁465	《次仲凌君傳》
	2、「次仲於學無所不窺，九經三史，過目成誦，辨斷古今得失，識解超妙，為文沈博絕麗。」	《定香亭筆談》卷4	〈凌母王太孺人壽詩序〉
	3、「於是次仲乃挾書出遊，博通經史，善屬文，尤精三禮及推步之學。」	《揅經室集》頁680	〈郝戶部山海經箋疏序〉
郝懿行（1757～1825）	1、「今子為《爾雅》之學，以摩音為主而通其訓詁，余取而許之，以為得其簡矣。以簡通繁，古今天下之言皆有部而不越乎喉舌之地。」	《揅經室集》頁124	《與郝蘭皋戶部論爾雅書》
	2、「郝氏名懿行，字蘭皋，山東棲霞人，戶部主事。余己未總裁會試，從經義中識拔實學士也。家貧行修，為學益力，所著尚有《爾雅疏》諸書。」	《揅經室集》頁694	〈郝戶部山海經箋疏序〉
徐養原（1758～1825）	詁經精舍講學之士	《詁經精舍文集》	《詁經精舍題名碑記》
姚文田（1758～1827）	己未會試總裁中式進士	同上	同上
錢楷（1759～1812）	「公奮自孤苦，力學敦行，每念殊眷，不惟勞瘁，傶直機密，筆不暇書，退直，讀史賦詩，不自暇逸，涖外職，益勤案牘。」	《揅經室集》頁410	〈安徽巡撫裝山錢公傳〉

錢泳（1759～1844）	「古本《孝經》不可見，惟漢石經《論語》殘字僅有存者，金價國子監生錢泳好學隸書，敬書《孝經》、《論語》二經，刻之石，日博訪通人定其隸法文字。泳刻將成，欲歸其石於曲阜孔子宅，樹石於壁，以貽後之學者，屬元記之。」	《揅經室集》 頁 239	〈石刻孝經論語記〉
朱鶴年（1759～1834）	「山人雖以藝名，而有孝行，人品特高，外和而內介，無那為雜于其間，又喜行善事」	《揅經室續集》	〈野雲山人傳〉
張惠言（1761～1802）	1、「張惠言之長於《易》說，亦專家孤學也。」	《揅經室集》 頁 37	《擬國史儒林傳序》
	2、「其為學博而精，勞探百氏，要歸六經，而尤深《易》、《禮》。」	《揅經室集》 頁 244	《張皋文義禮圖序》
	3、「惠言又撰《虞氏易禮》《易侯》《易言》《周易鄭荀義》《易義別錄》《易圖條辨》《儀禮圖》《說文諧聲譜》《茗柯文集》，共數十卷。惠言修學立行，敦禮自守，人皆稱敬之。」	《揅經室集》 頁 1043	《集傳錄存》
	4、「《周易》尊主虞氏一家之學，極為精贍有家法。」	《定香亭筆談》 卷 4	〈茗柯文編序〉
	5、「武進張惠言文編修，以經術為古文，於是求天地陰陽消息於易虞氏，求古先聖王禮樂制度於禮鄭氏，豈托於古以自尊其文歟？」	張惠言《茗柯文編》	
江藩（1761～1831）	1、「甘泉江子屏，得師傳于紅豆惠氏，博聞強記，無所不通，心貫群經，折衷兩漢。」	《揅經室集》 頁 248	《國朝漢學師承記序》
	2、「江君鄭堂，專治漢學，而于夏百家亦無不通。于《通鑑》讀之尤審，就己意所下者抄成《資治通鑑訓纂》若干卷，皆取其所來之本書而互證之，引覽甚博，審決甚精。」	《揅經室集》 頁 556	《通鑑訓纂序》
	3、「淹貫經史，博通群籍，勞及力流二氏之書，」	《定香亭筆談》 卷 4	

姓名（生卒）	內容	出處	篇目
鍾褱（1761～1805）	無不綜覽，所爲詩古文詞豪邁雄俊，卓然可觀。」 4、「子屏得師於研溪惠先生，博聞強記，於學無所不通，而研貫群經，根本兩漢，尤其所長。」	江藩《經解入門》	〈經解入門序〉
徐熊飛（1762～1835）	「子屏師後，啟沅以讀書自娛，耽介謹厚，以敦行自勉，殊不汲汲于科名。」 「熊飛少孤棄，力學，事母孝，文筆斐然。」	《揅經室集》頁542 《揅經室集》頁528	〈啟沅考古錄序〉 〈武康徐母周孺人傳〉
嚴元照（1763～1797）	儀徵弟子	《清儒學案》	《鐵橋學案》
嚴杰（1763～1843）	1、「錢塘嚴杰，通經術。余詁經精舍精材生也。」 2、「《皇清經解》總司編輯」 3、「嘉慶辛未、壬申間，厚民從余任談師，每朔望必展其墓，親以土崇其封，復恐後人迷失之，乃畫圖多幀，肖其地形，分藏族人之家，且屬元以小記記之，其用心追遠，良云厚矣。」 4、「厚民湛深經籍，校勘精詳，因昔人云『書不飽蠹魚，不經俗子誤改』書之福也」，因以名樓。」	《揅經室集》頁484 《皇清經解》卷首 《揅經室集》頁673 《揅經室集》頁1108	《嚴忍公子饔方貽傳》 〈錢塘嚴氏京邸祖墓圖記〉 〈題嚴厚民朱書福樓圖〉
焦循（1763～1820）	1、「江都焦氏，居北湖之濱，下惟十餘年，足不入城市，尤善於《易》。」 2、「焦君里堂」作《群經宮室圖》2卷，凡九類——其所似創而適得夫經之意也，其所解似新而適乎古之制也，嗚呼！用力可謂勤矣！圖中所定路寢之制，吾友淩次仲移爭之，元謂里堂所所持者心得也，次仲所持者舊說也。」	《揅經室集》頁122 《揅經室集》頁250	《焦氏雕菰樓易學序》 《群經宮室圖序》

姓名（生卒）	內容	出處	相關著作
	3.「君善讀書，博聞強記，識力精卓，於學無所不通，著書數百卷。尤邃於經。於經無所不治，而於《周易》、《孟子》尤勤成書。」	《揅經室集》頁476	《通儒揚州焦君傳》
	4.「蓋我朝算學之盛，實往古所未有也。江都焦君里堂，與元同居北湖之濱，少同遊，長同學，尤里堂湛深經學，長於三禮，而於推步數術，尤獨有心得。——吾鄉通天文算學者，國朝以來惟泰州陳編修最精。今里堂之學，似有過之無不及也。」	《揅經室集》頁681~682	《里堂學算記序》
	5.「樸厚篤學，遂於經義，尤精於天文步算，與李尚之、淩次仲爲談天三友。」	《定香亭筆談》卷4	〈揚州北湖小志序〉
	6.「孝廉學識精博，著作等身，此書數卷，足觀史才。」	《揅經室集》頁391	〈阮芸臺先生手札〉
	7.「里堂老姊支硎，月來公事少閒之時，讀大箸《易學大略》，實爲石破天驚。」	《焦氏叢書》	〈集傳錄存〉
談泰	「泰博覽勤學，精於天算，得梅氏算學之傳。所著考證經史之書曰《觀書雜識》二十卷。」	《揅經室集》頁1027	
李富孫（1764~1843）	「精研經學，以漢、唐爲宗，嘗爲《學規論》以課窮經、課經濟、肄業詁經精舍——阮元撫浙，著有《願學齋文鈔》。」	《清史稿》儒林3	
李遇孫（1765~1839）	「性嗜金石——阮元《兩浙金石志》未免脫漏，乃搜輯數百餘種爲《括蒼金石志》8卷。」	《清史稿》儒林3	
洪頤煊（1765~1817）	詁經精舍講學之士	《詁經精舍文集》	〈詁經精舍題名碑記〉
王引之（1766~1834）	1.「（懷祖）哲嗣伯申繼祖，又居鼎甲，幼奉庭訓，引而申之，所解益多。箸《經義述聞》一書，	《揅經室集》頁120	〈王伯申經義述聞序〉

姓名（生卒）	內容	出處頁碼	篇名
	凡古儒所誤解者，無不勞徵曲喻，而得其本義之所在。——余不日說經之意，與王氏喬梓投合無間。」		
	2、「高郵王氏喬梓，貫通經訓，兼及詞氣，昔聆其終風諸說，每爲解頤，乃勸伯申勒成一書。今二十年，伯申侍郎始刻成《釋詞》10卷，元讀之，恨不能起毛、孔、鄭諸儒共證此快論也。」	《揅經室集》頁121	《王伯申經傳釋詞序》
宋保	「纂謂注《爾雅》者，非若足下之深通平聲平音文字之本原不能。」	《揅經室集》頁125	〈與高郵宋定之論爾雅書〉
顧廣圻（1766～1835）	「如此勒成一書，名曰《大清經解》。徒以學力日荒，政事無暇，而能總此事，審是非，定去取者，海內學友惟江君暨顧君千里二人。」	《揅經室集》頁248	《國朝漢學師承記序》
臧庸（1767～1811）	1、「《皋陶謨》『謹以記之』以下七十四字或疑《僞孔》所增，由淵如觀察暨足下所說推之，元纘未敢定也。」	《揅經室集》頁251	《與臧拜經庸書》
	2、「拜經沈默敦重，天性孝友，遵父命，續其高祖（王林）將絕之書，修身著書，並見于世，可不謂孝乎！」	《揅經室集》頁523	《臧拜經別傳》
	3、「字拜經，初名鏞堂，沈默樸享，學術精審。」	《揅經室集》頁1030	《集傳錄存》
	4、「臧君發揮經義，推見至隱，直使讀者置身兩漢，親見諸家之說者，余錄‘存廢中，亦千載於斯矣。——讀是書者，可見其家學之淵源，且以求君之學與行也。」	臧庸、臧琳《拜經堂叢書》	〈拜經日記序〉

人名	引文	出處	篇名
郭麐（1767～1831）	「吳江郭君頻伽，臞而清，颽如鶴如玉，曰一眉，與余相識于定香亭上，其爲詩也，自抒其情與事，而靈氣滿天，奇香撲地，不屑屑求肖于流派，殆深于騷者乎？」	《揅經室集》頁690	〈靈芬館二集詩序〉
許宗彥（1768～1850）	「君子學無所不通，探賾索隱，識力卓然，發千年儒者所未發，是爲通儒。所著有《鑑止水齋文集》12卷，詩8卷。集多說經之文，其學說能持漢、宋儒者之平。」	《揅經室集》頁402	《浙儒許君積卿傳》
張鑑（1768～1850）	「詁經精舍生烏程張鑑，通經博覽，善詩古文，佐予書記有年矣。」	《揅經室集》頁482	《默齋張君誄》
李銳（1768～1817）	「幼開敏，有過人之資，從書塾中檢得《算法統宗》，心通其義，遂爲九章之學。——君天稟高明，潛心經史，以唐、宋人詩文爲雕蟲小技，不足觀也。然工《四書》之文。」	《揅經室集》頁482	《李尚之傳》
周中孚（1768～1831）	儀徵弟子下，《經籍纂詁》分纂詁經精舍中講學之士	《清儒學案》《詁經精舍文集》	《詁經精舍題名碑記》
王豫（1768～1826）	1.「予昔聞翠屏洲王君名久矣，歲丙寅、丁卯間，相遇于揚州，讀所著詩，驚異之心爲之下。——王君復出《柳村詩選》屬序之。予軍艦轉運畢，迴舟泊高明寺，夜雨瀟瀟，春燈搖焰，讀是詩至子夜，歎其體裁正，才雄氣靜，將擬之古人，其靖節耶？明遠耶？正字摩詰耶？嘉州、蘇州、太白耶？抑子美、太白耶？」 2.「丹徒王君柳村之論詩也，以宗伯（沈德潛）爲歸。」	《揅經室集》頁686 《揅經室集》頁693	〈王柳村種竹軒詩序〉 〈群雅集序〉

姓名	內容	出處	篇名
洪震煊（1770～1815）	「精《選》學，詩才敏贍。阮元修《經籍纂詁》《十三經校勘記》皆任其役。」	《清史稿》文苑 3	
朱為弼（1771～1840）	1、「根柢深厚，不為俗學，極賞拔之。」 2、「先生嗜好與吾同，日日齋中蒙古銅。庚鼎肉羹明爵酒，大林鐘響動金風。」	《揅經室集》頁 529 《揅經室集》頁 865	〈朱母高太孺人傳〉 〈論鐘鼎文絕句十六首題之〉
陳壽祺（1771～1834）	1、「生平著述尤富，《四庫》探錄其書多至十種，皆闡明經旨，推究治道，而尤深于《易經》《孝經》，其講學恪守朱子道脈。——壽祺解經，得兩漢大義，每舉一義，輒有折衷，上溯伏生，下至許鄭，靡不通徹。」 2、「壽祺幼被父教，文藻博麗，規畫揚、馬、通達經傳，精究小學。」 3、「兄近祉安和為慰，林下愛日正長，恬然於經史文藝之中，心安理得，此乃真道學，非末流空講象山之派所知也。」	《揅經室續集》 《揅經室集》頁 502 《左海文集》卷 1	《隱屏山人陳編修傳》 〈誥封奉直大夫翰林院編修陳君墓志銘〉 〈議覆阮宮保伤書札道光元年〉
陳文述（1771～1843）	「好山成舊約，勝侶會高情。曾老詩仍健，江深暑亦清。」	《揅經室集》頁 976	〈及門陳雲伯文述為江都令手邀游焦山作詩即和雲伯韻〉
盧坤（1772～1835）	「大學士揚州阮元，為敏肅師」	《揅經室續集》	《兵部尚書敏肅盧公神道碑》
湯金釗（1772～1856）	己未會試總裁中武進士	《詁經精舍文集》	《詁經精舍題名碑記》
端木國瑚（1773～1837）	1、「阮元督學得之，恆誇示人曰：『此青田一鶴也！』命賦俾署定香亭，賦成，一時傳誦。國瑚好學深思，通天文之奧。」 2、「誰是齊梁作賦才，定香亭上碧蓮開。梧州酒監秦淮海，招得青田白鶴來。」	《清史稿》苑 2 《揅經室集》頁 818	〈贈端木子彝國瑚〉

阮元弟子		《學海堂叢刻》第 1 函	吳榮光《石畫記》序
吳榮光（1773～1843）			
汪家禧（1775～1844）	「諸生，穎歐特異，通漢，作《易消息解》。」	《清史稿》儒林 2	
凌曙（1775～1829）	1、「從聞武進劉逢祿《公羊春秋》而好之。及入都，爲儀徵阮元校輯《經郛》，盡見魏晉以來諸家春秋說。──作《禮論》百篇，引申鄭義，阮元延請入粵課諸子，曙與阮元商榷，乃刪合三十九篇爲 1 卷。」 2、「博覽工文詞，治經絕博，不爲俗學，從父教也。」	《清史稿》儒林 3 《揅經室集》頁 521	〈江都凌君士曉傳〉
梁章鉅（1775～1849）	1、「歷嚜六十年間舉世交游，有一人能詩能筆，議論又皆公允如此者乎？」 2、「今復得此編，耳目又爲之一新，所論皆平允通達之至。」	梁章鉅《浪跡叢談》 梁章鉅《退庵隨筆》	〈師友集序〉 〈退庵隨筆序一〉
林伯桐（1775～1844）	「生平好爲考據之學，宗主漢儒，而踐履則服膺朱子，無門戶之見。──粵督阮元，禮聘皆敬禮之。元延爲學海堂學長，廷相聘課其二子。」撰《學海堂志》	《清史稿》儒林 3	
臧禮堂（1776～1805）	「（繼宣）命其子鏞堂、禮堂從餘姚盧召弓學士遊，助以經術，不期以科名，遂通九經三史，尤明小學。」	《揅經室集》頁 496	〈武進臧布衣傳〉
彭蘊輝（1776～1808）	「編修度玉立，性仁厚端謹，有志概，接三黨以誠，家世積善，濟貧伽槃，戒殺放生，敦勉不怠，文筆清麗，讀史慕古人。」	《揅經室集》頁 522	〈翰林院編修彭遠峰墓志銘〉
張維屏（1780～1859）	1、「工詩，計偕入都，翁方綱賞異之，頤黃培芳、譚敬昭稱『粵東三子』。」	《清史稿》文苑 3	

姓名	內容	出處	相關篇章
焦廷琥（1782～）	2、「尊著《國朝詩人徵略》，此書甚好，必傳；如有續刻，便中寄一部來。」	《花甲閒談》	〈阮元致張維屏書〉
馮登府（1783～1841）	「里堂子廷琥，讀書頗具慧心，能傳家學。」	《定香亭筆談》卷4	
	1、「古今義理之學，必自訓詁始，訓詁之學，必自形聲始。——柳東大史，潛研經史，精邃博綜，實駕飲突過前哲。其言三家多今文，毛言多古文；三家多正字，毛多假借。」	《揅經室續集》卷1	〈馮柳東三家詩異文疏證序〉
	2、「嘉興馮雲伯翰林，究心媚古，精於叔重之學，其所著《論語異文》、《三家詩異文》等書，向爲孫淵如通奉推服。」	《續修四庫全書》經部 冊184	〈石經補考序〉
羅士琳（1784～1853）	1、「羅君不佀九數精通，抑且六書明徹，文章雅麗，絕似初唐駢體，清才銳識。」	《揅經室續三集》	《羅茗香四元玉鑑細草九式序》
	2、「今老病告歸田里，更爲晷書，又喜得羅氏茗香論古天算有如此，羅氏補續疇人，各爲列傳，用補前傳所未收者。」	《疇人傳彙編》下	〈續疇人傳序〉
	3、「羅君茗香，續學之士也。」	《揅經室再續集》	〈四元玉鑑序〉
程恩澤（1785～1837）	「天算、地志、六書、訓詁、金石，皆精究之。—— 公又多藏書，宋元以來子史雜錄，博聞強記，金石書畫，亦多考訂。」	《揅經室續二集》	《春海程公神道碑銘》
汪喜孫（1786～1858）	「孟慈之學，大得父教，亦略有父風。」	《揅經室續三集》	《汪容甫先生手書跋》
吳蘭修（1789～1839）	「《皇清經解》監刻」	《皇清經解》卷首	

姓名	引文	出處	篇名
張成孫（1789～？）	「編修之子成孫，聰穎辛勤，能傳父學，踵成編修之書曰《諧聲譜》，奉以示余，余讀而歎之，歎其識力之超卓精細也。」	《揅經室續集》卷1	《武進張氏諸聲譜序》
劉文淇（1789～1854）	「儀徵劉孟瞻明經撰《揚州水道記》，綜《吳越春秋》、《漢書》地理志以下諸書，證明唐宋以前揚州邗溝、山陽瀆地勢南高北下，諒哉斷言！」	《揅經室續集》	〈揚州水道記序〉
柳興恩（1795～1880）	「柳興恩挾其書渡江來，始得讀之，知其專從善于經入手，而善經則以屬辭比事為義據，春秋日月等各例定之，發憤沈思，久乃卒業。」	《揅經室再續一集》	《鎮江柳孝廉春秋穀梁傳學序》
侯康（1798～1837）	「通史學。及長，精研注疏，湛深經術，與同里陳澧交最久。」	《清史稿》儒林3	
何紹基（1799～1874）	阮元弟子	《東塾草堂文鈔》	《送儀徵阮宮太保相國師子告歸里序》
譚瑩（1800～1871）	「《皇清經解》總校」	《皇清經解》卷首	
陳澧（1810～1882）	1、「《皇清經解》總校」 2、「其於漢學、宋學能會其通，著《漢儒通義》7卷。晚年尋求大義及經學源流正變得失所在而論贊之，外及九流諸子，兩漢以後學術，為東塾讀書記》21卷。──為學海堂學長數十年。」	1、《皇清經解》卷首 2、《清史稿》儒林3	
曾釗（1821～1854）	1、「書來，因子說日月為朔易，為合朔之辨在朔易。」 2、「儀徵阮元督粵，震澤任兆麟見釗所校《字林》，以告元，元驚異，延請課子。後開學海堂，以古學造士，特命釗為學長，獎勵後進。──釗好講經濟之學。」	1、《揅經室續集》卷1 2、《清史稿》儒林3	《與曾勉士論日月為書》

桂文燦（1823～1884）	「文燦守阮元遺言，謂：『周公尚文，範之以禮，尼山論道，教之以孝。苟博文而不能約禮，明辨而不能篤行，非聖人之學也。鄭君、朱子皆大儒，其行同，其學亦同』。因著《朱子述鄭錄》2卷、《經學博采錄》12卷。」——《經學博采錄》2卷	《清史稿》儒林 3